21세기 **지식 정보화 시대**
대한민국의 IT 인재**로 만드는 비결!**

Information Technology Qualification

파워포인트 2021

발 행 일 : 2023년 12월 01일(1판 1쇄)

개 정 일 : 2024년 01월 15일(1판 2쇄)

I S B N : 979-11-92695-08-2(13000)

정 가 : 17,000원

집 필 : KIE기획연구실

진 행 : 김동주

본문디자인 : 앤미디어

발 행 처 : (주)아카데미소프트

발 행 인 : 유성천

주 소 : 경기도 파주시 정문로 588번길 24

홈페이지 : www.aso.co.kr / www.asotup.co.kr

MEMO

CONTENTS

(1) 차트 작성 기능을 이용하여 슬라이드를 작성한다.
(2) 차트 : 종류(묶은 세로 막대형), 글꼴(돋움, 16pt), 외곽선

세부조건

※ 차트설명
- 차트 제목 : 궁서, 24pt, 굵게,
  채우기(흰색), 테두리,
  그림자(오프셋 왼쪽)
- 차트 영역 : 채우기(노랑)
  그림 영역 : 채우기(흰색)
- 데이터 서식 : 여가비용(월평균)
  계열을 표식이 있는 꺾은선형으로
  변경 후 보조축으로 지정
- 값 표시 : 2017년의 여가시간(휴일평
  균) 계열만
① 도형 삽입
  - 스타일 : 미세효과 − 파랑, 강조 1
  - 글꼴 : 굴림, 18pt

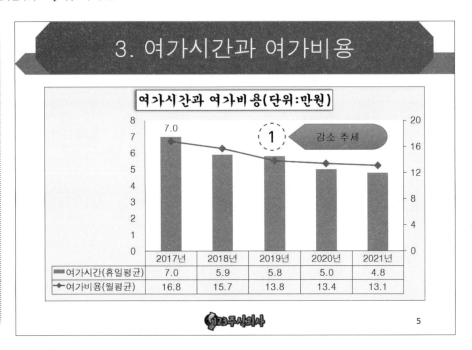

(1) 슬라이드와 같이 도형 및 스마트아트를 배치한다(글꼴 : 굴림, 18pt).
(2) 애니메이션 순서 : ① ⇒ ②

세부조건

① 도형 및 스마트아트 편집
  - 스마트아트 디자인
    : 3차원 만화,
    3차원 경사
  - 그룹화 후 애니메이션 효과
    : 바운드
② 도형 편집
  - 그룹화 후 애니메이션 효과
    : 실선 무늬(세로)

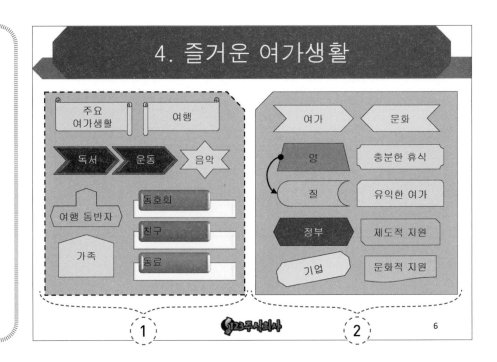

PART 01

ITQ 시험 안내 및 자료 사용 방법

(1) 텍스트 작성 : 글머리 기호 사용(❖, ✓)
　　❖문단(굴림, 24pt, 굵게, 줄간격 : 1.5줄), ✓문단(굴림, 20pt, 줄간격 : 1.5줄)

세부조건

① 동영상 삽입 :
　– 「내 PC₩문서₩ITQ₩Picture₩
　　동영상.wmv」
　– 자동실행, 반복재생 설정

1. 여가생활

❖ Spare time

　✓ This is time spent away from work and
　　education, as well as necessary activities such
　　as eating and sleeping

①

❖ 여가생활

　✓ 개인의 선택권이 보장되는 시간적 활동

　✓ 직업상의 일이나 집안일, 이동, 교육 등의 의무시간과 수면, 식사 등의
　　필수시간에서 자유로운 선택적인 시간을 보내는 생활

3

(1) 도형과 표 작성 기능을 이용하여 슬라이드를 작성한다(글꼴 : 돋움, 18pt).

세부조건

① 상단 도형 :
　2개 도형의 조합으로 작성
② 좌측 도형 :
　그라데이션 효과(선형 아래쪽)
③ 테이블 디자인【표 스타일】:
　테마 스타일 1 – 강조 6

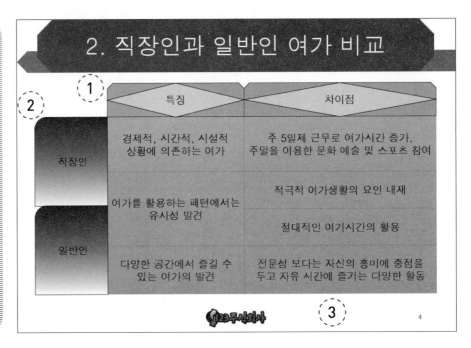

ITQ 시험 안내

☑ 정보기술자격(ITQ) 시험의 응시 자격 및 시험 과목
☑ 합격 결정기준 및 시험 시간

1. 정보기술자격(ITQ) 시험이란?

정보화 시대의 기업, 기관, 단체 구성원들에 대한 정보기술능력 또는 정보기술 활용능력을 객관적으로 평가하는 시험입니다. 정보기술 관리 및 실무능력 수준을 지수화, 등급화하여 객관성을 높였으며, 과학기술정보통신부에서 공식 인증하는 국가공인자격 시험입니다.

2. 응시 자격 및 시험 과목

❶ 정보기술자격(ITQ) 시험은 정보기술실무능력을 평가하는 시험으로 국민 누구나 응시가 가능합니다.

❷ ITQ 시험은 동일 회차에 아래한글/MS워드, 한글엑셀/한셀, 한글액세스, 한글파워포인트/한쇼, 인터넷의 5개 과목 중 최대 3과목까지 시험자가 선택하여 신청할 수 있습니다.

※ 단, 한글엑셀/한셀, 한글파워포인트/한쇼, 아래한글/MS워드는 동일 과목군으로 동일 회차에 응시 불가
(자격증에는 "한글엑셀(한셀)", "한글파워포인트(한쇼)"로 표기되며 최상위 등급이 기재됨)

자격종목		등급	ITQ시험 프로그램 버전		시험방식
			시험 S/W	공식버전	
ITQ 정보기술자격	아래한글	A/B/C 등급	한컴오피스	기존과 동일	PBT
	한셀				
	한쇼				
	MS워드		MS오피스	MS오피스 2021 / 2016 선택 응시	
	한글엑셀				
	한글액세스				
	한글파워포인트				
	인터넷		내장 브라우저 : IE8.0이상		

※ 아래한글 : 2020/NEO 중 선택 응시(시험지 2020/NEO 공용), 한쇼/한셀 : NEO 단일 응시
※ MS오피스 : 2021/2016 중 선택 응시(시험지 2021/2016 공용)

3. 합격 결정기준

❶ 합격 결정기준

ITQ 시험은 500점 만점을 기준으로 A등급부터 C등급까지 등급별 자격을 부여하며, 낮은 등급을 받은 수험생이 차기시험에 재응시하여 높은 등급을 받으면 등급을 업그레이드 해주는 방법으로 평가를 합니다.

A등급	B등급	C등급
400~500점	300~399점	200~299점

[전체구성]　　　　　　　　　　　　　　　　　　　　60점

(1) 슬라이드 크기 및 순서 : 크기를 A4 용지로 설정하고 슬라이드 순서에 맞게 작성한다.

(2) 슬라이드 마스터 : 2~6슬라이드의 제목, 하단 로고, 슬라이드 번호는 슬라이드 마스터를 이용하여 작성한다.
- 제목 글꼴(돋움, 40pt, 흰색), 가운데 맞춤, 도형(선 없음)
- 하단 로고(「내 PC₩문서₩ITQ₩Picture₩로고2.jpg」, 배경(회색) 투명색으로 설정)

[슬라이드 1]　≪표지 디자인≫　　　　　　　　　　40점

(1) 표지 디자인 : 도형, 워드아트 및 그림을 이용하여 작성한다.

세부조건

① 도형 편집
- 도형에 그림 채우기 :
  「내 PC₩문서₩ITQ₩Picture₩
  그림2.jpg」 투명도 50%
- 도형 효과 :
  부드러운 가장자리 5포인트

② 워드아트 삽입
- 변환 : 물결, 위로【물결 2】
- 글꼴 : 돋움, 굵게
- 텍스트 반사 : 전체 반사, 터치

③ 그림 삽입
- 「내 PC₩문서₩ITQ₩Picture₩
  로고2.jpg」
- 배경(회색) 투명색으로 설정

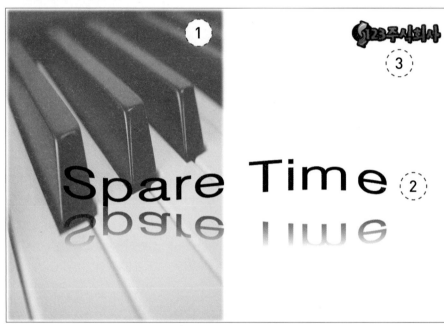

[슬라이드 2]　≪목차 슬라이드≫　　　　　　　　　60점

(1) 출력형태와 같이 도형을 이용하여 목차를 작성한다(글꼴 : 굴림, 24pt).

(2) 도형 : 선 없음

세부조건

① 텍스트에 하이퍼링크 적용
  → '슬라이드 4'

② 그림 삽입
- 「내 PC₩문서₩ITQ₩Picture₩
  그림4.jpg」
- 자르기 기능 이용

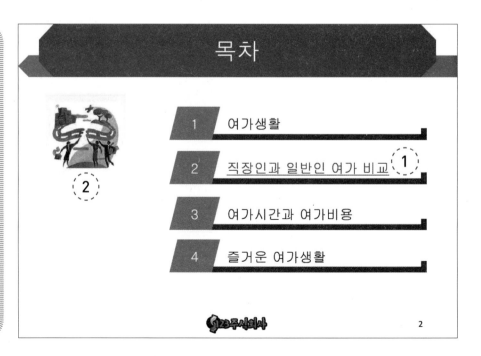

❷ 등급별 수준

등급	수준
A등급	주어진 과제의 80~100%를 정확히 해결할 수 있는 능력
B등급	주어진 과제의 60~79%를 정확히 해결할 수 있는 능력
C등급	주어진 과제의 40~59%를 정확히 해결할 수 있는 능력

4. 시험 배점 및 시험 시간

시험 배점	문항 및 시험방법	시험 시간
과목당 500점	5~10문항 실무작업형 실기시험	과목당 60분

5. 시험출제기준(한글파워포인트/한쇼)

문항	배점	출제기준
✚ 전체구성	60점	전체 슬라이드 구성 내용을 평가 • 슬라이드 크기, 슬라이드 개수 및 순서, 슬라이드번호, 그림 편집, 슬라이드 마스터 등 전체적인 구성 내용을 평가
❶ 표지 디자인	40점	도형과 그림 이용한 제목 슬라이드 작성 능력 평가 • 도형 편집 및 그림삽입, 도형효과 • 워드아트(워드숍) • 로고삽입(투명한 색 설정 기능 사용)
❷ 목차슬라이드	60점	목차에 따른 하이퍼 링크와 도형, 그림 배치 능력을 평가 • 도형 편집 및 효과 • 하이퍼 링크 • 그림 편집
❸ 텍스트/동영상 슬라이드	60점	테스트 간의 조화로운 배치 능력을 평가 • 텍스트 편집 / 목록수준 조절 / 글머리기호 / 내어쓰기 • 동영상 삽입
❹ 표 슬라이드	80점	파워포인트 내에서의 표 작성 능력 평가 • 표 삽입 및 편집 • 도형 편집 및 효과
❺ 차트 슬라이드	100점	프리젠테이션을 위한 차트를 작성할 수 있는 종합 능력 평가 • 차트 삽입 및 편집 • 도형 편집 및 효과
❻ 도형 슬라이드	100점	도형을 이용한 슬라이드 작성능력 평가 • 도형 및 스마트아트 이용 : 실무에 활용되는 다양한 도형 작성 • 그룹화 / 애니메이션 효과

※ 괄호( ) 내용은 한쇼에서 사용하는 명칭임
※ 응시료 확인 : https://license.kpc.or.kr/ 홈페이지 접속 → [자격소개–정보기술자격(ITQ)]

과목	코드	문제유형	시험시간	수험번호	성명
한글파워포인트	1142	A	60분		

MS오피스

·수험자 유의사항·

● 수험자는 문제지를 받는 즉시 문제지와 **수험표상의 시험과목(프로그램)이 동일한지 반드시 확인**하여야 합니다.
● 파일명은 본인의 "수험번호-성명"으로 입력하여 답안폴더(내 PC₩문서₩ITQ)에 하나의 파일로 저장해야 하며, 답안 문서 파일명이 "수험번호-성명"과 일치하지 않거나, 답안파일을 전송하지 않아 미제출로 처리될 경우 실격 처리합니다 (예 : 12345678-홍길동.pptx).
● 답안 작성을 마치면 파일을 저장하고, '답안 전송' 버튼을 선택하여 감독위원 PC로 답안을 전송하십시오. 수험생 정보와 저장한 파일명이 다를 경우 전송되지 않으므로 주의하시기 바랍니다.
● 답안 작성 중에도 **주기적으로 저장하고, '답안 전송'**하여야 문제 발생을 줄일 수 있습니다. 작업한 내용을 저장하지 않고 전송할 경우 이전에 저장된 내용이 전송되오니 이점 유의하시기 바랍니다.
● 답안문서는 지정된 경로 외의 다른 보조기억장치에 저장하는 경우, 지정된 시험 시간 외에 작성된 파일을 활용할 경우, 기타 통신수단(이메일, 메신저, 네트워크 등)을 이용하여 타인에게 전달 또는 외부 반출하는 경우는 부정 처리합니다.
● 시험 중 부주의 또는 고의로 시스템을 파손한 경우는 수험자가 변상해야 하며, 〈수험자 유의사항〉에 기재된 방법대로 이행하지 않아 생기는 불이익은 수험생 당사자의 책임임을 알려 드립니다.
● 문제의 조건은 MS오피스 2021 버전으로 설정되어 있으며 MS오피스 2016은 【 】에 표기되어 있습니다. 이와 관련하여 작성한 답안의 출력형태가 문제지와 다를 수 있습니다.
● 시험을 완료한 수험자는 답안파일이 전송되었는지 확인한 후 감독위원의 지시에 따라 문제지를 제출하고 퇴실합니다.

·답안 작성요령·

● 온라인 답안 작성 절차
  수험자 등록 ⇒ 시험 시작 ⇒ 답안파일 저장 ⇒ 답안 전송 ⇒ 시험 종료
● 슬라이드의 크기는 A4 Paper로 설정하여 작성합니다.
● 슬라이드의 총 개수는 6개로 구성되어 있으며 슬라이드 1부터 순서대로 작업하고 반드시 문제와 세부조건대로 합니다.
● 별도의 지시사항이 없는 경우 출력형태를 참조하여 글꼴색은 검정 또는 흰색으로 작성하고, 기타사항은 전체적인 균형을 고려하여 작성합니다.
● 슬라이드 도형 및 개체에 출력형태와 다른 스타일(그림자, 외곽선 등)을 적용했을 경우 감점처리 됩니다.
● 슬라이드 번호를 작성합니다(슬라이드 1에는 생략).
● 2~6번 슬라이드 제목 도형과 하단 로고는 슬라이드 마스터를 이용하여 출력형태와 동일하게 작성합니다(슬라이드 1에는 생략).
● 문제와 세부조건, 세부조건 번호 ⟳(점선원)는 입력하지 않습니다.
● 각 개체의 위치는 오른쪽의 슬라이드와 동일하게 구성합니다.
● 그림 삽입 문제의 경우 반드시 「내 PC₩문서₩ITQ₩Picture」 폴더에서 정확한 파일을 선택하여 삽입하십시오.
● 각 슬라이드를 각각의 파일로 작업해서 저장할 경우 실격 처리됩니다.

kpc 한국생산성본부

ITQ 회원 가입 및 시험 접수 안내

☑ 회원 가입하기
☑ 시험 접수 안내

1. 회원 가입하기

(1) ITQ 자격 검정 사이트 접속하기

❶ ITQ 자격 검정 사이트(license.kpc.or.kr)에 접속한 후 화면 위의 〈회원가입〉 단추를 클릭합니다.

❷ [회원가입]에서 '전체 약관(필수항목)에 동의합니다.' 체크 박스를 클릭합니다.

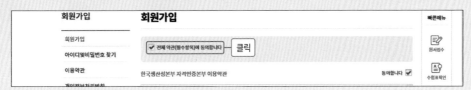

❸ '개인정보 수집·이용 내역 (필수사항)'에 '동의합니다' 체크 박스가 선택되어 있는지 확인한 후 〈개인회원(어린이) 가입 만 14세 미만〉 단추를 클릭합니다.

※ 응시자가 만14세 이상일 경우에는 〈개인회원가입 만14세이상〉 단추를 눌러 가입을 진행합니다.

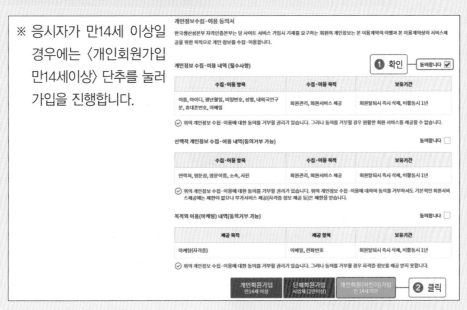

※ 회원 가입 절차는 시험 주관사에 의해 변경될 수도 있습니다.

[슬라이드 5] ≪차트 슬라이드≫ 100점

(1) 차트 작성 기능을 이용하여 슬라이드를 작성한다.
(2) 차트 : 종류(묶은 세로 막대형), 글꼴(돋움, 16pt), 외곽선

세부조건

※ 차트설명
- 차트 제목 : 궁서, 24pt, 굵게,
  채우기(흰색), 테두리,
  그림자(오프셋 왼쪽)
- 차트 영역 : 채우기(노랑)
  그림 영역 : 채우기(흰색)
- 데이터 서식 : 조발생률(명/10만명)
  계열을 표식이 있는 꺾은선형으로
  변경 후 보조축으로 지정
- 값 표시 : 2019년의 발생자 수(만명)
  계열만
① 도형 삽입
  – 스타일 : 미세효과 – 파랑, 강조 1
  – 글꼴 : 굴림, 18pt

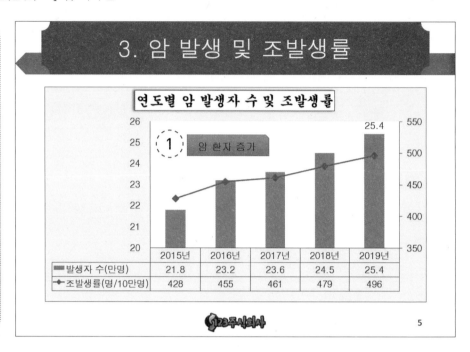

[슬라이드 6] ≪도형 슬라이드≫ 100점

(1) 슬라이드와 같이 도형 및 스마트아트를 배치한다(글꼴 : 굴림, 18pt).
(2) 애니메이션 순서 : ① ⇒ ②

세부조건

① 도형 및 스마트아트 편집
  – 스마트아트 디자인
    : 3차원 만화,
    3차원 경사
  – 그룹화 후 애니메이션 효과
    : 바운드
② 도형 편집
  – 그룹화 후 애니메이션 효과
    : 실선 무늬(세로)

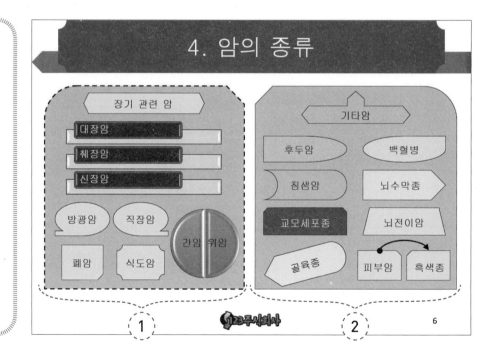

❶ [회원가입 (만14세 미만 개인회원)]의 [보호자(법적대리인) 본인인증]에서 '수집·이용 내역(필수사항)'의 '동의합니다.' 체크 박스를 클릭합니다. 이어서, [보호자(법적대리인) 본인인증]에서 〈휴대폰 본인인증〉 단추를 클릭합니다.

❷ '이용 중이신 통신사를 선택하세요' 창에서 보호자가 현재 이용 중인 통신사를 선택합니다. 이어서, 각각의 동의 내용을 클릭하여 체크한 후 〈시작하기〉 단추를 클릭합니다.

❸ '문자인증'을 선택하여 필요한 개인 정보와 보안문자를 입력한 후 〈확인〉 단추를 클릭합니다.

❹ 보호자의 휴대폰 문자로 전송된 '인증번호'를 입력한 후 〈확인〉 단추를 클릭합니다.

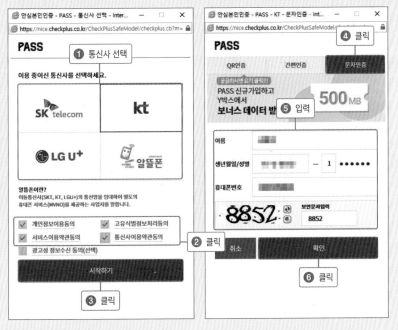

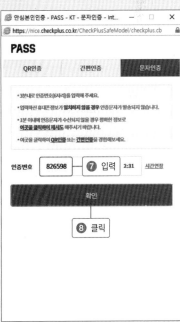

(1) 텍스트 작성 : 글머리 기호 사용(❖, ✓)
　　❖문단(굴림, 24pt, 굵게, 줄간격 : 1.5줄), ✓문단(굴림, 20pt, 줄간격 : 1.5줄)

세부조건

① 동영상 삽입 :
– 「내 PC\문서\ITQ\Picture\
동영상.wmv」
– 자동실행, 반복재생 설정

---

1. 화학요법과 항암제

❖ **About the Chemotherapy**
　✓ Chemotherapy may be given with a curative intent, or it may aim to prolong life or to reduce symptoms

❖ **항암제**
　✓ 암세포의 분열을 억제하여 악성종양을 치료하기 위한 약제의 총칭
　✓ 골수기능저하, 구토, 설사 및 변비, 식욕감퇴, 탈모증 등의 여러가지 부작용이 나타날 수 있음

3

---

(1) 도형과 표 작성 기능을 이용하여 슬라이드를 작성한다(글꼴 : 돋움, 18pt).

세부조건

① 상단 도형 :
2개 도형의 조합으로 작성

② 좌측 도형 :
그라데이션 효과(선형 아래쪽)

③ 테이블 디자인【표 스타일】:
테마 스타일 1 – 강조 5

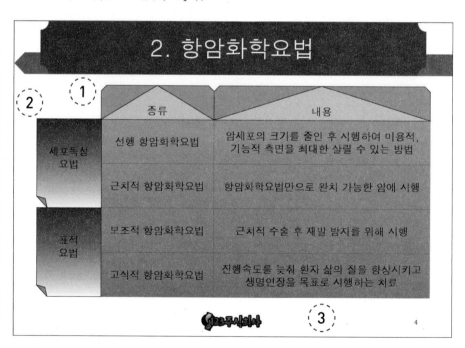

2. 항암화학요법

종류	내용
선행 항암화학요법	암세포의 크기를 줄인 후 시행하여 미용적, 기능적 측면을 최대한 살릴 수 있는 방법
근치적 항암화학요법	항암화학요법만으로 완치 가능한 암에 시행
보조적 항암화학요법	근치적 수술 후 재발 방지를 위해 시행
고식적 항암화학요법	진행속도를 늦춰 환자 삶의 질을 향상시키고 생명연장을 목표로 시행하는 치료

(세포독성요법 / 표적요법)

4

※ 14세미만 본인인증은 '8페이지의 휴대폰(본인 명의의 휴대폰이 있는 경우)' 또는 '10페이지의 I-PIN(본인 명의의 휴대폰이 없는 경우)' 중 하나를 선택하여 진행할 수 있습니다.

(3)-1. 14세미만 본인인증(휴대폰 인증절차)

❶ [14세미만 본인인증]에서 〈휴대폰 본인인증〉 단추를 클릭합니다.

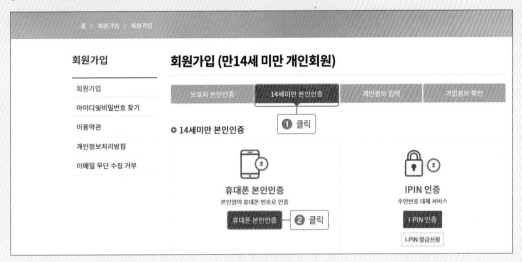

❷ '이용 중이신 통신사를 선택하세요' 창에서 14세미만이 현재 이용 중인 통신사를 선택합니다. 이어서, 각각의 동의 내용을 클릭하여 체크한 후 〈시작하기〉 단추를 클릭합니다.

❸ '문자인증'을 선택하여 필요한 개인 정보와 보안문자를 입력한 후 〈확인〉 단추를 클릭합니다.

❹ 본인의 휴대폰 문자로 전송된 '인증번호'를 입력한 후 〈확인〉 단추를 클릭합니다.

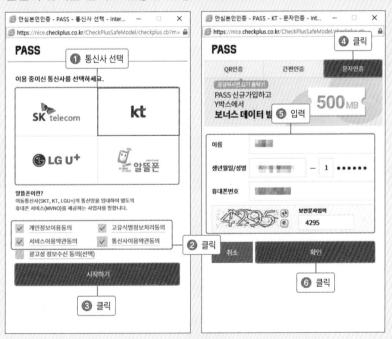

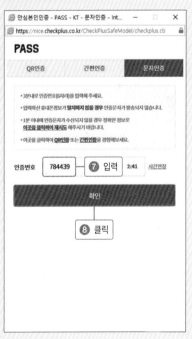

[전체구성] 60점

(1) 슬라이드 크기 및 순서 : 크기를 A4 용지로 설정하고 슬라이드 순서에 맞게 작성한다.

(2) 슬라이드 마스터 : 2~6슬라이드의 제목, 하단 로고, 슬라이드 번호는 슬라이드 마스터를 이용하여 작성한다.
- 제목 글꼴(돋움, 40pt, 흰색), 가운데 맞춤, 도형(선 없음)
- 하단 로고(「내 PC₩문서₩ITQ₩Picture₩로고2.jpg」, 배경(회색) 투명색으로 설정)

[슬라이드 1] 《표지 디자인》 40점

(1) 표지 디자인 : 도형, 워드아트 및 그림을 이용하여 작성한다.

세부조건

① 도형 편집
- 도형에 그림 채우기 :
「내 PC₩문서₩ITQ₩Picture₩그림2.jpg」, 투명도 50%
- 도형 효과 :
부드러운 가장자리 5포인트

② 워드아트 삽입
- 변환 : 물결, 위로【물결 2】
- 글꼴 : 돋움, 굵게
- 텍스트 반사 : 전체 반사, 터치

③ 그림 삽입
- 「내 PC₩문서₩ITQ₩Picture₩로고2.jpg」
- 배경(회색) 투명색으로 설정

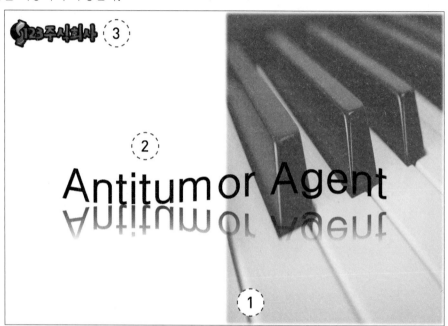

[슬라이드 2] 《목차 슬라이드》 60점

(1) 출력형태와 같이 도형을 이용하여 목차를 작성한다(글꼴 : 굴림, 24pt).

(2) 도형 : 선 없음

세부조건

① 텍스트에 하이퍼링크 적용
→ '슬라이드 4'

② 그림 삽입
- 「내 PC₩문서₩ITQ₩Picture₩그림4.jpg」
- 자르기 기능 이용

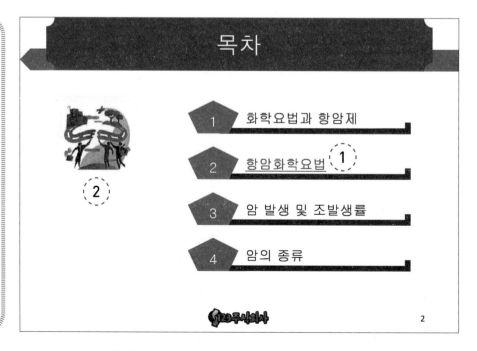

❺ [개인정보 입력]에서 '이름'과 '아이디'를 입력한 후 〈중복확인〉 단추를 클릭합니다. 이어서, '사용 하실 수 있는 ID 입니다' 메시지 창이 나오면 〈Close〉 단추를 클릭합니다.

  ※ 아이디를 입력하고 〈중복확인〉 단추를 클릭하여 내가 입력한 아이디를 다른 사용자가 사용하고 있는지 반드시 확인합니다.

❻ 아이디 입력이 완료되면 '비밀번호'와 '비밀번호 확인'을 입력합니다.

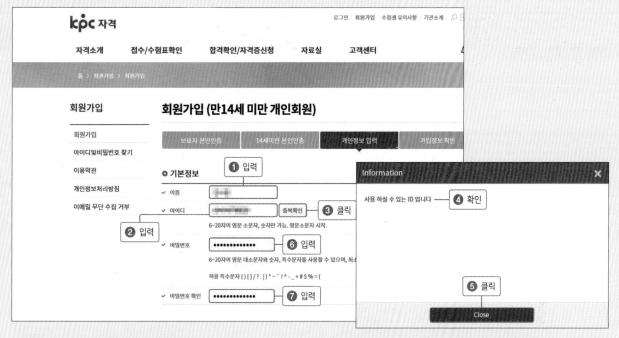

• **이름** : 본인의 이름을 입력합니다.
• **아이디** : 6~20자의 영문 소문자, 숫자만 가능, 영문 소문자로 시작합니다.
• **중복확인** : 입력한 아이디를 다른 사용자가 사용하고 있는지 〈중복확인〉 버튼을 클릭해서 반드시 확인합니다.
• **비밀번호** : 6~20자의 영문 대소문자와 숫자, 특수문자를 사용할 수 있으며, 최소 2종류 이상을 조합해야 합니다.
• **비밀번호 확인** : 입력한 비밀번호를 똑같이 한 번 더 입력합니다.

❼ 기본정보 입력이 완료되면 [추가정보]에 내용을 입력한 후 〈가입하기〉 단추를 클릭합니다.

  ※ 휴대전화 및 이메일에 '수신 동의합니다'를 클릭하여 체크할 경우 수험 정보를 받을 수 있으며, 비밀번호를 잊어버렸을 경우 비밀번호 찾기에 사용되므로 체크 박스를 클릭합니다.

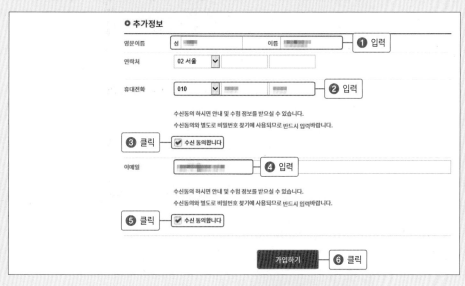

과목	코드	문제유형	시험시간	수험번호	성명
한글파워포인트	1142	A	60분		

MS오피스

·수험자 유의사항·

● 수험자는 문제지를 받는 즉시 문제지와 **수험표상의 시험과목(프로그램)이 동일한지 반드시 확인**하여야 합니다.

● 파일명은 본인의 "수험번호-성명"으로 입력하여 답안폴더(내 PC₩문서₩ITQ)에 하나의 파일로 저장해야 하며, 답안 문서 파일명이 "수험번호-성명"과 일치하지 않거나, 답안파일을 전송하지 않아 미제출로 처리될 경우 실격 처리합니다 (예 : 12345678-홍길동.pptx).

● 답안 작성을 마치면 파일을 저장하고, '답안 전송' 버튼을 선택하여 감독위원 PC로 답안을 전송하십시오. 수험생 정보와 저장 한 파일명이 다를 경우 전송되지 않으므로 주의하시기 바랍니다.

● 답안 작성 중에도 **주기적으로 저장하고, '답안 전송'**하여야 문제 발생을 줄일 수 있습니다. 작업한 내용을 저장하지 않고 전송할 경우 이전에 저장된 내용이 전송되오니 이점 유의하시기 바랍니다.

● 답안문서는 지정된 경로 외의 다른 보조기억장치에 저장하는 경우, 지정된 시험 시간 외에 작성된 파일을 활용할 경우, 기타 통신수단 (이메일, 메신저, 네트워크 등)을 이용하여 타인에게 전달 또는 외부 반출하는 경우는 부정 처리합니다.

● 시험 중 부주의 또는 고의로 시스템을 파손한 경우는 수험자가 변상해야 하며, 〈수험자 유의사항〉에 기재된 방법대로 이행하 지 않아 생기는 불이익은 수험생 당사자의 책임임을 알려 드립니다.

● 문제의 조건은 MS오피스 2021 버전으로 설정되어 있으며 MS오피스 2016은 【 】에 표기되어 있습니다. 이와 관련하여 작성한 답안의 출력형태가 문제지와 다를 수 있습니다.

● 시험을 완료한 수험자는 답안파일이 전송되었는지 확인한 후 감독위원의 지시에 따라 문제지를 제출하고 퇴실합니다.

·답안 작성요령·

● 온라인 답안 작성 절차
수험자 등록 ⇒ 시험 시작 ⇒ 답안파일 저장 ⇒ 답안 전송 ⇒ 시험 종료

● 슬라이드의 크기는 A4 Paper로 설정하여 작성합니다.

● 슬라이드의 총 개수는 6개로 구성되어 있으며 슬라이드 1부터 순서대로 작업하고 반드시 문제와 세부조건대로 합니다.

● 별도의 지시사항이 없는 경우 출력형태를 참조하여 글꼴색은 검정 또는 흰색으로 작성하고, 기타사항은 전체적인 균형을 고려하여 작성합니다.

● 슬라이드 도형 및 개체에 출력형태와 다른 스타일(그림자, 외곽선 등)을 적용했을 경우 감점처리 됩니다.

● 슬라이드 번호를 작성합니다(슬라이드 1에는 생략).

● 2~6번 슬라이드 제목 도형과 하단 로고는 슬라이드 마스터를 이용하여 출력형태와 동일하게 작성합니다(슬라이드 1에는 생략).

● 문제와 세부조건, 세부조건 번호 ☼(점선원)는 입력하지 않습니다.

● 각 개체의 위치는 오른쪽의 슬라이드와 동일하게 구성합니다.

● 그림 삽입 문제의 경우 반드시 「내 PC₩문서₩ITQ₩Picture」 폴더에서 정확한 파일을 선택하여 삽입하십시오.

● 각 슬라이드를 각각의 파일로 작업해서 저장할 경우 실격 처리됩니다.

kpc 한국생산성본부

❽ 회원가입이 완료되면 회원가입 정보를 확인한 후 〈확인(홈으로 이동)〉 단추를 클릭합니다.

(3)-2. 14세미만 본인인증(I-PIN 인증절차)

❶ [회원가입 (만 14세 미만 개인회원)]의 [14세미만 본인인증]에서 〈I-PIN 인증〉 단추를 클릭합니다.

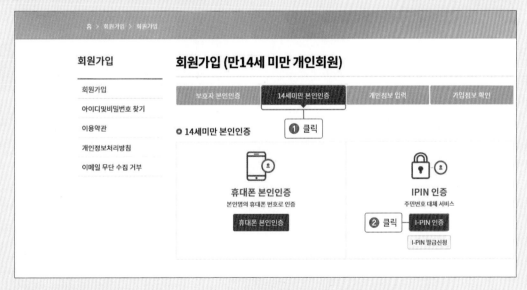

(1) 차트 작성 기능을 이용하여 슬라이드를 작성한다.
(2) 차트 : 종류(묶은 세로 막대형), 글꼴(돋움, 16pt), 외곽선

세부조건

※ 차트설명
- 차트 제목 : 궁서, 24pt, 굵게,
  채우기(흰색), 테두리,
  그림자(오프셋 오른쪽)
- 차트 영역 : 채우기(노랑)
  그림 영역 : 채우기(흰색)
- 데이터 서식 : 비OECD국가 계열을
  표식이 있는 꺾은선형으로 변경 후
  보조축으로 지정
- 값 표시 : 기타의 비OECD국가 계열만
① 도형 삽입
  - 스타일 : 미세효과 - 파랑, 강조 1
  - 글꼴 : 굴림, 18pt

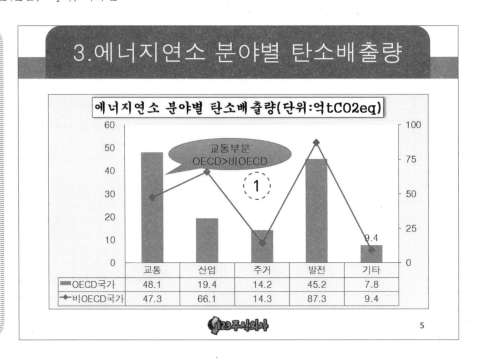

(1) 슬라이드와 같이 도형 및 스마트아트를 배치한다(글꼴 : 굴림, 18pt).
(2) 애니메이션 순서 : ① ⇒ ②

세부조건

① 도형 및 스마트아트 편집
  - 스마트아트 디자인
    : 강한 효과
      3차원 경사
  - 그룹화 후 애니메이션 효과
    : 닦아내기(위에서)
② 도형 편집
  - 그룹화 후 애니메이션 효과
    : 바운드

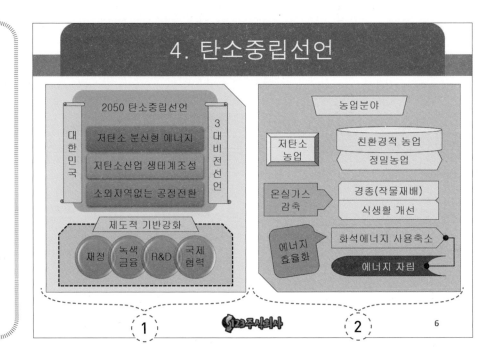

❷ [메인 화면] 창에서 〈신규발급〉 단추를 클릭합니다.

❸ [발급 전 확인사항] 창에서 〈발급하기〉 단추를 클릭합니다.

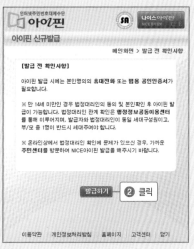

❹ [약관동의] 창에서 모든 항목에 '동의' 체크 박스를 클릭한 후 〈확인〉 단추를 클릭합니다.

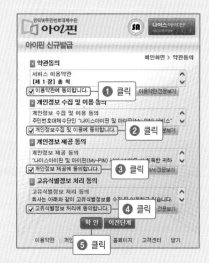

❺ [아이핀 사용자정보] 창에서 발급자 '성명'과 '주민번호', '문자입력'을 입력합니다. 사용할 '아이핀 ID'를 입력한 후 〈ID 중복확인〉 단추를 클릭하여 사용가능한 아이디인지를 확인합니다.

❻ '비밀번호'를 입력한 후 〈비밀번호 검증〉 단추를 클릭하여 비밀번호 사용가능 여부를 확인합니다. 비밀번호 검증이 완료되면 '비밀번호 확인'에 비밀번호를 한 번 더 입력합니다.

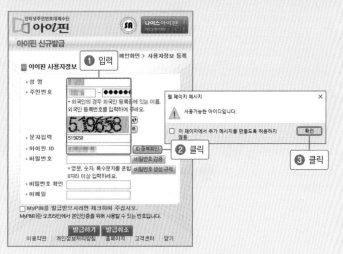

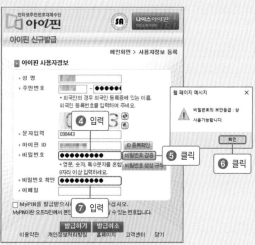

(1) 텍스트 작성 : 글머리 기호 사용(❖, ■)
ㅤㅤ❖문단(굴림, 24pt, 굵게, 줄간격 : 1.5줄), ■문단(굴림, 20pt, 줄간격 : 1.5줄)

세부조건

① 동영상 삽입 :
ㅤ–「내 PC₩문서₩ITQ₩Picture₩
ㅤㅤ동영상.wmv」
ㅤ– 자동실행, 반복재생 설정

---

1. 탄소중립이란?

❖ **Carbon neutrality**

- Carbon neutrality is a state of net-zero carbon dioxide emissions
- Carbon sinks are any systems that absorb more carbon than they emit, such as forests, soils and oceans

❖ **탄소중립 기본방향**

- 태양광, 풍력, 수력 등 탄소 배출이 없는 에너지원이 에너지 공급 시스템의 중심이 되어야 하며 원료의 재사용, 제품의 지속가능성을 높이는 순환형 경제구조로 전환

ㅤㅤㅤㅤㅤㅤㅤㅤ3

---

(1) 도형과 표 작성 기능을 이용하여 슬라이드를 작성한다(글꼴 : 돋움, 18pt).

세부조건

① 상단 도형 :
ㅤ2개 도형의 조합으로 작성
② 좌측 도형 :
ㅤ그라데이션 효과(선형 아래쪽)
③ 테이블 디자인【표 스타일】:
ㅤ테마 스타일 1 – 강조 2

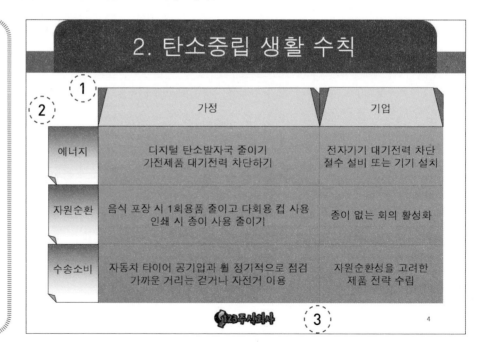

2. 탄소중립 생활 수칙

	가정	기업
에너지	디지털 탄소발자국 줄이기 가전제품 대기전력 차단하기	전자기기 대기전력 차단 절수 설비 또는 기기 설치
자원순환	음식 포장 시 1회용품 줄이고 다회용 컵 사용 인쇄 시 종이 사용 줄이기	종이 없는 회의 활성화
수송소비	자동차 타이어 공기압과 휠 정기적으로 점검 가까운 거리는 걷거나 자전거 이용	자원순환성을 고려한 제품 전략 수립

ㅤㅤㅤㅤㅤㅤㅤㅤ4

❼ '이메일'을 입력한 후 'MyPIN을 발급받으시려면 체크하여 주십시오'의 체크 박스를 클릭하고 〈발급하기〉 단추를 클릭합니다.

❽ [법정대리인 동의] 창에서 법정대리인 '성명'과 '주민번호'를 입력한 후 〈실명등록 및 아이핀 발급〉 단추를 클릭합니다.

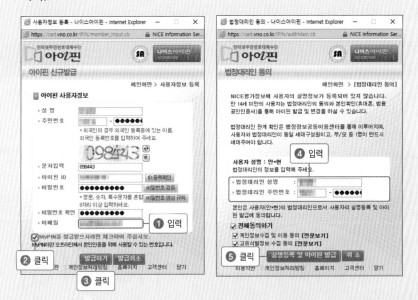

❾ [아이핀 신원확인] 창에서 '휴대폰'이나 '범용 공인인증서'를 선택한 후 정보를 입력하고 〈인증번호 요청〉 단추를 클릭합니다.

❿ 휴대폰 문자로 전송된 '인증번호'를 입력한 후 〈확인〉 단추를 클릭합니다.

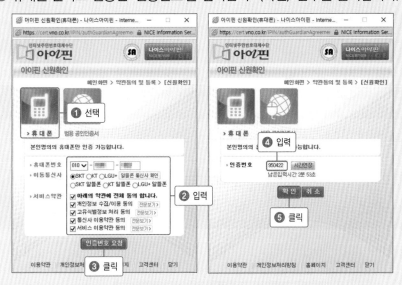

[전체구성]　　　　60점

(1) 슬라이드 크기 및 순서 : 크기를 A4 용지로 설정하고 슬라이드 순서에 맞게 작성한다.
(2) 슬라이드 마스터 : 2~6슬라이드의 제목, 하단 로고, 슬라이드 번호는 슬라이드 마스터를 이용하여 작성한다.
　　－ 제목 글꼴(돋움, 40pt, 흰색), 가운데 맞춤, 도형(선 없음)
　　－ 하단 로고(「내 PC₩문서₩ITQ₩Picture₩로고2.jpg」, 배경(회색) 투명색으로 설정)

[슬라이드 1]　≪표지 디자인≫　　　　40점

(1) 표지 디자인 : 도형, 워드아트 및 그림을 이용하여 작성한다.

세부조건

① 도형 편집
　－ 도형에 그림 채우기 :
　　「내 PC₩문서₩ITQ₩Picture₩
　　그림3.jpg」, 투명도 50%
　－ 도형 효과 :
　　부드러운 가장자리 5포인트
② 워드아트 삽입
　－ 변환 : 물결, 위로【물결 2】
　－ 글꼴 : 돋움, 굵게
　－ 텍스트 반사 : 근접 반사, 4pt 오프셋
③ 그림 삽입
　－「내 PC₩문서₩ITQ₩Picture₩
　　로고2.jpg」
　－ 배경(회색) 투명색으로 설정

[슬라이드 2]　≪목차 슬라이드≫　　　　60점

(1) 출력형태와 같이 도형을 이용하여 목차를 작성한다(글꼴 : 굴림, 24pt).
(2) 도형 : 선 없음

세부조건

① 텍스트에 하이퍼링크 적용
　→ '슬라이드 6'
② 그림 삽입
　－「내 PC₩문서₩ITQ₩Picture₩
　　그림4.jpg」
　－ 자르기 기능 이용

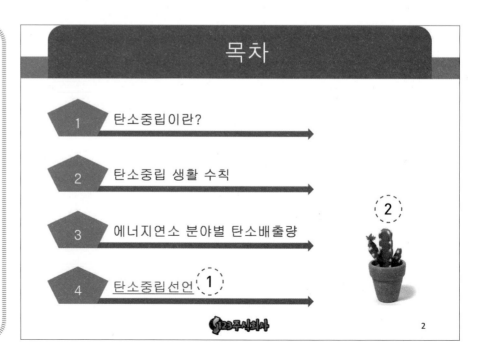

⓫ [2차 비밀번호 설정] 창에서 2차 비밀번호를 두 번 입력한 후 〈확인〉 단추를 클릭합니다.

⓬ [아이핀/My-PIN 발급완료] 창에서 발급 완료를 확인한 후 〈확인〉 단추를 클릭합니다.

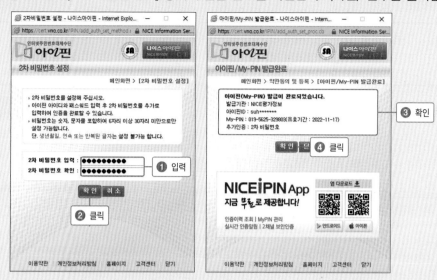

⓭ [메인 화면] 창에서 '아이핀ID', '비밀번호', '문자입력'을 입력한 후 〈확인〉 단추를 클릭합니다.

⓮ [2차 비밀번호 입력] 창에서 2차 비밀번호를 입력한 후 〈확인〉 단추를 클릭합니다.

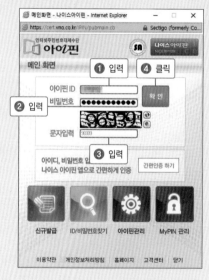
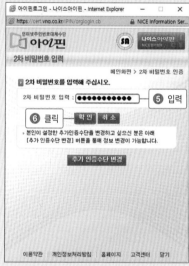

과목	코드	문제유형	시험시간	수험번호	성명
한글파워포인트	1142	A	60분		

MS오피스

· 수험자 유의사항 ·

- 수험자는 문제지를 받는 즉시 문제지와 **수험표상의 시험과목(프로그램)이 동일한지 반드시 확인**하여야 합니다.
- 파일명은 본인의 "수험번호-성명"으로 입력하여 답안폴더(내 PC₩문서₩ITQ)에 하나의 파일로 저장해야 하며, 답안 문서 파일명이 "수험번호-성명"과 일치하지 않거나, 답안파일을 전송하지 않아 미제출로 처리될 경우 실격 처리합니다 (예 : 12345678-홍길동.pptx).
- 답안 작성을 마치면 파일을 저장하고, '답안 전송' 버튼을 선택하여 감독위원 PC로 답안을 전송하십시오. 수험생 정보와 저장한 파일명이 다를 경우 전송되지 않으므로 주의하시기 바랍니다.
- 답안 작성 중에도 **주기적으로 저장하고, '답안 전송'**하여야 문제 발생을 줄일 수 있습니다. 작업한 내용을 저장하지 않고 전송할 경우 이전에 저장된 내용이 전송되오니 이점 유의하시기 바랍니다.
- 답안문서는 지정된 경로 외의 다른 보조기억장치에 저장하는 경우, 지정된 시험 시간 외에 작성된 파일을 활용할 경우, 기타 통신수단(이메일, 메신저, 네트워크 등)을 이용하여 타인에게 전달 또는 외부 반출하는 경우는 부정 처리합니다.
- 시험 중 부주의 또는 고의로 시스템을 파손한 경우는 수험자가 변상해야 하며, 〈수험자 유의사항〉에 기재된 방법대로 이행하지 않아 생기는 불이익은 수험생 당사자의 책임임을 알려 드립니다.
- 문제의 조건은 MS오피스 2021 버전으로 설정되어 있으며 MS오피스 2016은 【 】에 표기되어 있습니다. 이와 관련하여 작성한 답안의 출력형태가 문제지와 다를 수 있습니다.
- 시험을 완료한 수험자는 답안파일이 전송되었는지 확인한 후 감독위원의 지시에 따라 문제지를 제출하고 퇴실합니다.

· 답안 작성요령 ·

- 온라인 답안 작성 절차
  수험자 등록 ⇒ 시험 시작 ⇒ 답안파일 저장 ⇒ 답안 전송 ⇒ 시험 종료
- 슬라이드의 크기는 A4 Paper로 설정하여 작성합니다.
- 슬라이드의 총 개수는 6개로 구성되어 있으며 슬라이드 1부터 순서대로 작업하고 반드시 문제와 세부조건대로 합니다.
- 별도의 지시사항이 없는 경우 출력형태를 참조하여 글꼴색은 검정 또는 흰색으로 작성하고, 기타사항은 전체적인 균형을 고려하여 작성합니다.
- 슬라이드 도형 및 개체에 출력형태와 다른 스타일(그림자, 외곽선 등)을 적용했을 경우 감점처리 됩니다.
- 슬라이드 번호를 작성합니다(슬라이드 1에는 생략).
- 2~6번 슬라이드 제목 도형과 하단 로고는 슬라이드 마스터를 이용하여 출력형태와 동일하게 작성합니다(슬라이드 1에는 생략).
- 문제와 세부조건, 세부조건 번호 ◌(점선원)는 입력하지 않습니다.
- 각 개체의 위치는 오른쪽의 슬라이드와 동일하게 구성합니다.
- 그림 삽입 문제의 경우 반드시 「내 PC₩문서₩ITQ₩Picture」 폴더에서 정확한 파일을 선택하여 삽입하십시오.
- 각 슬라이드를 각각의 파일로 작업해서 저장할 경우 실격 처리됩니다.

kpc 한국생산성본부

⑮ [메인 화면] 창이 나오면 〈인증 완료〉 단추를 클릭합니다.

⑯ [개인정보 입력]에서 '이름'과 '아이디'를 입력한 후 〈중복확인〉 단추를 클릭합니다. 이어서, '사용 하실 수 있는 ID 입니다' 메시지 창이 나오면 〈Close〉 단추를 클릭합니다.

　※ 아이디를 입력하고 〈중복확인〉 단추를 클릭하여 내가 입력한 아이디를 다른 사용자가 사용하고 있는지 반드시 확인합니다.

⑰ 아이디 입력이 완료되면 '비밀번호'와 '비밀번호 확인'을 입력합니다.

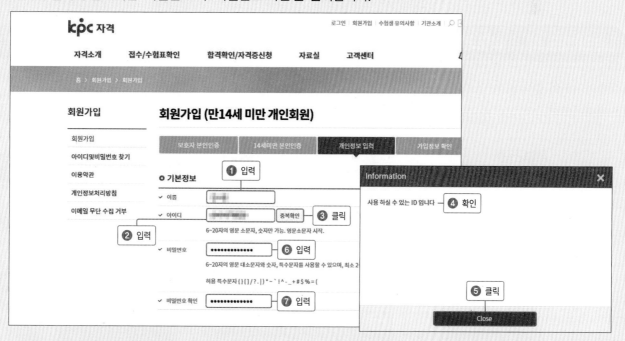

• **이름** : 본인의 이름을 입력합니다.
• **아이디** : 6~20자의 영문 소문자, 숫자만 가능, 영문 소문자로 시작합니다.
• **중복확인** : 입력한 아이디를 다른 사용자가 사용하고 있는지 [중복확인] 버튼을 클릭해서 반드시 확인합니다.
• **비밀번호** : 6~20자의 영문 대소문자와 숫자, 특수문자를 사용할 수 있으며, 최소 2종류 이상을 조합해야 합니다.
• **비밀번호 확인** : 입력한 비밀번호를 똑같이 한 번 더 입력합니다.

(1) 차트 작성 기능을 이용하여 슬라이드를 작성한다.

(2) 차트 : 종류(묶은 세로 막대형), 글꼴(돋움, 16pt), 외곽선

세부조건

※ 차트설명

• 차트 제목 : 궁서, 24pt, 굵게, 채우기(흰색), 테두리, 그림자(오프셋 왼쪽)

• 차트 영역 : 채우기(노랑) 그림 영역 : 채우기(흰색)

• 데이터 서식 : 회귀분석 계열을 표식이 있는 꺾은선형으로 변경 후 보조축으로 지정

• 값 표시 : 4회의 신경망 계열만

① 도형 삽입
  – 스타일 : 미세효과 – 파랑, 강조 1
  – 글꼴 : 굴림, 18pt

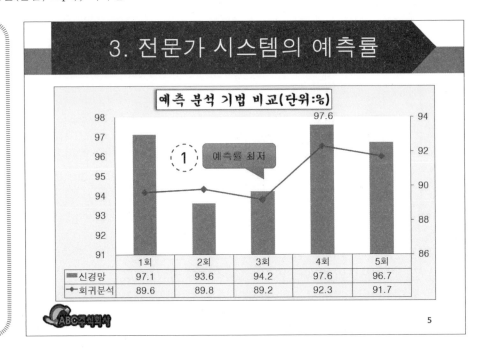

(1) 슬라이드와 같이 도형 및 스마트아트를 배치한다(글꼴 : 굴림, 18pt).

(2) 애니메이션 순서 : ① ⇒ ②

세부조건

① 도형 편집
  – 그룹화 후 애니메이션 효과
    : 나누기(가로 안쪽으로)

② 도형 및 스마트아트 편집
  – 스마트아트 디자인
    : 3차원 만화,
    3차원 경사
  – 그룹화 후 애니메이션 효과
    : 나타내기

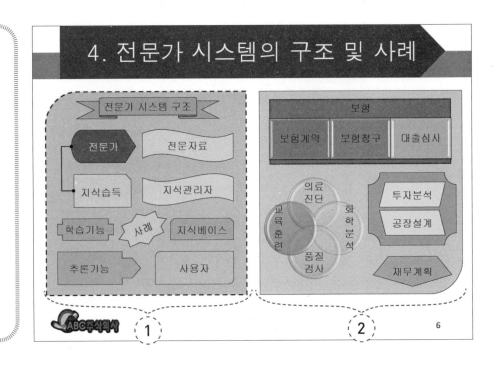

⑱ 기본정보 입력이 완료되면 [추가정보]에 내용을 입력한 후 〈가입하기〉 단추를 클릭합니다.

  ※ 휴대전화 및 이메일에 '수신 동의합니다'를 클릭하여 체크할 경우 수험 정보를 받을 수 있으며, 비밀번호를
    잊어버렸을 경우 비밀번호 찾기에 사용되므로 체크 박스를 클릭합니다.

⑲ 회원가입이 완료되면 회원가입 정보를 확인한 후 〈확인(홈으로 이동)〉 단추를 클릭합니다.

[슬라이드 3] ≪텍스트/동영상 슬라이드≫   60점

(1) 텍스트 작성 : 글머리 기호 사용(◆, ➤)

　　◆문단(굴림, 24pt, 굵게, 줄간격 : 1.5줄), ➤문단(굴림, 20pt, 줄간격 : 1.5줄)

세부조건

① 동영상 삽입 :
- 「내 PC₩문서₩ITQ₩Picture₩동영상.wmv」
- 자동실행, 반복재생 설정

---

1. 전문가 시스템이란

◆ Expert System

  ➤ An expert system also known as a knowledge based system, is a computer program that contains some of the subject-specific knowledge of one or more human experts

◆ 전문가 시스템이란

  ➤ 전문가와 같은 지적능력을 갖는 소프트웨어 체계

  ➤ 전문가를 찾아가지 않더라도 쉽고 저렴한 가격으로 원하는 서비스를 시간제약없이 제공 받을 수 있음

3

[슬라이드 4] ≪표 슬라이드≫   80점

(1) 도형과 표 작성 기능을 이용하여 슬라이드를 작성한다(글꼴 : 돋움, 18pt).

세부조건

① 상단 도형 :
  2개 도형의 조합으로 작성
② 좌측 도형 :
  그라데이션 효과(선형 아래쪽)
③ 테이블 디자인【표 스타일】:
  테마 스타일 1 - 강조 2

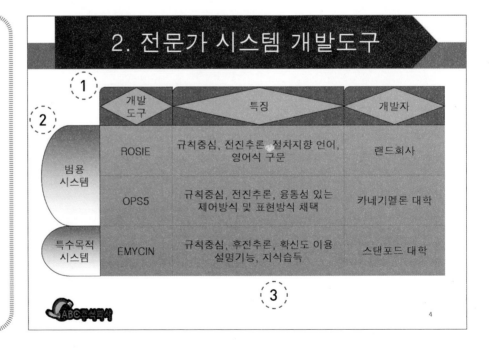

2. 전문가 시스템 개발도구

	개발도구	특징	개발자
범용시스템	ROSIE	규칙중심, 전진추론, 절차지향 언어, 영어식 구문	랜드회사
	OPS5	규칙중심, 전진추론, 융통성 있는 제어방식 및 표현방식 채택	카네기멜론 대학
특수목적시스템	EMYCIN	규칙중심, 후진추론, 확신도 이용 설명기능, 지식습득	스탠포드 대학

4

2. 시험 접수 안내

❶ 응시원서의 입력 항목에 따라 지역 및 고사장 선택, 신상명세입력, 본인사진을 등록합니다.
　 – 사진 등록을 위한 이미지 파일은 온라인 편집이 가능합니다.

❷ 응시원서 작성이 끝나면 결제화면에서 신용카드 및 온라인 이체로 응시료를 결제합니다.
　 – 결제 금액은 응시료+인터넷 접수 건별 소정의 수수료가 산정됩니다.

❸ 응시원서 작성과 온라인 결제가 끝나면 ITQ 시험 접수확인증이 화면에 출력되고 인쇄 기능이 지원됩니다.

인터넷 접수		방문 접수
⇩	⇩	⇩
인터넷 원서접수 기간확인		방문접수 기간확인
⇩	⇩	⇩
단체회원 로그인	개인회원 가입확인	지역센터 위치확인
⇩	⇩	⇩
접수방법선택	개인정보확인	개인회원 가입확인
⇩	⇩	⇩
지역/고사장/응시회원편집	지역/고사장/과목선택	지역별 방문접수(원서작성)
⇩	⇩	⇩
결제	결제	응시료 입금
⇩	⇩	⇩
접수완료/확인	접수증확인(출력)	수험표 확인
⇩	⇩	⇩
수험표 확인(시험일 2일전까지 사진등록)		시험응시
⇩		
시험응시		

[전체구성]

(1) 슬라이드 크기 및 순서 : 크기를 A4 용지로 설정하고 슬라이드 순서에 맞게 작성한다.

(2) 슬라이드 마스터 : 2~6슬라이드의 제목, 하단 로고, 슬라이드 번호는 슬라이드 마스터를 이용하여 작성한다.
- 제목 글꼴(돋움, 40pt, 흰색), 가운데 맞춤, 도형(선 없음)
- 하단 로고(「내 PC₩문서₩ITQ₩Picture₩로고1.jpg」, 배경(회색) 투명색으로 설정)

[슬라이드 1] ≪표지 디자인≫   40점

(1) 표지 디자인 : 도형, 워드아트 및 그림을 이용하여 작성한다.

세부조건

① 도형 편집
- 도형에 그림 채우기 : 「내 PC₩문서₩ITQ₩Picture₩그림1.jpg」, 투명도 50%
- 도형 효과 : 부드러운 가장자리 5포인트

② 워드아트 삽입
- 변환 : 삼각형, 위로【삼각형】
- 글꼴 : 궁서, 굵게
- 텍스트 반사 : 전체 반사, 터치

③ 그림 삽입
- 「내 PC₩문서₩ITQ₩Picture₩로고1.jpg」
- 배경(회색) 투명색으로 설정

[슬라이드 2] ≪목차 슬라이드≫   60점

(1) 출력형태와 같이 도형을 이용하여 목차를 작성한다(글꼴 : 돋움, 24pt).

(2) 도형 : 선 없음

세부조건

① 텍스트에 하이퍼링크 적용
→ '슬라이드 5'

② 그림 삽입
- 「내 PC₩문서₩ITQ₩Picture₩그림4.jpg」
- 자르기 기능 이용

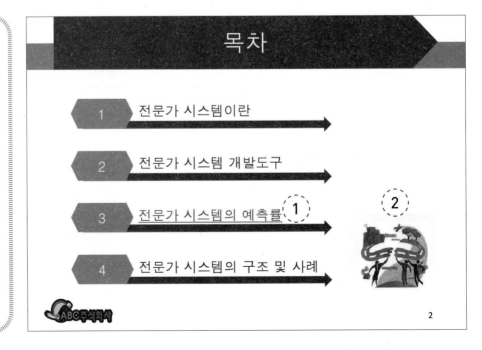

시험안내 03
ITQ 자료 사용 방법

☑ 자료 다운로드 방법　　　　　☑ 온라인 답안 시스템
☑ 자동 채점 프로그램　　　　　☑ 자동 채점 프로그램 Q&A
☑ 파워포인트 2021 화면 구성

---

1. 자료 다운로드 방법

❶ 크롬 브라우저를 실행하여 **아카데미소프트**(https://aso.co.kr) 홈페이지에 접속합니다.

❷ 왼쪽 상단에 [컴퓨터 자격증 교재]를 클릭합니다.

❸ [ITQ 자격증]-[2024 이공자 ITQ 파워포인트 2021(상철)] 교재를 클릭합니다.

제 **07** 회 정보기술자격(ITQ) 최신유형 기출문제

과목	코드	문제유형	시험시간	수험번호	성명
한글파워포인트	1142	A	60분		

MS오피스

·수험자 유의사항·

- 수험자는 문제지를 받는 즉시 문제지와 **수험표상의 시험과목(프로그램)이 동일한지 반드시 확인**하여야 합니다.
- 파일명은 본인의 "수험번호–성명"으로 입력하여 답안폴더(내 PC₩문서₩ITQ)에 하나의 파일로 저장해야 하며, 답안 문서 파일명이 "수험번호–성명"과 일치하지 않거나, 답안파일을 전송하지 않아 미제출로 처리될 경우 실격 처리합니다 (예 : 12345678–홍길동.pptx).
- 답안 작성을 마치면 파일을 저장하고, '답안 전송' 버튼을 선택하여 감독위원 PC로 답안을 전송하십시오. 수험생 정보와 저장한 파일명이 다를 경우 전송되지 않으므로 주의하시기 바랍니다.
- 답안 작성 중에도 **주기적으로 저장하고, '답안 전송'**하여야 문제 발생을 줄일 수 있습니다. 작업한 내용을 저장하지 않고 전송할 경우 이전에 저장된 내용이 전송되오니 이점 유의하시기 바랍니다.
- 답안문서는 지정된 경로 외의 다른 보조기억장치에 저장하는 경우, 지정된 시험 시간 외에 작성된 파일을 활용할 경우, 기타 통신수단(이메일, 메신저, 네트워크 등)을 이용하여 타인에게 전달 또는 외부 반출하는 경우는 부정 처리합니다.
- 시험 중 부주의 또는 고의로 시스템을 파손한 경우는 수험자가 변상해야 하며, 〈수험자 유의사항〉에 기재된 방법대로 이행하지 않아 생기는 불이익은 수험생 당사자의 책임임을 알려 드립니다.
- 문제의 조건은 MS오피스 2021 버전으로 설정되어 있으며 MS오피스 2016은 【 】에 표기되어 있습니다. 이와 관련하여 작성한 답안의 출력형태가 문제지와 다를 수 있습니다.
- 시험을 완료한 수험자는 답안파일이 전송되었는지 확인한 후 감독위원의 지시에 따라 문제지를 제출하고 퇴실합니다.

·답안 작성요령·

- 온라인 답안 작성 절차
  수험자 등록 ⇒ 시험 시작 ⇒ 답안파일 저장 ⇒ 답안 전송 ⇒ 시험 종료
- 슬라이드의 크기는 A4 Paper로 설정하여 작성합니다.
- 슬라이드의 총 개수는 6개로 구성되어 있으며 슬라이드 1부터 순서대로 작업하고 반드시 문제와 세부조건대로 합니다.
- 별도의 지시사항이 없는 경우 출력형태를 참조하여 글꼴색은 검정 또는 흰색으로 작성하고, 기타사항은 전체적인 균형을 고려하여 작성합니다.
- 슬라이드 도형 및 개체에 출력형태와 다른 스타일(그림자, 외곽선 등)을 적용했을 경우 감점처리 됩니다.
- 슬라이드 번호를 작성합니다(슬라이드 1에는 생략).
- 2~6번 슬라이드 제목 도형과 하단 로고는 슬라이드 마스터를 이용하여 출력형태와 동일하게 작성합니다(슬라이드 1에는 생략).
- 문제와 세부조건, 세부조건 번호 ◌(점선원)는 입력하지 않습니다.
- 각 개체의 위치는 오른쪽의 슬라이드와 동일하게 구성합니다.
- 그림 삽입 문제의 경우 반드시 「내 PC₩문서₩ITQ₩Picture」 폴더에서 정확한 파일을 선택하여 삽입하십시오.
- 각 슬라이드를 각각의 파일로 작업해서 저장할 경우 실격 처리됩니다.

kpc 한국생산성본부

❹ 왼쪽 화면 아래에 [학습자료]을 클릭합니다.

❺ [2024 이공자 ITQ 파워포인트 2021(상철)_학습 자료]를 클릭합니다.

❻  단추를 클릭하여 자료를 다운로드 받으시면 됩니다.

(1) 차트 작성 기능을 이용하여 슬라이드를 작성한다.

(2) 차트 : 종류(묶은 세로 막대형), 글꼴(돋움, 16pt), 외곽선

세부조건

※ 차트설명
- 차트 제목 : 궁서, 24pt, 굵게, 채우기(흰색), 테두리, 그림자(오프셋 왼쪽)
- 차트 영역 : 채우기(노랑) 그림 영역 : 채우기(흰색)
- 데이터 서식 : 인상률 계열을 표식이 있는 꺾은선형으로 변경 후 보조축으로 지정
- 값 표시 : 2022년의 최저임금 계열만

① 도형 삽입
- 스타일 : 미세효과 – 파랑, 강조 1
- 글꼴 : 굴림, 18pt

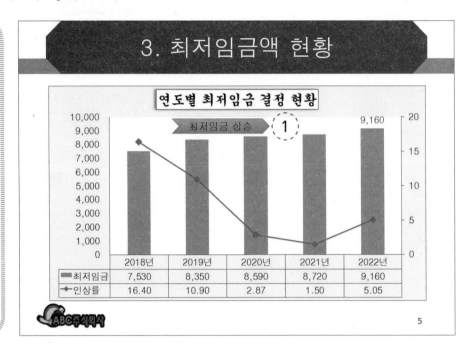

(1) 슬라이드와 같이 도형 및 스마트아트를 배치한다(글꼴 : 굴림, 18pt).

(2) 애니메이션 순서 : ① ⇒ ②

세부조건

① 도형 및 스마트아트 편집
- 스마트아트 디자인 : 3차원 만화, 3차원 경사
- 그룹화 후 애니메이션 효과 : 나누기(가로 안쪽으로)

② 도형 편집
- 그룹화 후 애니메이션 효과 : 나타내기

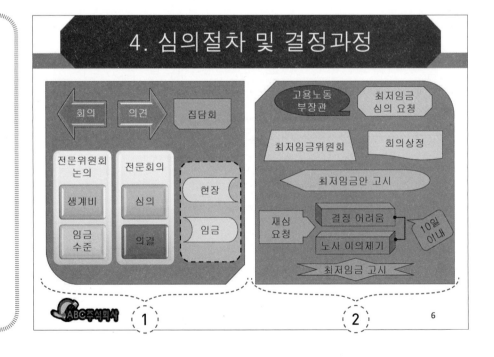

2. 온라인 답안 시스템

❶ 온라인 답안 시스템

[KOAS–온라인 답안 시스템] 프로그램은 **수험자 연습용 답안 전송 프로그램**이기 때문에 서버에서 제어가 되지 않는 개인용 버전입니다. 실제 시험 환경을 미리 확인하는 차원에서 테스트하시기 바랍니다.

※ 해당 '온라인 답안 시스템'은 변경된 ITQ 시험 버전에 맞추어 수정된 최신 버전의 프로그램입니다.

❷ 필요한 자료를 다운받아 압축을 해제했다면 다운로드의 [2024 이공자 ITQ 파워포인트 2021_학습 자료]–[온라인 답안 시스템] 폴더에서 **'온라인 답안 시스템(연습용).exe'**을 더블 클릭하여 실행합니다.

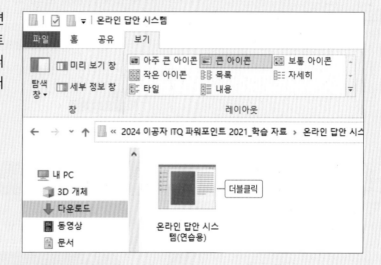

❸ 원하는 **시험 과목**을 선택하고 **수험자 성명**을 입력한 후 〈선택〉 단추를 클릭합니다.

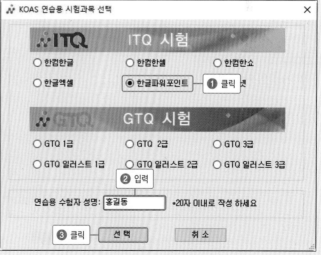

(1) 텍스트 작성 : 글머리 기호 사용(◆, ➤)
    ◆문단(굴림, 24pt, 굵게, 줄간격 : 1.5줄), ➤문단(굴림, 20pt, 줄간격 : 1.5줄)

세부조건

① 동영상 삽입 :
  – 「내 PC₩문서₩ITQ₩Picture₩
    동영상.wmv」
  – 자동실행, 반복재생 설정

1. 최저임금제의 의미 및 목적

◆ Minimum wage systems
  ➤ The minimum wage system is a wage system that determines
    wages as part of a social policy by setting up a certain
    amount of wages and legally banning wages

◆ 최저임금제도의 목적
  ➤ 근로자에 대하여 임금의 최저수준을 보장함으로서
    임금격차가 완화되어 근로자의 생활안정과 소득분배 개선
  ➤ 공정한 경쟁을 촉진하고 경영합리화를 기함

ABC조사회사

3

(1) 도형과 표 작성 기능을 이용하여 슬라이드를 작성한다(글꼴 : 돋움, 18pt).

세부조건

① 상단 도형 :
  2개 도형의 조합으로 작성
② 좌측 도형 :
  그라데이션 효과(선형 아래쪽)
③ 테이블 디자인【표 스타일】:
  테마 스타일 1 – 강조 2

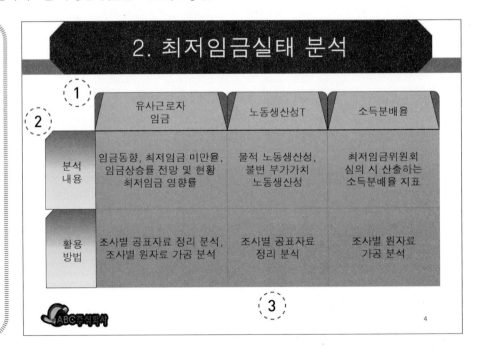

2. 최저임금실태 분석

	유사근로자 임금	노동생산성T	소득분배율
분석 내용	임금동향, 최저임금 미만율, 임금상승률 전망 및 현황 최저임금 영향률	물적 노동생산성, 불변 부가가치 노동생산성	최저임금위원회 심의 시 산출하는 소득분배율 지표
활용 방법	조사별 공표자료 정리 분석, 조사별 원자료 가공 분석	조사별 공표자료 정리 분석	조사별 원자료 가공 분석

ABC조사회사

4

❹ **수험번호**를 입력하고 정상적인 시험인지 또는 재시험자인지를 선택한 후 〈확인〉 단추를 클릭합니다. 이어서, [수험번호 확인] 창이 나오면 수험번호와 구분 내용을 확인한 후 〈확인〉 단추를 클릭합니다.

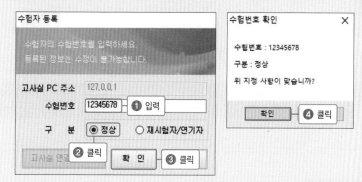

❺ 다음과 같이 수험자 정보가 맞는지 확인한 후 〈확인〉 단추를 클릭합니다.

※ 새롭게 변경된 ITQ 시험의 답안 폴더 경로는 [내 PC]–[문서]–[ITQ]입니다.

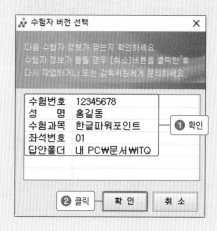

❻ 온라인 답안 시스템이 실행되면 모니터 오른쪽 상단에 답안 전송 프로그램이 나타납니다.

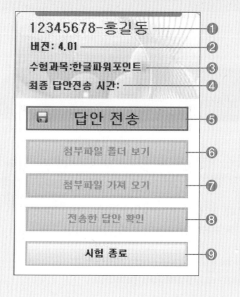

❶ 답안 저장 파일명으로 '수험번호–수험자명'으로 구성

❷ 온라인 답안 시스템 업그레이드 번호

❸ 사용자가 선택한 시험 과목

❹ 답안을 마지막에 전송한 시간

❺ 수험자가 작성한 답안을 감독위원 PC로 전송

❻ 답안 작성시 필요한 그림의 폴더 보기

❼ 답안 작성시 필요한 그림 파일 등을 감독위원 PC에서 수험자PC로 전송

❽ 수험자가 전송한 답안을 다시 불러옴

❾ 시험 종료

[전체구성] 60점

(1) 슬라이드 크기 및 순서 : 크기를 A4 용지로 설정하고 슬라이드 순서에 맞게 작성한다.

(2) 슬라이드 마스터 : 2~6슬라이드의 제목, 하단 로고, 슬라이드 번호는 슬라이드 마스터를 이용하여 작성한다.
- 제목 글꼴(돋움, 40pt, 흰색), 가운데 맞춤, 도형(선 없음)
- 하단 로고(「내 PC₩문서₩ITQ₩Picture₩로고1.jpg」, 배경(회색) 투명색으로 설정)

[슬라이드 1] ≪표지 디자인≫ 40점

(1) 표지 디자인 : 도형, 워드아트 및 그림을 이용하여 작성한다.

세부조건

① 도형 편집
- 도형에 그림 채우기 :
「내 PC₩문서₩ITQ₩Picture₩
그림1.jpg」, 투명도 50%
- 도형 효과 :
부드러운 가장자리 5포인트

② 워드아트 삽입
- 변환 : 기울기, 위로【위로 기울기】
- 글꼴 : 궁서, 굵게
- 텍스트 반사 : 1/2 반사, 터치

③ 그림 삽입
- 「내 PC₩문서₩ITQ₩Picture₩
로고1.jpg」
- 배경(회색) 투명색으로 설정

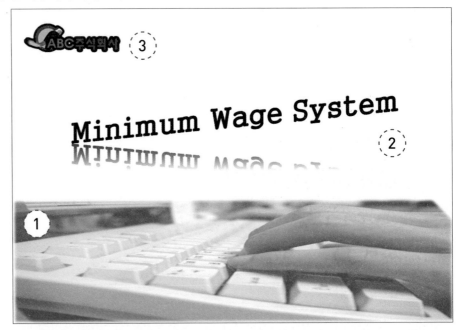

[슬라이드 2] ≪목차 슬라이드≫ 60점

(1) 출력형태와 같이 도형을 이용하여 목차를 작성한다(글꼴 : 돋움, 24pt).

(2) 도형 : 선 없음

세부조건

① 텍스트에 하이퍼링크 적용
→ '슬라이드 5'

② 그림 삽입
- 「내 PC₩문서₩ITQ₩Picture₩
그림4.jpg」
- 자르기 기능 이용

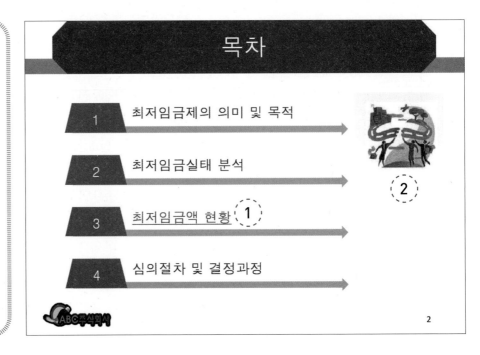

❼ 답안 파일 이름은 수험자 자신의 '**수험번호-성명(12345678-홍길동)**' 형태로 [내 PC]-[문서]-[ITQ] 폴더에 저장합니다.

※ 새롭게 변경된 ITQ 시험의 답안 폴더 경로는 [내 PC]-[문서]-[ITQ]입니다.

❽ 답안 전송 프로그램에서 답안 전송 단추를 클릭한 후 메세지 창이 나오면 〈확인〉 단추를 클릭합니다

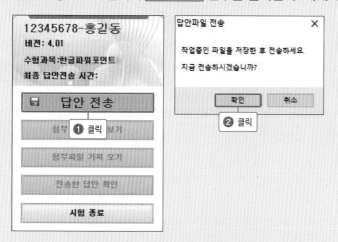

❾ 전송할 답안파일이 맞는지 확인(파일목록과 존재 유무)한 후 답안 전송 단추를 클릭합니다. 이어서, 메시지 창이 나오면 〈확인〉 단추를 클릭합니다.

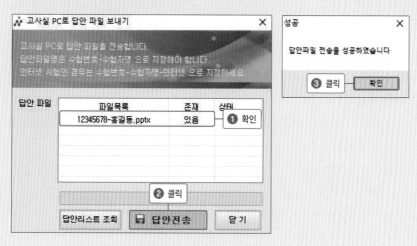

과목	코드	문제유형	시험시간	수험번호	성명
한글파워포인트	1142	A	60분		

MS오피스

·수험자 유의사항·

● 수험자는 문제지를 받는 즉시 문제지와 **수험표상의 시험과목(프로그램)이 동일한지 반드시 확인**하여야 합니다.

● 파일명은 본인의 "수험번호–성명"으로 입력하여 답안폴더(내 PC₩문서₩ITQ)에 하나의 파일로 저장해야 하며, 답안 문서 파일명이 "수험번호–성명"과 일치하지 않거나, 답안파일을 전송하지 않아 미제출로 처리될 경우 실격 처리합니다 (예 : 12345678–홍길동.pptx).

● 답안 작성을 마치면 파일을 저장하고, '답안 전송' 버튼을 선택하여 감독위원 PC로 답안을 전송하십시오. 수험생 정보와 저장한 파일명이 다를 경우 전송되지 않으므로 주의하시기 바랍니다.

● 답안 작성 중에도 **주기적으로 저장하고, '답안 전송'**하여야 문제 발생을 줄일 수 있습니다. 작업한 내용을 저장하지 않고 전송할 경우 이전에 저장된 내용이 전송되오니 이점 유의하시기 바랍니다.

● 답안문서는 지정된 경로 외의 다른 보조기억장치에 저장하는 경우, 지정된 시험 시간 외에 작성된 파일을 활용할 경우, 기타 통신수단(이메일, 메신저, 네트워크 등)을 이용하여 타인에게 전달 또는 외부 반출하는 경우는 부정 처리합니다.

● 시험 중 부주의 또는 고의로 시스템을 파손한 경우는 수험자가 변상해야 하며, 〈수험자 유의사항〉에 기재된 방법대로 이행하지 않아 생기는 불이익은 수험생 당사자의 책임임을 알려 드립니다.

● 문제의 조건은 MS오피스 2021 버전으로 설정되어 있으며 MS오피스 2016은 【 】에 표기되어 있습니다. 이와 관련하여 작성한 답안의 출력형태가 문제지와 다를 수 있습니다.

● 시험을 완료한 수험자는 답안파일이 전송되었는지 확인한 후 감독위원의 지시에 따라 문제지를 제출하고 퇴실합니다.

·답안 작성요령·

● 온라인 답안 작성 절차
  수험자 등록 ⇒ 시험 시작 ⇒ 답안파일 저장 ⇒ 답안 전송 ⇒ 시험 종료

● 슬라이드의 크기는 A4 Paper로 설정하여 작성합니다.

● 슬라이드의 총 개수는 6개로 구성되어 있으며 슬라이드 1부터 순서대로 작업하고 반드시 문제와 세부조건대로 합니다.

● 별도의 지시사항이 없는 경우 출력형태를 참조하여 글꼴색은 검정 또는 흰색으로 작성하고, 기타사항은 전체적인 균형을 고려하여 작성합니다.

● 슬라이드 도형 및 개체에 출력형태와 다른 스타일(그림자, 외곽선 등)을 적용했을 경우 감점처리 됩니다.

● 슬라이드 번호를 작성합니다(슬라이드 1에는 생략).

● 2~6번 슬라이드 제목 도형과 하단 로고는 슬라이드 마스터를 이용하여 출력형태와 동일하게 작성합니다(슬라이드 1에는 생략).

● 문제와 세부조건, 세부조건 번호 ⟨⟩(점선원)는 입력하지 않습니다.

● 각 개체의 위치는 오른쪽의 슬라이드와 동일하게 구성합니다.

● 그림 삽입 문제의 경우 반드시 「내 PC₩문서₩ITQ₩Picture」 폴더에서 정확한 파일을 선택하여 삽입하십시오.

● 각 슬라이드를 각각의 파일로 작업해서 저장할 경우 실격 처리됩니다.

kpc 한국생산성본부

⑩ **'상태'** 항목이 **'성공'**인지 확인한 후 〈닫기〉 단추를 클릭합니다. 이어서, 감독위원의 지시를 따릅니다.

※ 해당 '온라인 답안 시스템'은 개인이 연습할 수 있도록 만들어진 프로그램으로 실제 답안 파일이 전송되지는 않습니다.

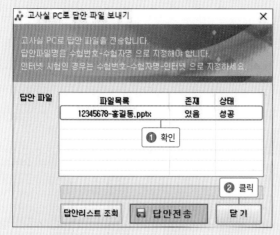
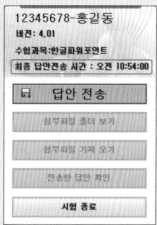

3. 자동 채점 프로그램

❶ 자동 채점 프로그램은 작성한 답안 파일을 정답 파일과 비교하여 틀린 부분을 찾아주는 프로그램입니다. 오피스 프로그램상의 한계로 100% 정확한 채점은 어렵기 때문에 참고용으로 사용하시기 바랍니다.

❷ 필요한 자료를 [자료실]에서 [공지]–'ITQ, DIAT, 컴퓨터활용능력 채점 프로그램'을 클릭합니다. 이어서, [채점 프로그램(무설치 버전)_20231109] 파일을 다운로드 받아 압축을 해제한 후 [채점 프로그램(무설치 버전)_20231109]–'채점 프로그램(무설치 버전)_실행 파일'을 더블 클릭하여 채점 프로그램을 실행합니다.

※ [웹 버전] 채점 프로그램은 [무설치 버전] 채점 프로그램과 동일합니다. [무설치 버전]이 실행이 되지 않을 때 [웹 버전]으로 실행해 보시기 바랍니다.

※ 채점 프로그램 폴더는 임의로 이름을 변경하거나 삭제하면 작동되지 않습니다.

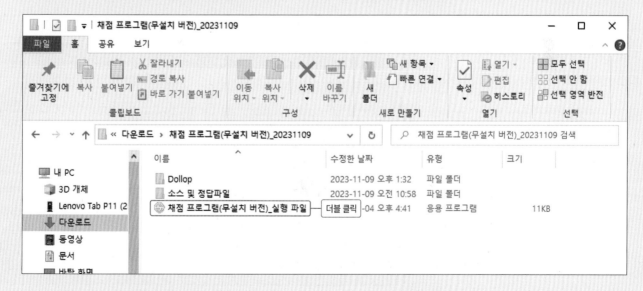

(1) 차트 작성 기능을 이용하여 슬라이드를 작성한다.
(2) 차트 : 종류(묶은 세로 막대형), 글꼴(돋움, 16pt), 외곽선

세부조건

※ 차트설명
- 차트 제목 : 궁서, 24pt, 굵게,
  채우기(흰색), 테두리,
  그림자(오프셋 아래쪽)
- 차트 영역 : 채우기(노랑)
  그림 영역 : 채우기(흰색)
- 데이터 서식 : 투자건수 계열을
  표식이 있는 꺾은선형으로 변경 후
  보조축으로 지정
- 값 표시 : 2021년의 투자규모 계열만

① 도형 삽입
  - 스타일 : 미세효과 - 파랑, 강조 1
  - 글꼴 : 굴림, 18pt

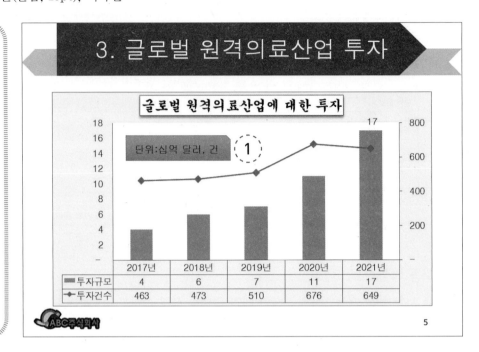

(1) 슬라이드와 같이 도형 및 스마트아트를 배치한다(글꼴 : 굴림, 18pt).
(2) 애니메이션 순서 : ① ⇒ ②

세부조건

① 도형 및 스마트아트 편집
  - 스마트아트 디자인
    : 3차원 만화,
    3차원 광택 처리
  - 그룹화 후 애니메이션 효과
    : 날아오기(왼쪽에서)
② 도형 편집
  - 그룹화 후 애니메이션 효과
    : 바운드

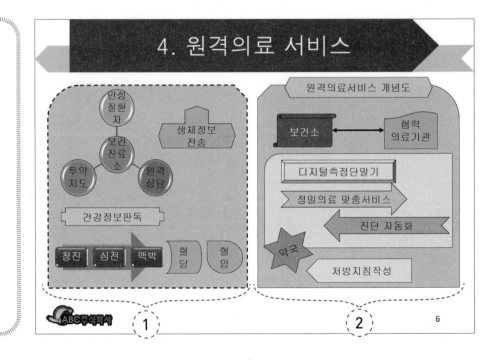

❸ 자동 채점 프로그램이 실행되면 채점하고자 하는 표지를 클릭합니다. 이어서, 〈정답파일 열기(📇)〉 단추를 클릭한 다음 [열기] 창이 나오면 채점에 사용할 정답 파일을 선택한 후 〈열기〉 단추를 클릭합니다.

❹ 정답 파일이 열리면 〈수검자파일 열기(📇)〉 단추를 클릭합니다. 이어서, [열기] 창이 나오면 정답 파일과 비교하여 채점할 학생 답안 파일을 선택한 후 〈열기〉 단추를 클릭한 다음 〈채점〉 단추를 클릭합니다.

(1) 텍스트 작성 : 글머리 기호 사용(◆, ➢)
　　　◆문단(굴림, 24pt, 굵게, 줄간격 : 1.5줄), ➢문단(굴림, 20pt, 줄간격 : 1.5줄)

세부조건

① 동영상 삽입 :
－「내 PC\문서\ITQ\Picture\
　동영상.wmv」
－자동실행, 반복재생 설정

---

1. 텔레헬스 소개

◆ Telehealth

➢ Telehealth is the distribution of health-related
services and information via electronic
information and telecommunication technologies

(1)

◆ 텔레헬스

➢ 통신 기술과 디지털 정보를 활용하여 원격으로 진료

➢ 전화, 화상 상담, 온라인 채팅, 스트리밍 미디어 등을 이용하여 진료,
심리 상담, 재활치료 등의 의료 서비스 제공

ABC주식회사
3

---

(1) 도형과 표 작성 기능을 이용하여 슬라이드를 작성한다(글꼴 : 돋움, 18pt).

세부조건

① 상단 도형 :
　2개 도형의 조합으로 작성
② 좌측 도형 :
　그라데이션 효과(선형 아래쪽)
③ 테이블 디자인【표 스타일】:
　테마 스타일 1 – 강조 2

---

2. 한미일 원격의료 현황

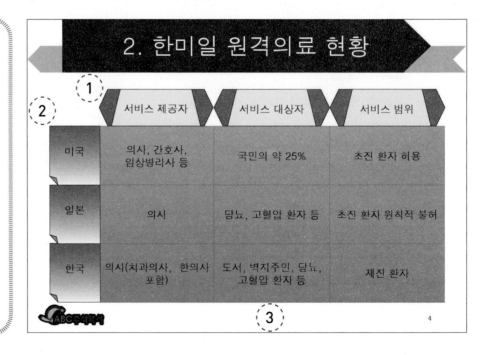

	서비스 제공자	서비스 대상자	서비스 범위
미국	의사, 간호사, 임상병리사 등	국민의 약 25%	초진 환자 허용
일본	의사	당뇨, 고혈압 환자 등	초진 환자 원칙적 불허
한국	의사(치과의사, 한의사 포함)	도서, 벽지주민, 당뇨, 고혈압 환자 등	재진 환자

ABC주식회사
(3)
4

❺ 채점이 완료되면 문제별 전체 점수에서 맞은 점수를 확인하실 수 있습니다. 각 기능별로 자세하게 틀린 부분을 확인 할 때는 화면 아래에 〈채점결과 상세〉 단추를 클릭하여 [정답] 항목과 비교하여 틀린 부분을 다시 확인합니다.

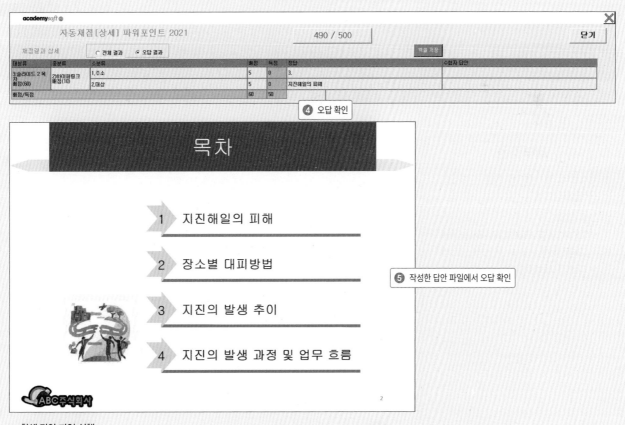

▲ 학생 답안 파일 실행

[전체구성]　60점

(1) 슬라이드 크기 및 순서 : 크기를 A4 용지로 설정하고 슬라이드 순서에 맞게 작성한다.

(2) 슬라이드 마스터 : 2~6슬라이드의 제목, 하단 로고, 슬라이드 번호는 슬라이드 마스터를 이용하여 작성한다.
- 제목 글꼴(돋움, 40pt, 흰색), 가운데 맞춤, 도형(선 없음)
- 하단 로고(「내 PC\문서\ITQ\Picture\로고1.jpg」, 배경(회색) 투명색으로 설정)

[슬라이드 1]　《표지 디자인》　40점

(1) 표지 디자인 : 도형, 워드아트 및 그림을 이용하여 작성한다.

세부조건

① 도형 편집
- 도형에 그림 채우기 :
「내 PC\문서\ITQ\Picture\
그림1.jpg」, 투명도 50%
- 도형 효과 :
부드러운 가장자리 5포인트

② 워드아트 삽입
- 변환 : 곡선, 아래로【휘어 내려가기】
- 글꼴 : 돋움, 굵게
- 텍스트 반사 : 근접 반사, 4pt 오프셋

③ 그림 삽입
- 「내 PC\문서\ITQ\Picture\
로고1.jpg」
- 배경(회색) 투명색으로 설정

[슬라이드 2]　《목차 슬라이드》　60점

(1) 출력형태와 같이 도형을 이용하여 목차를 작성한다(글꼴 : 굴림, 24pt).

(2) 도형 : 선 없음

세부조건

① 텍스트에 하이퍼링크 적용
→ '슬라이드 6'

② 그림 삽입
- 「내 PC\문서\ITQ\Picture\
그림5.jpg」
- 자르기 기능 이용

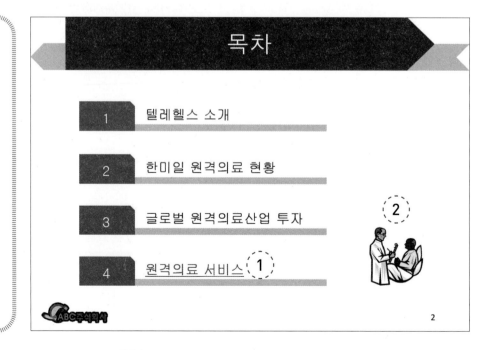

4. 자동 채점 프로그램 Q&A

1) MS 오피스 프로그램의 버전이 중복으로 설치되어 있다면 오류가 발생할 수 있습니다.(예 : 2010/2016 중복 설치)
   – 2016 버전을 제외한 MS 오피스 프로그램을 삭제하고 재부팅 후 다시 실행해보시기 바랍니다.

2) '파워포인트 파일을 읽지 못했습니다.' 메시지가 나올 경우
   – 파워포인트 프로그램을 최신 버전으로 업데이트 해보시기 바랍니다.

3) '허가되지 않은 파일' 메시지가 나올 경우
   – 〈정답 열기〉에서 아카데미소프트에서 제공하는 정답 파일이 아닌 다른 파일을 불러올 경우 해당 메시지가 나옵니다.

4) '.NET Framework가 설치되어 있어야 합니다.' 메시지가 나올 경우
   – 인터넷에서 '.NET Framework 4.0' 프로그램을 찾아 설치하시기 바랍니다. 만약 이미 설치되어 있다고 나올 경우에는 [시작]–[설정]–[앱]–[프로그램 및 기능]–[Windows 기능 켜기/끄기]에서 '.NET Framework' 관련 기능들이 체크되어 있는지 확인하시기 바랍니다.

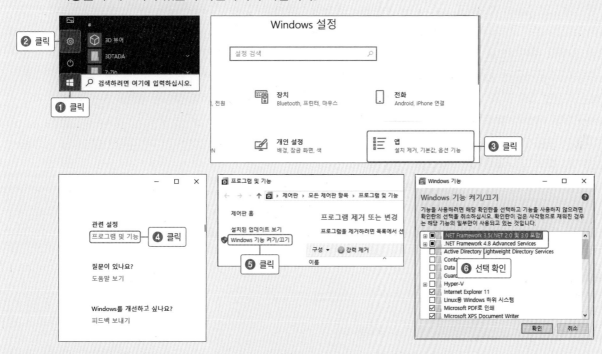

5) 'EF 작동이 중지되었습니다.' 메시지가 나올 경우
   – 사용하고 있는 오피스 프로그램을 최신 버전으로 업데이트 합니다.
   • MS 오피스 : 윈도우 업데이트를 통해 최신 버전으로 업데이트할 수 있습니다.
   • 한컴 오피스 : [시작]–[한글과 컴퓨터]–[한컴 자동 업데이트 NEO]를 실행하여 업데이트를 진행할 수 있습니다.

   ※ 주의 : 오피스 프로그램이 정품이 아닌 불법 복제프로그램(무설치 버전, 레지스트리 변형 버전, OO 패치 버전, 정품 확인 제한 버전, 업그레이드 제한 버전 등)일 경우에는 채점 프로그램이 정상적으로 실행되지 않으니 참고하시기 바랍니다.

과목	코드	문제유형	시험시간	수험번호	성명
한글파워포인트	1142	A	60분		

MS오피스

·수험자 유의사항·

● 수험자는 문제지를 받는 즉시 문제지와 **수험표상의 시험과목(프로그램)이 동일한지 반드시 확인**하여야 합니다.

● 파일명은 본인의 "수험번호–성명"으로 입력하여 답안폴더(내 PC₩문서₩ITQ)에 하나의 파일로 저장해야 하며, 답안 문서 파일명이 "수험번호–성명"과 일치하지 않거나, 답안파일을 전송하지 않아 미제출로 처리될 경우 실격 처리합니다 (예 : 12345678–홍길동.pptx).

● 답안 작성을 마치면 파일을 저장하고, '답안 전송' 버튼을 선택하여 감독위원 PC로 답안을 전송하십시오. 수험생 정보와 저장한 파일명이 다를 경우 전송되지 않으므로 주의하시기 바랍니다.

● 답안 작성 중에도 **주기적으로 저장하고, '답안 전송'**하여야 문제 발생을 줄일 수 있습니다. 작업한 내용을 저장하지 않고 전송할 경우 이전에 저장된 내용이 전송되오니 이점 유의하시기 바랍니다.

● 답안문서는 지정된 경로 외의 다른 보조기억장치에 저장하는 경우, 지정된 시험 시간 외에 작성된 파일을 활용할 경우, 기타 통신수단(이메일, 메신저, 네트워크 등)을 이용하여 타인에게 전달 또는 외부 반출하는 경우는 부정 처리합니다.

● 시험 중 부주의 또는 고의로 시스템을 파손한 경우는 수험자가 변상해야 하며, 〈수험자 유의사항〉에 기재된 방법대로 이행하지 않아 생기는 불이익은 수험생 당사자의 책임임을 알려 드립니다.

● 문제의 조건은 MS오피스 2021 버전으로 설정되어 있으며 MS오피스 2016은 【 】에 표기되어 있습니다. 이와 관련하여 작성한 답안의 출력형태가 문제지와 다를 수 있습니다.

● 시험을 완료한 수험자는 답안파일이 전송되었는지 확인한 후 감독위원의 지시에 따라 문제지를 제출하고 퇴실합니다.

·답안 작성요령·

● 온라인 답안 작성 절차
  수험자 등록 ⇒ 시험 시작 ⇒ 답안파일 저장 ⇒ 답안 전송 ⇒ 시험 종료

● 슬라이드의 크기는 A4 Paper로 설정하여 작성합니다.

● 슬라이드의 총 개수는 6개로 구성되어 있으며 슬라이드 1부터 순서대로 작업하고 반드시 문제와 세부조건대로 합니다.

● 별도의 지시사항이 없는 경우 출력형태를 참조하여 글꼴색은 검정 또는 흰색으로 작성하고, 기타사항은 전체적인 균형을 고려하여 작성합니다.

● 슬라이드 도형 및 개체에 출력형태와 다른 스타일(그림자, 외곽선 등)을 적용했을 경우 감점처리 됩니다.

● 슬라이드 번호를 작성합니다(슬라이드 1에는 생략).

● 2~6번 슬라이드 제목 도형과 하단 로고는 슬라이드 마스터를 이용하여 출력형태와 동일하게 작성합니다(슬라이드 1에는 생략).

● 문제와 세부조건, 세부조건 번호 ⟲(점선원)는 입력하지 않습니다.

● 각 개체의 위치는 오른쪽의 슬라이드와 동일하게 구성합니다.

● 그림 삽입 문제의 경우 반드시 「내 PC₩문서₩ITQ₩Picture」 폴더에서 정확한 파일을 선택하여 삽입하십시오.

● 각 슬라이드를 각각의 파일로 작업해서 저장할 경우 실격 처리됩니다.

kpc 한국생산성본부

5. 파워포인트 2021 화면구성

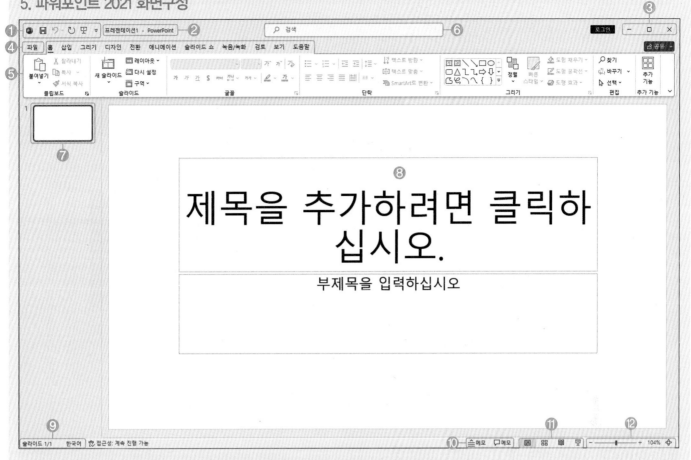

❶ **빠른 실행 도구 모음** : 저장 또는 실행 취소 등 자주사용하는 기능을 아이콘으로 제공하며, 필요에 따라서 사용자가 기능(새로 만들기, 열기 등)을 직접 추가하거나 삭제할 수 있습니다.

❷ **제목 표시줄** : 현재 작업 중인 문서의 파일명이 표시됩니다.

❸ **창 조절 단추** : 창의 크기를 최소화, 최대화, 종료할 수 있습니다.

❹ **[파일] 탭** : 저장, 열기, 최근에 사용한 항목, 새로 만들기, 인쇄 등 파일을 관리하기 위한 메뉴로 구성되어 있습니다.

❺ **리본 메뉴** : 유사한 기능들이 각각의 탭으로 구성되어 있고, 탭은 관련이 있는 기능들을 그룹으로 묶어서 표시합니다.

❻ **빠른 실행(검색)** : '검색' 부분을 클릭하여 필요한 기능을 입력하면 경로 선택 없이 원하는 작업을 바로 실행할 수 있습니다.

❼ **슬라이드 미리 보기 창** : 슬라이드의 축소판으로 작업하는 슬라이드의 화면을 미리 확인할 수 있습니다.

❽ **슬라이드 창** : 슬라이드를 작업하는 곳으로 텍스트, 도형, 그림 등을 삽입하는 작업 공간입니다.

❾ **상태 표시줄** : 작업 중인 슬라이드의 상태를 표시하는 곳으로 슬라이드의 번호, 언어 등을 확인할 수 있습니다.

❿ **슬라이드 노트 및 메모** : 클릭하여 활성화 시킬 수 있으며 슬라이드에 관련된 별도의 내용을 입력하는 공간입니다. 또한, 메모는 여러 사람들과 함께 작업 시 의견을 나눌 수 있는 기능입니다.

⓫ **화면보기** : 기본, 여러 슬라이드, 읽기용 보기, 슬라이드 쇼 중에서 원하는 화면 보기 방식을 선택할 수 있습니다.

⓬ **확대/축소 도구** : 작업 중인 슬라이드의 화면 배율을 설정할 수 있습니다.

(1) 차트 작성 기능을 이용하여 슬라이드를 작성한다.
(2) 차트 : 종류(묶은 세로 막대형), 글꼴(돋움, 16pt), 외곽선

세부조건

※ 차트설명
- 차트 제목 : 궁서, 24pt, 굵게, 채우기(흰색), 테두리, 그림자(오프셋 아래쪽)
- 차트 영역 : 채우기(노랑) 그림 영역 : 채우기(흰색)
- 데이터 서식 : 이용고객(십명) 계열을 표식이 있는 꺾은선형으로 변경 후 보조축으로 지정
- 값 표시 : 2020년의 결제금액(천만원) 계열만

① 도형 삽입
- 스타일 : 미세효과 – 파랑, 강조 1
- 글꼴 : 굴림, 18pt

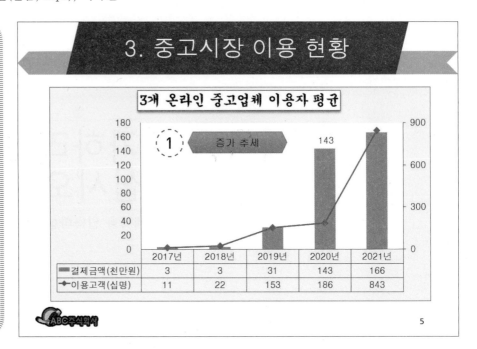

(1) 슬라이드와 같이 도형 및 스마트아트를 배치한다(글꼴 : 굴림, 18pt).
(2) 애니메이션 순서 : ① ⇒ ②

세부조건

① 도형 및 스마트아트 편집
- 스마트아트 디자인
  : 3차원 만화, 3차원 경사
- 그룹화 후 애니메이션 효과
  : 바운드
② 도형 편집
- 그룹화 후 애니메이션 효과
  : 나누기(가로 바깥쪽으로)

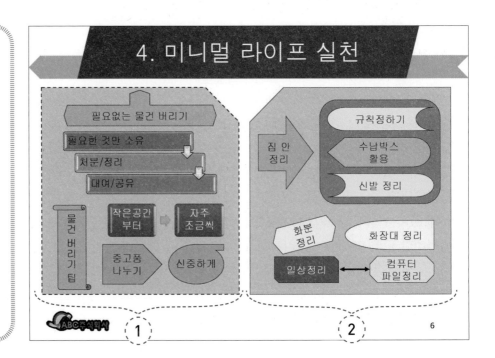

PART 02

출제유형
완전정복

(1) 텍스트 작성 : 글머리 기호 사용(◆, ✓)
　　◆문단(굴림, 24pt, 굵게, 줄간격 : 1.5줄), ✓문단(굴림, 20pt, 줄간격 : 1.5줄)

세부조건

① 동영상 삽입 :
　- 「내 PC₩문서₩ITQ₩Picture₩
　　동영상.wmv」
　- 자동실행, 반복재생 설정

1. 미니멀 라이프란

◆ **Minimal Life**
　✓ A lifestyle that minimizes unnecessary things and
　　lives with minimal
　✓ Focus on important parts of your life by not
　　stopping and shrinking things

◆ **미니멀 라이프**
　✓ 불필요한 물건을 줄이고 최소한의 것으로 살아가는 생활방식으로
　　물건을 줄이는 것에서 그치지 않고 적게 가짐으로써 내면의 삶에
　　충실하려 노력하는 삶의 방식

ABC주식회사　　　　3

(1) 도형과 표 작성 기능을 이용하여 슬라이드를 작성한다(글꼴 : 굴림, 18pt).

세부조건

① 상단 도형 :
　2개 도형의 조합으로 작성

② 좌측 도형 :
　그라데이션 효과(선형 아래쪽)

③ 테이블 디자인【표 스타일】:
　테마 스타일 1 - 강조 5

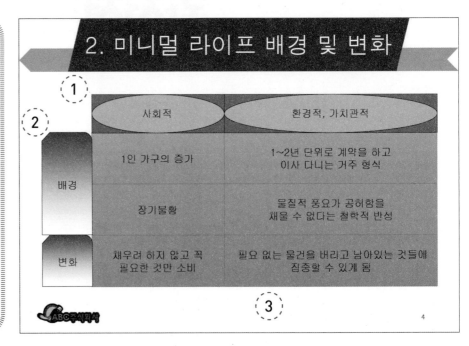

2. 미니멀 라이프 배경 및 변화

	사회적	환경적, 가치관적
배경	1인 가구의 증가	1~2년 단위로 계약을 하고 이사 다니는 거주 형식
	장기불황	물질적 풍요가 공허함을 채울 수 없다는 철학적 반성
변화	채우려 하지 않고 꼭 필요한 것만 소비	필요 없는 물건을 버리고 남아있는 것들에 집중할 수 있게 됨

ABC주식회사　　　　4

[전체구성] 페이지 설정 / 슬라이드 마스터

- ☑ 슬라이드 크기 지정하기
- ☑ 슬라이드 마스터 작성하기

문제 미리보기

소스 파일 : 없음   정답 파일 : [출제유형 01]-유형01_정답.pptx

◆ [전체 구성]   (60점)

(1) 슬라이드 크기 및 순서 : 크기를 A4 용지로 설정하고 슬라이드 순서에 맞게 작성한다.

(2) 슬라이드 마스터 : 2~6슬라이드의 제목, 하단 로고, 슬라이드 번호는 슬라이드 마스터를 이용하여 작성한다.

    – 제목 글꼴(돋움, 40pt, 흰색), 가운데 맞춤, 도형(선 없음)

    – 하단 로고(「내 PC₩문서₩ITQ₩Picture₩로고1.jpg」, 배경(회색) 투명색으로 설정

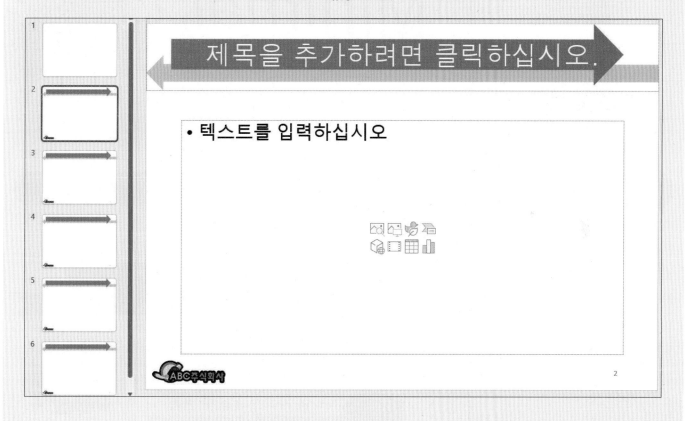

[전체구성] 60점

(1) 슬라이드 크기 및 순서 : 크기를 A4 용지로 설정하고 슬라이드 순서에 맞게 작성한다.

(2) 슬라이드 마스터 : 2~6슬라이드의 제목, 하단 로고, 슬라이드 번호는 슬라이드 마스터를 이용하여 작성한다.
   - 제목 글꼴(돋움, 40pt, 흰색), 가운데 맞춤, 도형(선 없음)
   - 하단 로고(「내 PC\문서\ITQ\Picture\로고1.jpg」, 배경(회색) 투명색으로 설정)

[슬라이드 1] ≪표지 디자인≫ 40점

(1) 표지 디자인 : 도형, 워드아트 및 그림을 이용하여 작성한다.

세부조건

① 도형 편집
   - 도형에 그림 채우기 :
   「내 PC\문서\ITQ\Picture\
   그림1.jpg」, 투명도 50%
   - 도형 효과 :
   부드러운 가장자리 5포인트

② 워드아트 삽입
   - 변환 : 페이드, 오른쪽
   【오른쪽 줄이기】
   - 글꼴 : 굴림, 굵게
   - 텍스트 반사 : 1/2 반사, 8pt 오프셋

③ 그림 삽입
   - 「내 PC\문서\ITQ\Picture\
   로고1.jpg」
   - 배경(회색) 투명색으로 설정

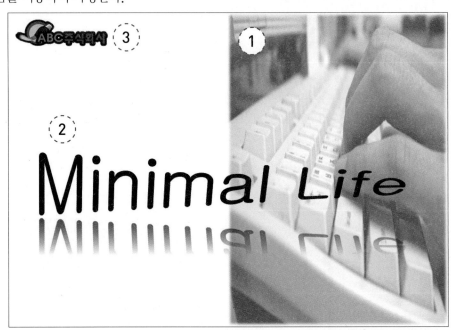

[슬라이드 2] ≪목차 슬라이드≫ 60점

(1) 출력형태와 같이 도형을 이용하여 목차를 작성한다(글꼴 : 돋움, 24pt).

(2) 도형 : 선 없음

세부조건

① 텍스트에 하이퍼링크 적용
   → '슬라이드 5'

② 그림 삽입
   - 「내 PC\문서\ITQ\Picture\
   그림4.jpg」
   - 자르기 기능 이용

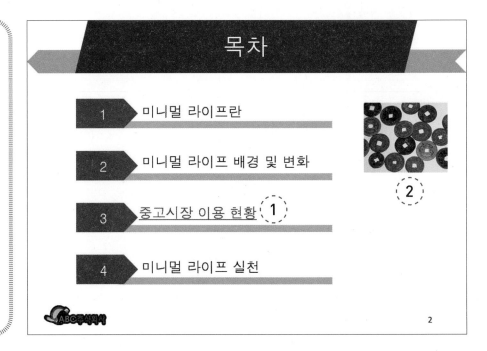

01 페이지 설정 및 슬라이드 추가하기

(1) 슬라이드 크기 및 순서 : 크기를 A4 용지로 설정하고 슬라이드 순서에 맞게 작성한다.

❶ 〈시작(⊞)〉 단추를 눌러 PowerPoint 2021 프로그램을 실행합니다. 이어서, Esc 키를 눌러 새 프레젠테이션 문서를 만듭니다.

❷ 슬라이드 크기를 지정하기 위해 [디자인]탭의 [사용자 지정] 그룹에서 **슬라이드 크기(▢)**–'사용자 지정 슬라이드 크기'를 클릭합니다.

❸ [슬라이드 크기] 대화상자가 나오면 슬라이드 크기를 **A4 용지**(210×297mm)로 선택한 후 〈확인〉 단추를 클릭합니다. 이어서, 〈맞춤 확인〉 단추를 클릭합니다.

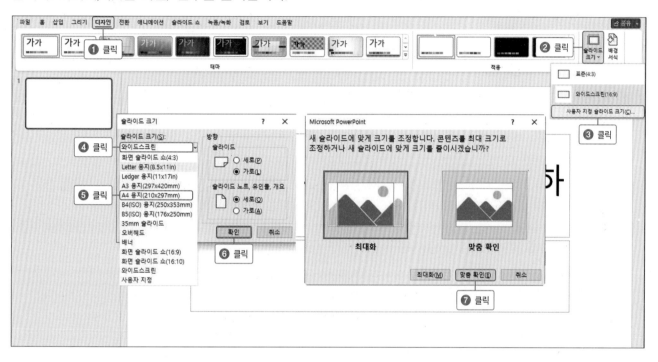

❹ [슬라이드 미리보기] 창의 첫 번째 슬라이드를 클릭한 후 Enter 키를 5번 눌러 총 6개의 슬라이드를 만듭니다.

과목	코드	문제유형	시험시간	수험번호	성명
한글파워포인트	1142	A	60분		

MS오피스

·수험자 유의사항·

- 수험자는 문제지를 받는 즉시 문제지와 **수험표상의 시험과목(프로그램)이 동일한지 반드시 확인**하여야 합니다.
- 파일명은 본인의 "수험번호–성명"으로 입력하여 답안폴더(내 PC₩문서₩ITQ)에 하나의 파일로 저장해야 하며, 답안 문서 파일명이 "수험번호–성명"과 일치하지 않거나, 답안파일을 전송하지 않아 미제출로 처리될 경우 실격 처리합니다 (예 : 12345678–홍길동.pptx).
- 답안 작성을 마치면 파일을 저장하고, '답안 전송' 버튼을 선택하여 감독위원 PC로 답안을 전송하십시오. 수험생 정보와 저장 한 파일명이 다를 경우 전송되지 않으므로 주의하시기 바랍니다.
- 답안 작성 중에도 **주기적으로 저장하고, '답안 전송'**하여야 문제 발생을 줄일 수 있습니다. 작업한 내용을 저장하지 않고 전송할 경우 이전에 저장된 내용이 전송되오니 이점 유의하시기 바랍니다.
- 답안문서는 지정된 경로 외의 다른 보조기억장치에 저장하는 경우, 지정된 시험 시간 외에 작성된 파일을 활용할 경우, 기타 통신수단(이메일, 메신저, 네트워크 등)을 이용하여 타인에게 전달 또는 외부 반출하는 경우는 부정 처리합니다.
- 시험 중 부주의 또는 고의로 시스템을 파손한 경우는 수험자가 변상해야 하며, 〈수험자 유의사항〉에 기재된 방법대로 이행하 지 않아 생기는 불이익은 수험생 당사자의 책임임을 알려 드립니다.
- 문제의 조건은 MS오피스 2021 버전으로 설정되어 있으며 MS오피스 2016은 【 】에 표기되어 있습니다. 이와 관련하여 작성한 답안의 출력형태가 문제지와 다를 수 있습니다.
- 시험을 완료한 수험자는 답안파일이 전송되었는지 확인한 후 감독위원의 지시에 따라 문제지를 제출하고 퇴실합니다.

·답안 작성요령·

- 온라인 답안 작성 절차
  수험자 등록 ⇒ 시험 시작 ⇒ 답안파일 저장 ⇒ 답안 전송 ⇒ 시험 종료
- 슬라이드의 크기는 A4 Paper로 설정하여 작성합니다.
- 슬라이드의 총 개수는 6개로 구성되어 있으며 슬라이드 1부터 순서대로 작업하고 반드시 문제와 세부조건대로 합니다.
- 별도의 지시사항이 없는 경우 출력형태를 참조하여 글꼴색은 검정 또는 흰색으로 작성하고, 기타사항은 전체적인 균형을 고려하여 작성합니다.
- 슬라이드 도형 및 개체에 출력형태와 다른 스타일(그림자, 외곽선 등)을 적용했을 경우 감점처리 됩니다.
- 슬라이드 번호를 작성합니다(슬라이드 1에는 생략).
- 2~6번 슬라이드 제목 도형과 하단 로고는 슬라이드 마스터를 이용하여 출력형태와 동일하게 작성합니다(슬라이드 1에는 생략).
- 문제와 세부조건, 세부조건 번호 ⊙(점선원)는 입력하지 않습니다.
- 각 개체의 위치는 오른쪽의 슬라이드와 동일하게 구성합니다.
- 그림 삽입 문제의 경우 반드시 「내 PC₩문서₩ITQ₩Picture」 폴더에서 정확한 파일을 선택하여 삽입하십시오.
- 각 슬라이드를 각각의 파일로 작업해서 저장할 경우 실격 처리됩니다.

kpc 한국생산성본부

제목 글꼴(굴림, 40pt, 흰색), 가운데 정렬, 도형(선 없음)

■ 슬라이드 마스터에 도 형 삽입하기-1(기본 도형)

❶ [보기] 탭의 [마스터 보기] 그룹에서 슬라이드 마스터(▭)를 클릭합니다.

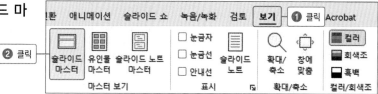

❷ 슬라이드 마스터 편집 창이 활성화되면 세 번째 슬라이드 마스터 [제목 및 내용 레이아웃: 슬라이드 2-6에서 사용]을 선택합니다.

※ [슬라이드 2-6]에만 마스터를 적용하기 위해 반드시 '[제목 및 내용 레이아웃 : 슬라이드 2-6에서 사용]' 슬라이드에서 작업합니다.

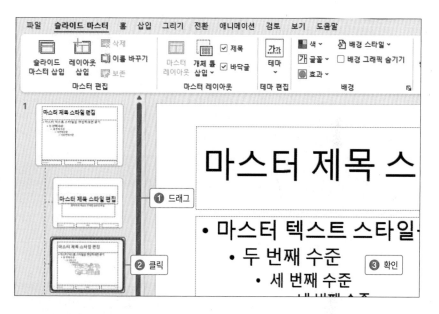

❸ 제목 도형을 작성하기 전에 [마스터 제목 스타일 편집] 텍스트 상자의 테두리를 그림과 같이 드래그하여 위치를 이동시킵니다.

※ 슬라이드 마스터의 [마스터 제목 스타일 편집] 텍스트 상자는 대각선 방향으로 드래그하여 이동하는 것이 편리합니다.

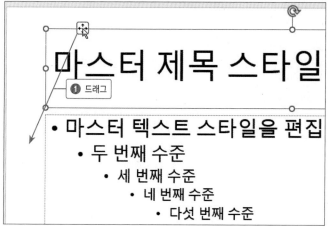
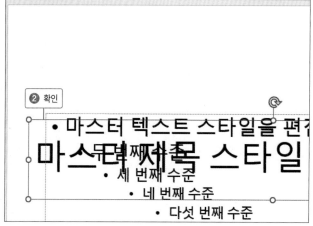

(1) 차트 작성 기능을 이용하여 슬라이드를 작성한다.

(2) 차트 : 종류(묶은 세로 막대형), 글꼴(돋움, 16pt), 외곽선

세부조건

※ 차트설명
- 차트 제목 : 궁서, 24pt, 굵게, 채우기(흰색), 테두리, 그림자(오프셋 아래쪽)
- 차트 영역 : 채우기(노랑) 그림 영역 : 채우기(흰색)
- 데이터 서식 : 문화유산 계열을 표식이 있는 꺾은선형으로 변경 후 보조축으로 지정
- 값 표시 : 중국의 자연유산 계열만

① 도형 삽입
 – 스타일 : 미세효과 – 파랑, 강조 1
 – 글꼴 : 굴림, 18pt

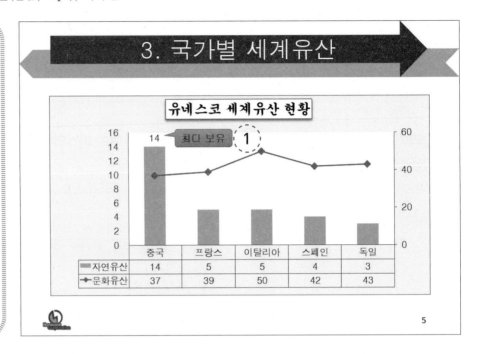

(1) 슬라이드와 같이 도형 및 스마트아트를 배치한다(글꼴 : 굴림, 18pt).

(2) 애니메이션 순서 : ① ⇒ ②

세부조건

① 도형 및 스마트아트 편집
 – 스마트아트 디자인
 : 3차원 만화, 3차원 벽돌
 – 그룹화 후 애니메이션 효과
 : 실선 무늬(세로)

② 도형 편집
 – 그룹화 후 애니메이션 효과
 : 바운드

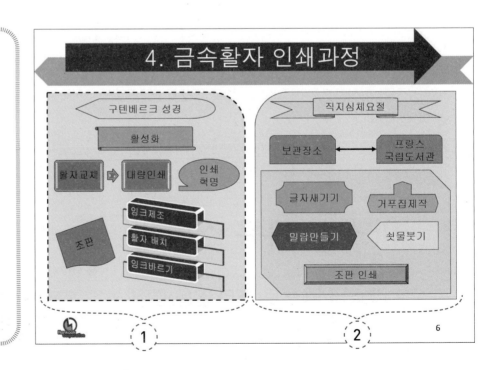

④ [삽입] 탭의 [일러스트레이션] 그룹에서 [도형(◻)]─블록 화살표─'화살표: 오른쪽(⇨)'을 클릭합니다.

※ 슬라이드 마스터의 도형 작업은 문제지의 [슬라이드 2]를 참고하여 작업합니다.

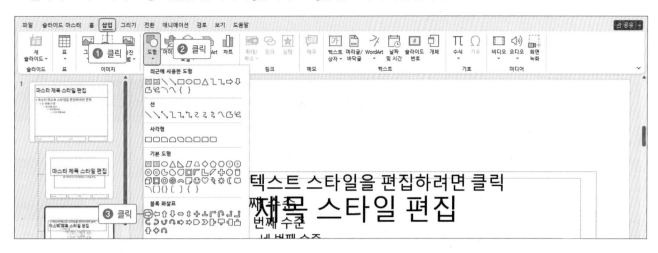

⑤ 마우스 포인터가 (╋) 모양으로 변경되면 드래그하여 도형을 삽입합니다. 이어서, 도형의 가운데 조절점(◯) 을 이용하여 너비를 맞춘 후 그림과 같이 슬라이드 상단으로 위치를 변경합니다.

⑥ 도형의 높이를 지정하기 위해 [도형 서식] 탭의 [크기] 그룹에서 높이(↕) 입력 칸에 값(3.2)을 입력한 후 **Enter** 키를 눌러 높이를 지정합니다.

※도형의 높이를 3.2로 줄여서 지정하면 2~6 슬라이드 작업을 여유롭게 할 수 있습니다.

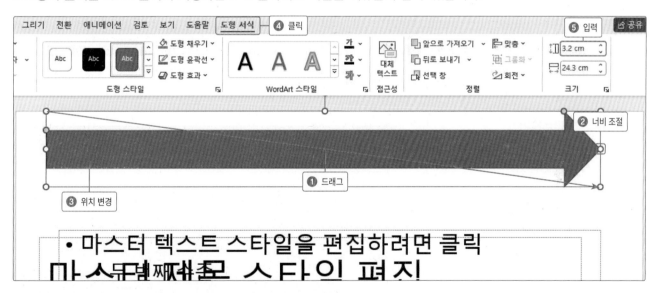

도형의 크기 및 위치

ITQ 파워포인트 시험에서 도형의 크기와 위치는 문제지의 《출력형태》를 보고 판단하여 작업합니다. 파워포인트 2021의 제목 텍스트 상자는 높이가 높기 때문에 3.2라는 숫자를 입력하여 높이를 지정하였지만 《출력형태》를 보면 서 조절점을 이용하여 높이를 줄이는 방법도 있습니다.

(1) 텍스트 작성 : 글머리 기호 사용(➤, ✓)
　➤문단(굴림, 24pt, 굵게, 줄간격 : 1.5줄), ✓문단(굴림, 20pt, 줄간격 : 1.5줄)

세부조건

① 동영상 삽입 :
　– 「내 PC\문서\ITQ\Picture\
　　동영상.wmv」
　– 자동실행, 반복재생 설정

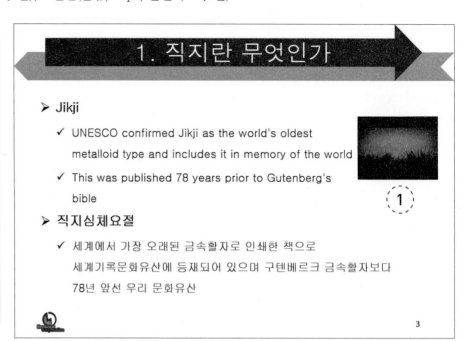

(1) 도형과 표 작성 기능을 이용하여 슬라이드를 작성한다(글꼴 : 굴림, 18pt).

세부조건

① 상단 도형 :
　2개 도형의 조합으로 작성
② 좌측 도형 :
　그라데이션 효과(선형 아래쪽)
③ 테이블 디자인 【표 스타일】:
　테마 스타일 1 – 강조 2

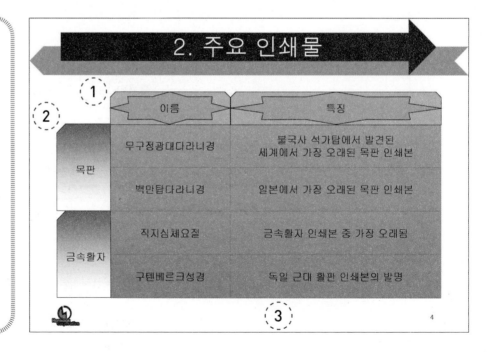

■ 도형 윤곽선 변경 및 채우기

1 [도형 서식] 탭의 [도형 스타일] 그룹에서 [도형 윤곽선]–'**윤곽선 없음**'을 클릭합니다.

※ 반드시 도형이 선택된 상태에서 작업합니다.

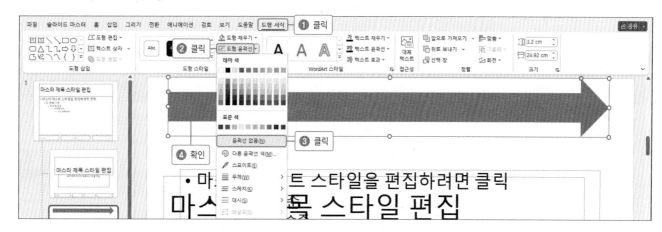

도형 윤곽선 서식(선 없음)

ITQ 파워포인트 시험은 '슬라이드 마스터'와 〈목차 슬라이드〉에서 사용되는 도형이 '도형(선 없음)'으로 출제되오니 반드시 확인하시기 바랍니다.

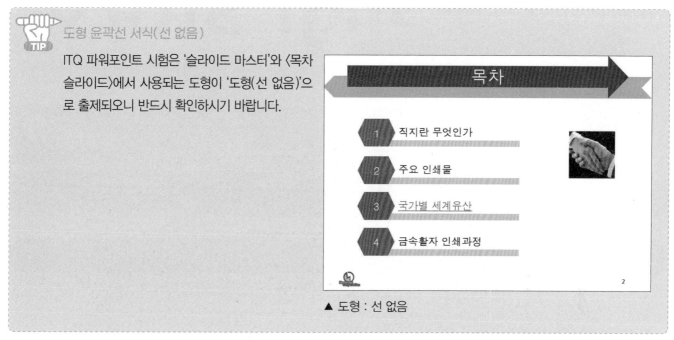

▲ 도형 : 선 없음

---

2 [도형 서식] 탭의 [도형 스타일] 그룹에서 [도형 채우기]–'**녹색, 강조 6, 25% 더 어둡게**'를 클릭합니다.

※ 도형의 색상은 문제지 조건에 없기 때문에 임의의 색으로 선택할 수 있습니다.

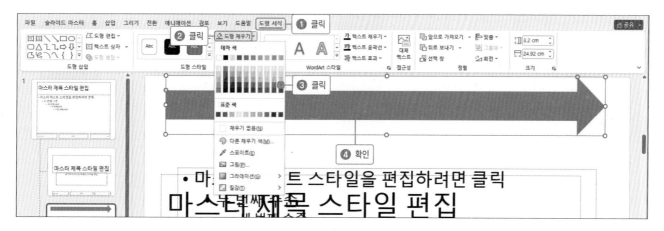

(1) 슬라이드 크기 및 순서 : 크기를 A4 용지로 설정하고 슬라이드 순서에 맞게 작성한다.

(2) 슬라이드 마스터 : 2~6슬라이드의 제목, 하단 로고, 슬라이드 번호는 슬라이드 마스터를 이용하여 작성한다.

    − 제목 글꼴(돋움, 40pt, 흰색), 가운데 맞춤, 도형(선 없음)

    − 하단 로고(「내 PC₩문서₩ITQ₩Picture₩로고3.jpg」, 배경(연보라) 투명색으로 설정)

[슬라이드 1]   ≪표지 디자인≫   40점

(1) 표지 디자인 : 도형, 워드아트 및 그림을 이용하여 작성한다.

세부조건

① 도형 편집
- 도형에 그림 채우기 : 「내 PC₩문서₩ITQ₩Picture₩ 그림3.jpg」, 투명도 50%
- 도형 효과 : 부드러운 가장자리 5포인트

② 워드아트 삽입
- 변환 : 중지【중지】
- 글꼴 : 맑은 고딕, 굵게
- 텍스트 반사 : 근접 반사, 터치

③ 그림 삽입
- 「내 PC₩문서₩ITQ₩Picture₩ 로고3.jpg」
- 배경(연보라) 투명색으로 설정

[슬라이드 2]   ≪목차 슬라이드≫   60점

(1) 출력형태와 같이 도형을 이용하여 목차를 작성한다(글꼴 : 돋움, 24pt).

(2) 도형 : 선 없음

세부조건

① 텍스트에 하이퍼링크 적용
→ '슬라이드 5'

② 그림 삽입
- 「내 PC₩문서₩ITQ₩Picture₩ 그림4.jpg」
- 자르기 기능 이용

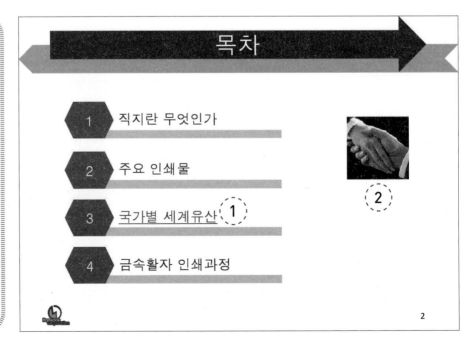

■ 슬라이드 마스터에 도형 삽입하기-2(중첩 도형)

❶ [삽입] 탭의 [일러스트레이션] 그룹에서 [도형(⬚)]-블록 화살표-'화살표: 왼쪽(⬅)'을 클릭합니다.

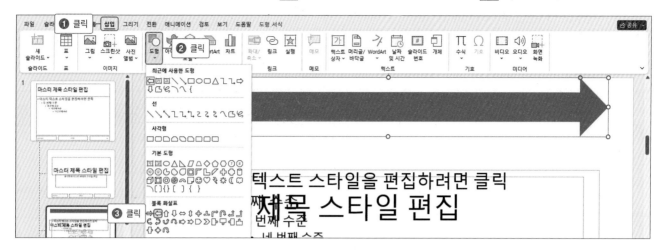

❷ 마우스 포인터가 (➕) 모양으로 변경되면 드래그하여 도형을 삽입합니다. 이어서, 조절점 (⬚)을 드래그하여 《출력형태》와 같이 크기를 조절한 후 위치를 변경합니다.

❸ [도형 서식] 탭의 [도형 스타일] 그룹에서 [도형 윤곽선]-'윤곽선 없음'을 클릭합니다.

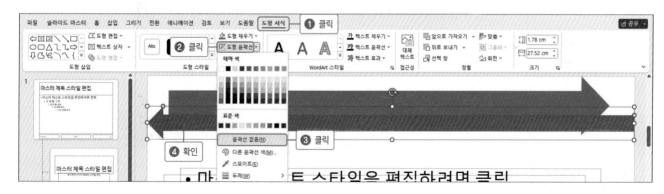

❹ [도형 서식] 탭의 [도형 스타일] 그룹에서 [도형 채우기]-'녹색, 강조 6 40% 더 밝게'를 클릭합니다.

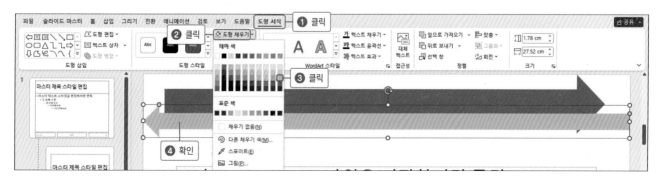

과목	코드	문제유형	시험시간	수험번호	성명
한글파워포인트	1142	A	60분		

MS오피스

·수험자 유의사항·

● 수험자는 문제지를 받는 즉시 문제지와 **수험표상의 시험과목(프로그램)이 동일한지 반드시 확인**하여야 합니다.

● 파일명은 본인의 "수험번호-성명"으로 입력하여 답안폴더(내 PC\문서\ITQ)에 하나의 파일로 저장해야 하며, 답안 문서 파일명이 "수험번호-성명"과 일치하지 않거나, 답안파일을 전송하지 않아 미제출로 처리될 경우 실격 처리합니다 (예 : 12345678-홍길동.pptx).

● 답안 작성을 마치면 파일을 저장하고, '답안 전송' 버튼을 선택하여 감독위원 PC로 답안을 전송하십시오. 수험생 정보와 저장 한 파일명이 다를 경우 전송되지 않으므로 주의하시기 바랍니다.

● 답안 작성 중에도 **주기적으로 저장하고, '답안 전송'**하여야 문제 발생을 줄일 수 있습니다. 작업한 내용을 저장하지 않고 전송할 경우 이전에 저장된 내용이 전송되오니 이점 유의하시기 바랍니다.

● 답안문서는 지정된 경로 외의 다른 보조기억장치에 저장하는 경우, 지정된 시험 시간 외에 작성된 파일을 활용할 경우, 기타 통신수단(이메일, 메신저, 네트워크 등)을 이용하여 타인에게 전달 또는 외부 반출하는 경우는 부정 처리합니다.

● 시험 중 부주의 또는 고의로 시스템을 파손한 경우는 수험자가 변상해야 하며, 〈수험자 유의사항〉에 기재된 방법대로 이행하지 않아 생기는 불이익은 수험생 당사자의 책임임을 알려 드립니다.

● 문제의 조건은 MS오피스 2021 버전으로 설정되어 있으며 MS오피스 2016은 【 】에 표기되어 있습니다. 이와 관련하여 작성한 답안의 출력형태가 문제지와 다를 수 있습니다.

● 시험을 완료한 수험자는 답안파일이 전송되었는지 확인한 후 감독위원의 지시에 따라 문제지를 제출하고 퇴실합니다.

·답안 작성요령·

● 온라인 답안 작성 절차
    수험자 등록 ⇒ 시험 시작 ⇒ 답안파일 저장 ⇒ 답안 전송 ⇒ 시험 종료

● 슬라이드의 크기는 A4 Paper로 설정하여 작성합니다.

● 슬라이드의 총 개수는 6개로 구성되어 있으며 슬라이드 1부터 순서대로 작업하고 반드시 문제와 세부조건대로 합니다.

● 별도의 지시사항이 없는 경우 출력형태를 참조하여 글꼴색은 검정 또는 흰색으로 작성하고, 기타사항은 전체적인 균형을 고려하여 작성합니다.

● 슬라이드 도형 및 개체에 출력형태와 다른 스타일(그림자, 외곽선 등)을 적용했을 경우 감점처리 됩니다.

● 슬라이드 번호를 작성합니다(슬라이드 1에는 생략).

● 2~6번 슬라이드 제목 도형과 하단 로고는 슬라이드 마스터를 이용하여 출력형태와 동일하게 작성합니다(슬라이드 1에는 생략).

● 문제와 세부조건, 세부조건 번호 ⊙(점선원)는 입력하지 않습니다.

● 각 개체의 위치는 오른쪽의 슬라이드와 동일하게 구성합니다.

● 그림 삽입 문제의 경우 반드시 「내 PC\문서\ITQ\Picture」 폴더에서 정확한 파일을 선택하여 삽입하십시오.

● 각 슬라이드를 각각의 파일로 작업해서 저장할 경우 실격 처리됩니다.

kpc 한국생산성본부

⑤ [도형 서식] 탭의 [정렬] 그룹에서 [뒤로 보내기(🔳)]를 클릭합니다.

※ 상황에 따라 뒤로 보내기의 목록 단추(🔽)를 눌러 [맨 뒤로 보내기]를 선택할 수도 있습니다.

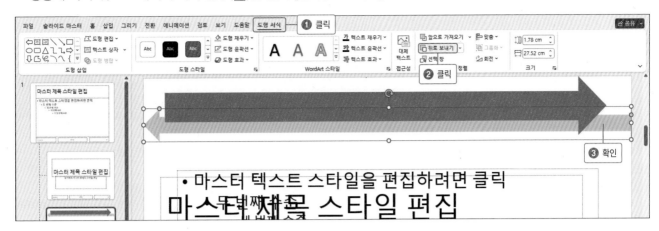

■ 텍스트 상자의 글꼴 서식 변경

제목 글꼴(돋움, 40pt, 흰색), 가운데 맞춤

① [마스터 제목 스타일 편집] 텍스트 상자의 테두리를 클릭한 후 [홈] 탭의 [글꼴] 그룹에서 **글꼴(돋움)**, 글꼴 크기 **(40pt)**, **글꼴 색(흰색, 배경1)**을 지정합니다. 이어서, [단락] 그룹에서 **가운데 맞춤(🔳)**을 클릭합니다.

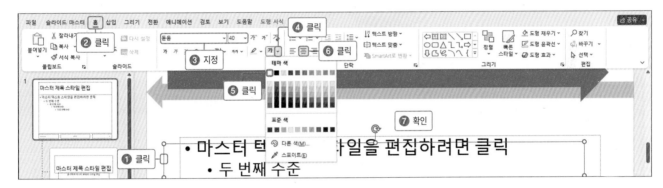

② [마스터 제목 스타일 편집] 텍스트 상자를 이동하기 전에 텍스트 상자의 테두리 위에서 마우스 오른쪽 단추를 눌러 바로 가기 메뉴가 나오면 **[맨 앞으로 가져오기]**를 클릭합니다.

※ 만약 [맨 앞으로 가져오기]를 작업 하지 않고 텍스트 상자를 이동할 경우 도형의 뒤쪽으로 숨겨지기 때문에 반드시 [맨 앞으로 가져오기]를 지정한 후 이동해야 합니다.

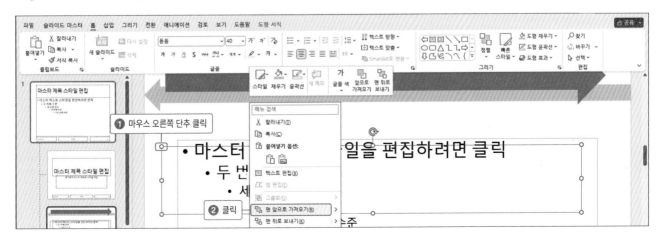

[슬라이드 5]　≪차트 슬라이드≫　100점

(1) 차트 작성 기능을 이용하여 슬라이드를 작성한다.
(2) 차트 : 종류(묶은 세로 막대형), 글꼴(굴림, 16pt), 외곽선

세부조건

※ 차트설명
- 차트 제목 : 궁서, 24pt, 굵게,
  채우기(흰색), 테두리,
  그림자(오프셋 아래쪽)
- 차트 영역 : 채우기(노랑)
  그림 영역 : 채우기(흰색)
- 데이터 서식 : 직접 해본 운동 계열을
  표식이 있는 꺾은선형으로 변경 후
  보조축으로 지정
- 값 표시 : 배드민턴의 직접 해본
  운동 계열만
① 도형 삽입
　– 스타일 : 미세효과 – 파랑, 강조 1
　– 글꼴 : 돋움, 18pt

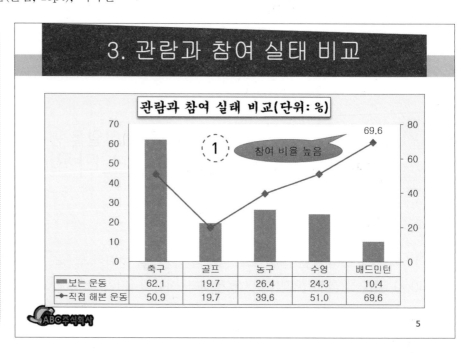

[슬라이드 6]　≪도형 슬라이드≫　100점

(1) 슬라이드와 같이 도형 및 스마트아트를 배치한다(글꼴 : 굴림, 18pt).
(2) 애니메이션 순서 : ① ⇒ ②

세부조건

① 도형 및 스마트아트 편집
　– 스마트아트 디자인
　　: 3차원 만화,
　　3차원 경사
　– 그룹화 후 애니메이션 효과
　　: 날아오기(왼쪽에서)
② 도형 편집
　– 그룹화 후 애니메이션 효과
　　: 나타내기

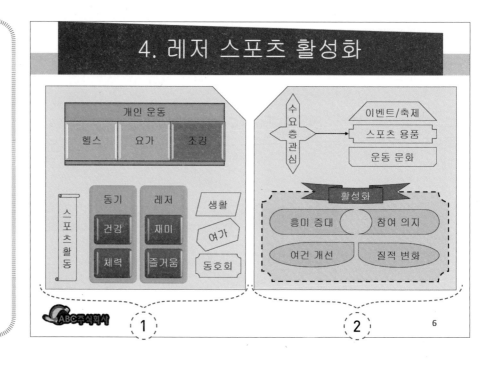

❸ [마스터 제목 스타일 편집] 텍스트 상자의 테두리를 드래그하여 《출력형태》와 같이 위치를 변경한 후 크기를 조절합니다.

※ 위치 변경은 텍스트 상자의 테두리를 드래그하여, 크기 조절은 조절점(◻)을 드래그합니다.

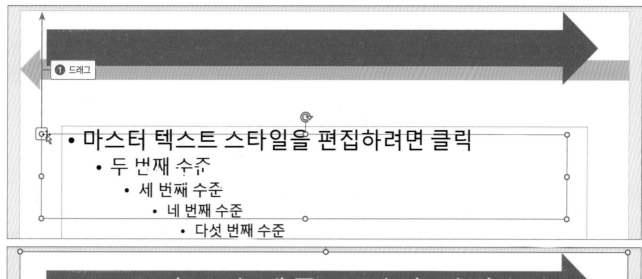

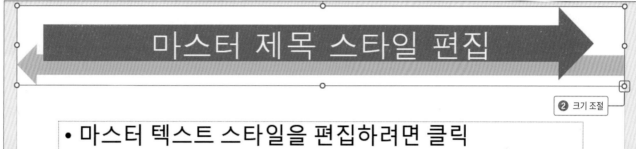

마스터 제목 스타일 편집 텍스트 상자

ITQ 파워포인트 시험은 마스터 제목 텍스트 상자에 '정렬(왼쪽 맞춤, 가운데 맞춤, 오른쪽 맞춤 등)'이 문제의 지시사항으로 나오기 때문에 《출력형태》를 참고하여 제목 텍스트 상자의 가로 맞춤을 지정합니다.

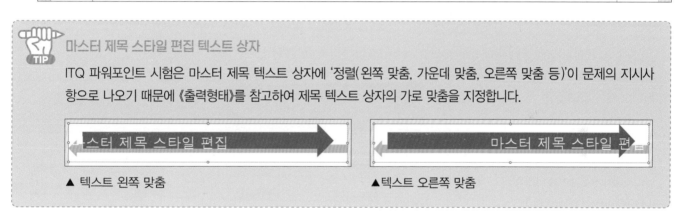

▲ 텍스트 왼쪽 맞춤   ▲ 텍스트 오른쪽 맞춤

(1) 텍스트 작성 : 글머리 기호 사용(◆, ✓)

◆문단(굴림, 24pt, 굵게, 줄간격 : 1.5줄), ✓ 문단(굴림, 20pt, 줄간격 : 1.5줄)

세부조건

① 동영상 삽입 :
- 「내 PC₩문서₩ITQ₩Picture₩ 동영상.wmv」
- 자동실행, 반복재생 설정

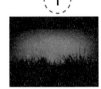

1. 스포츠 활동

◆ Sports activities

✓ Sports refer to competitive physical activities or games, and can improve an individual's health

✓ This is applied by rules and customs that ensure fair competition

◆ 스포츠 활동

✓ 스포츠는 경쟁적인 신체 활동이나 게임으로, 개인의 건강을 증진시킬 수 있으며 공정한 경쟁을 보장하는 규칙과 관습을 적용함

ABC종식회사

3

(1) 도형과 표 작성 기능을 이용하여 슬라이드를 작성한다(글꼴 : 돋움, 18pt).

세부조건

① 상단 도형 :
2개 도형의 조합으로 작성

② 좌측 도형 :
그라데이션 효과(선형 아래쪽)

③ 테이블 디자인【표 스타일】:
테마 스타일 1 – 강조 6

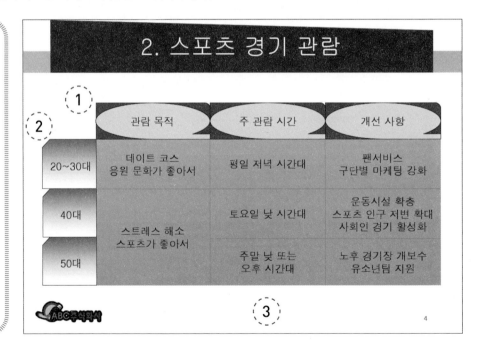

2. 스포츠 경기 관람

	관람 목적	주 관람 시간	개선 사항
20~30대	데이트 코스 응원 문화가 좋아서	평일 저녁 시간대	팬서비스 구단별 마케팅 강화
40대	스트레스 해소 스포츠가 좋아서	토요일 낮 시간대	운동시설 확충 스포츠 인구 저변 확대 사회인 경기 활성화
50대		주말 낮 또는 오후 시간대	노후 경기장 개보수 유소년팀 지원

ABC종식회사

4

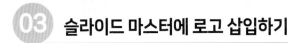

03 슬라이드 마스터에 로고 삽입하기

① [삽입] 탭의 [이미지] 그룹에서 **그림**(🖼)–'이 디바이스…'를 클릭합니다. [그림 삽입] 대화상자가 나오면 [내 PC]–[문서]–[ITQ]–[Picture]–'**로고1**'을 선택한 후 〈삽입〉 단추를 클릭합니다.

> **TIP** 그림 삽입하기
>
> 그림을 가져오는 경로가 [내 PC\문서\ITQ\Picture] 폴더이오니 주의하시기 바랍니다.
> 단, 해당 경로는 운영체제 및 시험 규정에 따라 달라질 수 있으니 문제지 내용을 꼭 확인하시기 바랍니다.

② 그림이 삽입되면 [그림 서식] 탭의 [조정] 그룹에서 [색(🖼)]–'**투명한 색 설정**(✎)'을 클릭합니다. 이어서, 마우스 포인터가 🖌모양으로 변경되면 삽입된 **그림의 회색 부분**을 클릭하여 투명하게 처리합니다.

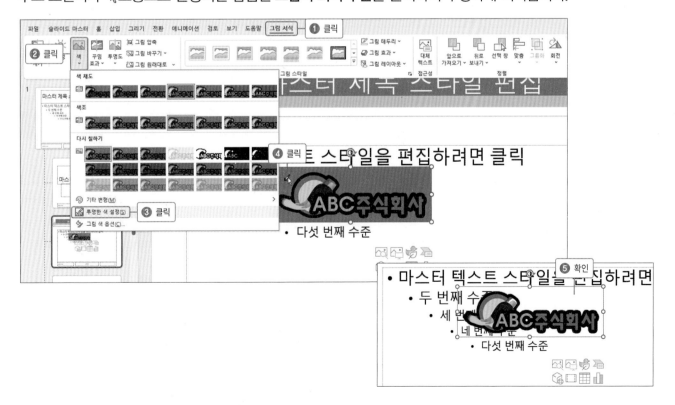

[전체구성] 60점

(1) 슬라이드 크기 및 순서 : 크기를 A4 용지로 설정하고 슬라이드 순서에 맞게 작성한다.

(2) 슬라이드 마스터 : 2~6슬라이드의 제목, 하단 로고, 슬라이드 번호는 슬라이드 마스터를 이용하여 작성한다.
- 제목 글꼴(굴림, 40pt, 흰색), 가운데 맞춤, 도형(선 없음)
- 하단 로고(「내 PC₩문서₩ITQ₩Picture₩로고1.jpg」, 배경(회색) 투명색으로 설정)

[슬라이드 1] ≪표지 디자인≫ 40점

(1) 표지 디자인 : 도형, 워드아트 및 그림을 이용하여 작성한다.

세부조건

① 도형 편집
- 도형에 그림 채우기 :
「내 PC₩문서₩ITQ₩Picture₩
그림1.jpg」, 투명도 50%
- 도형 효과 :
부드러운 가장자리 5포인트

② 워드아트 삽입
- 변환 : 기울기, 위로【위로 기울기】
- 글꼴 : 돋움, 굵게
- 텍스트 반사 : 전체 반사, 터치

③ 그림 삽입
- 「내 PC₩문서₩ITQ₩Picture₩
로고1.jpg」
- 배경(회색) 투명색으로 설정

[슬라이드 2] ≪목차 슬라이드≫ 60점

(1) 출력형태와 같이 도형을 이용하여 목차를 작성한다(글꼴 : 굴림, 24pt).

(2) 도형 : 선 없음

세부조건

① 텍스트에 하이퍼링크 적용
→ '슬라이드 5'

② 그림 삽입
- 「내 PC₩문서₩ITQ₩Picture₩
그림4.jpg」
- 자르기 기능 이용

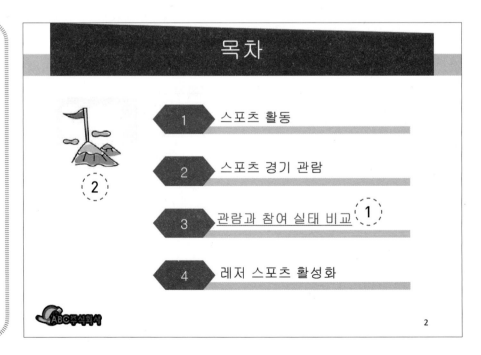

③ 로고의 배경이 투명하게 변경되면 조절점(⬜)을 드래그하여 《출력형태》와 같이 크기를 조절하나 후 위치를 변경합니다.

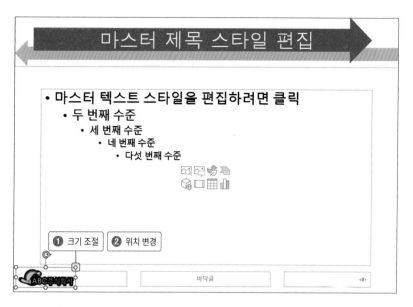

04 슬라이드 마스터에 슬라이드 번호 삽입하기

① [삽입] 탭의 [텍스트] 그룹에서 **머리글/바닥글**(📄) 또는 **슬라이드 번호**(🔳)를 클릭합니다.

② [머리글/바닥글] 대화상자가 나오면 [슬라이드] 탭에서 **슬라이드 번호**와 **제목 슬라이드에는 표시 안 함**에 체크 표시(☑)를 지정한 후 〈모두 적용〉 단추를 클릭합니다.

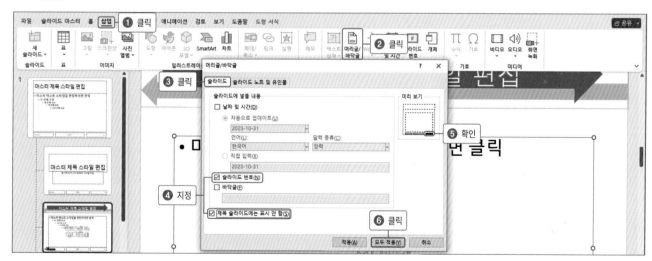

🖐 TIP 슬라이드 번호 삽입하기

실제 시험에서 슬라이드 번호 뒤에 '페이지'라고 적혀있는 유형이 출제될 수도 있습니다. 이런 유형의 문제는 〈#〉 뒤를 클릭하여 '페이지'를 입력한 후 [머리글/바닥글]을 작업합니다.

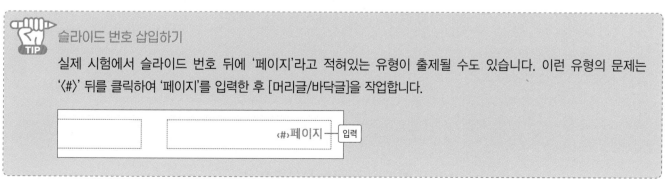

과목	코드	문제유형	시험시간	수험번호	성명
한글파워포인트	1142	A	60분		

MS오피스

·수험자 유의사항·

- 수험자는 문제지를 받는 즉시 문제지와 **수험표상의 시험과목(프로그램)이 동일한지 반드시 확인**하여야 합니다.
- 파일명은 본인의 "수험번호-성명"으로 입력하여 답안폴더(내 PC₩문서₩ITQ)에 하나의 파일로 저장해야 하며, 답안 문서 파일명이 "수험번호-성명"과 일치하지 않거나, 답안파일을 전송하지 않아 미제출로 처리될 경우 실격 처리합니다 (예 : 12345678-홍길동.pptx).
- 답안 작성을 마치면 파일을 저장하고, '답안 전송' 버튼을 선택하여 감독위원 PC로 답안을 전송하십시오. 수험생 정보와 저장한 파일명이 다를 경우 전송되지 않으므로 주의하시기 바랍니다.
- 답안 작성 중에도 **주기적으로 저장하고, '답안 전송'**하여야 문제 발생을 줄일 수 있습니다. 작업한 내용을 저장하지 않고 전송할 경우 이전에 저장된 내용이 전송되오니 이점 유의하시기 바랍니다.
- 답안문서는 지정된 경로 외의 다른 보조기억장치에 저장하는 경우, 지정된 시험 시간 외에 작성된 파일을 활용할 경우, 기타 통신수단(이메일, 메신저, 네트워크 등)을 이용하여 타인에게 전달 또는 외부 반출하는 경우는 부정 처리합니다.
- 시험 중 부주의 또는 고의로 시스템을 파손한 경우는 수험자가 변상해야 하며, 〈수험자 유의사항〉에 기재된 방법대로 이행하지 않아 생기는 불이익은 수험생 당사자의 책임임을 알려 드립니다.
- 문제의 조건은 MS오피스 2021 버전으로 설정되어 있으며 MS오피스 2016은 【 】에 표기되어 있습니다. 이와 관련하여 작성한 답안의 출력형태가 문제지와 다를 수 있습니다.
- 시험을 완료한 수험자는 답안파일이 전송되었는지 확인한 후 감독위원의 지시에 따라 문제지를 제출하고 퇴실합니다.

·답안 작성요령·

- 온라인 답안 작성 절차
  수험자 등록 ⇒ 시험 시작 ⇒ 답안파일 저장 ⇒ 답안 전송 ⇒ 시험 종료
- 슬라이드의 크기는 A4 Paper로 설정하여 작성합니다.
- 슬라이드의 총 개수는 6개로 구성되어 있으며 슬라이드 1부터 순서대로 작업하고 반드시 문제와 세부조건대로 합니다.
- 별도의 지시사항이 없는 경우 출력형태를 참조하여 글꼴색은 검정 또는 흰색으로 작성하고, 기타사항은 전체적인 균형을 고려하여 작성합니다.
- 슬라이드 도형 및 개체에 출력형태와 다른 스타일(그림자, 외곽선 등)을 적용했을 경우 감점처리 됩니다.
- 슬라이드 번호를 작성합니다(슬라이드 1에는 생략).
- 2~6번 슬라이드 제목 도형과 하단 로고는 슬라이드 마스터를 이용하여 출력형태와 동일하게 작성합니다(슬라이드 1에는 생략).
- 문제와 세부조건, 세부조건 번호 ◌(점선원)는 입력하지 않습니다.
- 각 개체의 위치는 오른쪽의 슬라이드와 동일하게 구성합니다.
- 그림 삽입 문제의 경우 반드시 「내 PC₩문서₩ITQ₩Picture」 폴더에서 정확한 파일을 선택하여 삽입하십시오.
- 각 슬라이드를 각각의 파일로 작업해서 저장할 경우 실격 처리됩니다.

kpc 한국생산성본부

③ 모든 작업이 끝나면 [슬라이드 마스터] 탭의 [닫기] 그룹에서 '마스터 보기 닫기(⊠)'를 클릭합니다.

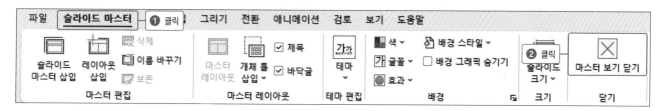

④ [슬라이드2]~[슬라이드6]에 그림과 같이 **제목 도형, 로고, 페이지 번호**가 적용된 것을 확인합니다.

※ [머리말/꼬리말] 대화상자에서 '제목 슬라이드에는 표시 안 함'에 체크 표시(☑)를 지정했기 때문에 첫 번째 슬라이드
(제목 슬라이드)에는 페이지 번호가 적용되지 않습니다.

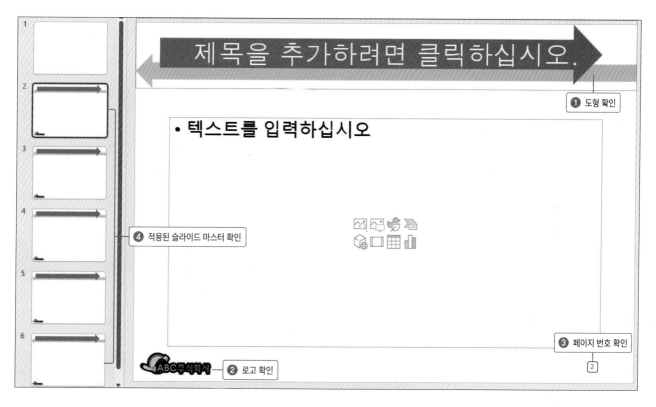

⑤ [파일]-[저장](**Ctrl**+**S**) 또는 [빠른 실행 도구 모음]에서 **저장(💾)**을 클릭합니다.

※ 실제 시험을 볼 때 작업 도중에 수시로(10분에 한 번 정도) 저장을 하는 것이 좋습니다.

시험 분석 [전체 구성] 페이지 설정/슬라이드 마스터

• **페이지 설정** : 슬라이드의 크기는 'A4 용지(210×297mm)'로 지정하며 슬라이드는 총 6개를 만들어야 합니다.

• **슬라이드 마스터** : '슬라이드 마스터'에 삽입되는 도형에 선이 없는 형태(도형 : 선 없음)로 출제되며, 제목 텍스트
상자에 정렬 (예 : 왼쪽 맞춤, 가운데 맞춤, 오른쪽 맞춤 등)을 지정하는 조건이 나오기 때문에 반드시 문제지를 확
인하시기 바랍니다.

• **답안 파일 저장** : 실제 시험에서는 감독위원의 지시에 따라 저장 위치([내PC]-[문서]-[ITQ])를 선택하여 '수험번
호-이름(예 : 12345678-홍길동)'의 형식으로 저장한 후 감독관 PC로 답안 파일을 전송해야 합니다. 단, 저장 경
로는 운영체제 버전 및 시험 규정에 따라 달라질 수 있습니다.

[슬라이드 5] ≪차트 슬라이드≫   100점

(1) 차트 작성 기능을 이용하여 슬라이드를 작성한다.
(2) 차트 : 종류(묶은 세로 막대형), 글꼴(돋움, 16pt), 외곽선

세부조건

※ 차트설명
 • 차트 제목 : 궁서, 24pt, 굵게,
   채우기(흰색), 테두리,
   그림자(오프셋 왼쪽)
 • 차트 영역 : 채우기(노랑)
   그림 영역 : 채우기(흰색)
 • 데이터 서식 : 여성 계열을 표식이
   있는 꺾은선형으로 변경 후
   보조축으로 지정
 • 값 표시 : 국민연금의 남성 계열만
 ① 도형 삽입
   – 스타일 : 미세효과 – 파랑, 강조 1
   – 글꼴 : 굴림, 18pt

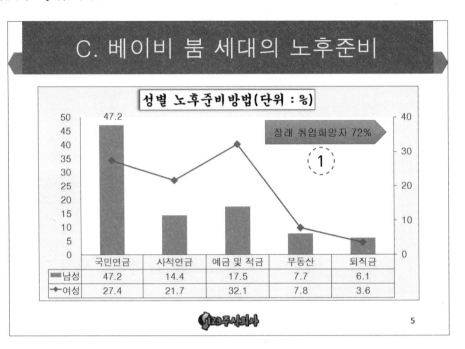

	국민연금	사적연금	예금 및 적금	부동산	퇴직금
남성	47.2	14.4	17.5	7.7	6.1
여성	27.4	21.7	32.1	7.8	3.6

[슬라이드 6] ≪도형 슬라이드≫   100점

(1) 슬라이드와 같이 도형 및 스마트아트를 배치한다(글꼴 : 굴림, 18pt).
(2) 애니메이션 순서 : ① ⇒ ②

세부조건

① 도형 및 스마트아트 편집
   – 스마트아트 디자인
     : 3차원 만화,
       3차원 경사
   – 그룹화 후 애니메이션 효과
     : 바운드
② 도형 편집
   – 그룹화 후 애니메이션 효과
     : 실선 무늬(세로)

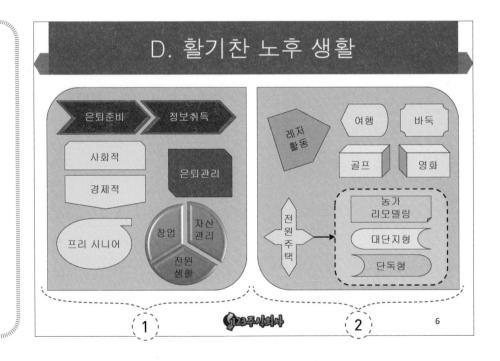

[전체 구성] 페이지 설정 / 슬라이드 마스터

01 문제지의 지시사항 및 세부조건을 참고하여 출력형태에 알맞게 작업하시오. (60점)

· 소스 파일 : 없음   · 정답 파일 : [출제유형 01]-정복01_완성01.pptx

(1) 슬라이드 크기 및 순서 : 크기를 A4 용지로 설정하고 슬라이드 순서에 맞게 작성한다.

(2) 슬라이드 마스터 : 2~6슬라이드의 제목, 하단 로고, 슬라이드 번호는 슬라이드 마스터를 이용하여 작성한다.
   – 제목 글꼴(궁서, 40pt, 흰색), 가운데 맞춤, 도형(선 없음)
   – 하단 로고(「내 PC₩문서₩ITQ₩Picture₩로고1.jpg」, 배경(회색) 투명색으로 설정)

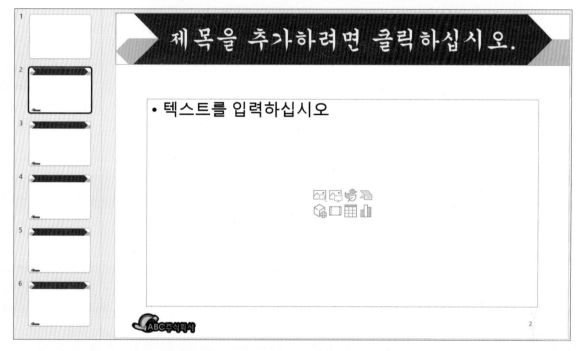

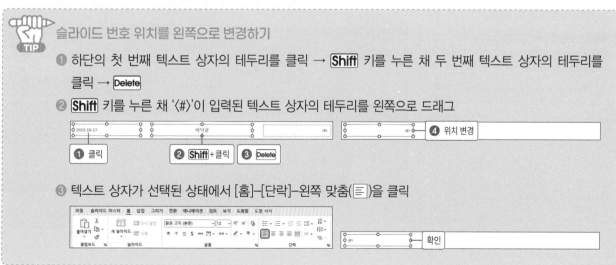

TIP 슬라이드 번호 위치를 왼쪽으로 변경하기

❶ 하단의 첫 번째 텍스트 상자의 테두리를 클릭 → Shift 키를 누른 채 두 번째 텍스트 상자의 테두리를 클릭 → Delete

❷ Shift 키를 누른 채 '⟨#⟩'이 입력된 텍스트 상자의 테두리를 왼쪽으로 드래그

❸ 텍스트 상자가 선택된 상태에서 [홈]-[단락]-왼쪽 맞춤(≡)을 클릭

(1) 텍스트 작성 : 글머리 기호 사용(❖, ✓)
　　❖문단(굴림, 24pt, 굵게, 줄간격 : 1.5줄), ✓문단(굴림, 20pt, 줄간격 : 1.5줄)

세부조건

① 동영상 삽입 :
　　–「내 PC₩문서₩ITQ₩Picture₩
　　　동영상.wmv」
　　– 자동실행, 반복재생 설정

A. 베이비 붐 세대

❖ **Baby Boomer**

　✓ Baby boomer is used in a cultural context, so it is difficult to achieve broad consensus of a precise date definition
　✓ Different people and scholars have varying opinions

❖ **베이비 붐 세대**

　✓ 인구비율이 높은 특정 기간에 걸쳐 출생한 세대로 우리나라 근대화의 중추로 자부심이 크며, 이전 세대에 비해 경제력과 소비력이 높음

①

3

---

(1) 도형과 표 작성 기능을 이용하여 슬라이드를 작성한다(글꼴 : 돋움, 18pt).

세부조건

① 상단 도형 :
　　2개 도형의 조합으로 작성
② 좌측 도형 :
　　그라데이션 효과(선형 아래쪽)
③ 테이블 디자인【표 스타일】:
　　테마 스타일 1 – 강조 5

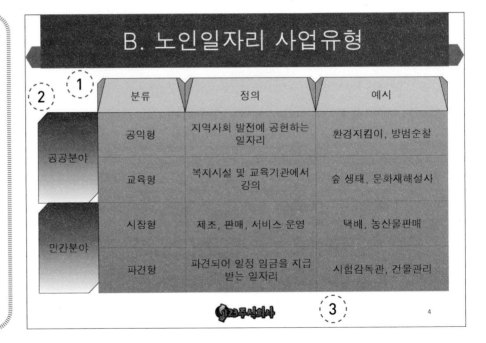

B. 노인일자리 사업유형

분류		정의	예시
공공분야	공익형	지역사회 발전에 공헌하는 일자리	환경지킴이, 방범순찰
	교육형	복지시설 및 교육기관에서 강의	숲 생태, 문화재해설사
민간분야	시장형	제조, 판매, 서비스 운영	택배, 농산물판매
	파견형	파견되어 일정 임금을 지급받는 일자리	시험감독관, 건물관리

4

02 문제지의 지시사항 및 세부조건을 참고하여 출력형태에 알맞게 작업하시오. (60점)

• 소스 파일 : 없음 • 정답 파일 : [출제유형 01]-정복01_완성02.pptx

⑴ 슬라이드 크기 및 순서 : 크기를 A4 용지로 설정하고 슬라이드 순서에 맞게 작성한다.

⑵ 슬라이드 마스터 : 2~6슬라이드의 제목, 하단 로고, 슬라이드 번호는 슬라이드 마스터를 이용하여 작성한다.

　– 제목 글꼴(굴림, 40pt, 흰색), 가운데 맞춤, 도형(선 없음)

　– 하단 로고(「내 PC\문서\ITQ\Picture\로고1.jpg」, 배경(회색) 투명색으로 설정)

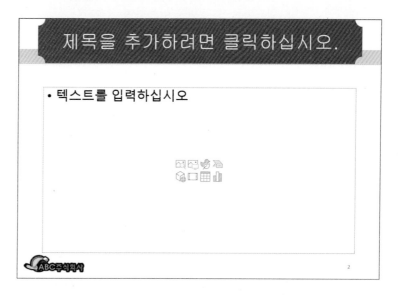

03 문제지의 지시사항 및 세부조건을 참고하여 출력형태에 알맞게 작업하시오. (60점)

• 소스 파일 : 없음 • 정답 파일 : [출제유형 01]-정복01_완성03.pptx

⑴ 슬라이드 크기 및 순서 : 크기를 A4 용지로 설정하고 슬라이드 순서에 맞게 작성한다.

⑵ 슬라이드 마스터 : 2~6슬라이드의 제목, 하단 로고, 슬라이드 번호는 슬라이드 마스터를 이용하여 작성한다.

　– 제목 글꼴(굴림, 40pt, 흰색), 가운데 맞춤, 도형(선 없음)

　– 하단 로고(「내 PC\문서\ITQ\Picture\로고1.jpg」, 배경(회색) 투명색으로 설정)

[전체구성]　60점

(1) 슬라이드 크기 및 순서 : 크기를 A4 용지로 설정하고 슬라이드 순서에 맞게 작성한다.

(2) 슬라이드 마스터 : 2~6슬라이드의 제목, 하단 로고, 슬라이드 번호는 슬라이드 마스터를 이용하여 작성한다.
  - 제목 글꼴(돋움, 40pt, 흰색), 가운데 맞춤, 도형(선 없음)
  - 하단 로고(「내 PC₩문서₩ITQ₩Picture₩로고2.jpg」, 배경(회색) 투명색으로 설정)

[슬라이드 1]　《표지 디자인》　40점

(1) 표지 디자인 : 도형, 워드아트 및 그림을 이용하여 작성한다.

세부조건

① 도형 편집
  - 도형에 그림 채우기 :
    「내 PC₩문서₩ITQ₩Picture₩
    그림2.jpg」, 투명도 50%
  - 도형 효과 :
    부드러운 가장자리 5포인트
② 워드아트 삽입
  - 변환 : 물결, 위로【물결 2】
  - 글꼴 : 돋움, 굵게
  - 텍스트 반사 : 전체 반사, 터치
③ 그림 삽입
  - 「내 PC₩문서₩ITQ₩Picture₩
    로고2.jpg」
  - 배경(회색) 투명색으로 설정

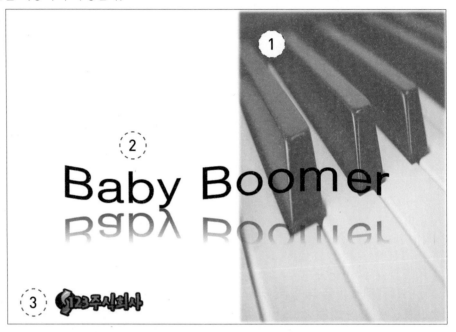

[슬라이드 2]　《목차 슬라이드》　60점

(1) 출력형태와 같이 도형을 이용하여 목차를 작성한다(글꼴 : 굴림, 24pt).

(2) 도형 : 선 없음

세부조건

① 텍스트에 하이퍼링크 적용
  → '슬라이드 4'
② 그림 삽입
  - 「내 PC₩문서₩ITQ₩Picture₩
    그림4.jpg」
  - 자르기 기능 이용

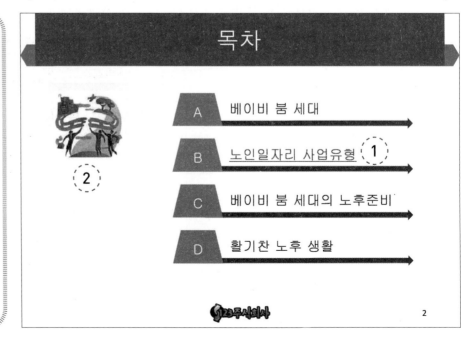

04 문제지의 지시사항 및 세부조건을 참고하여 출력형태에 알맞게 작업하시오. (60점)

• 소스 파일 : 없음   • 정답 파일 : [출제유형 01]-정복01_완성04.pptx

(1) 슬라이드 크기 및 순서 : 크기를 A4 용지로 설정하고 슬라이드 순서에 맞게 작성한다.

(2) 슬라이드 마스터 : 2~6슬라이드의 제목, 하단 로고, 슬라이드 번호는 슬라이드 마스터를 이용하여 작성한다.

   – 제목 글꼴(굴림, 40pt, 흰색), 가운데 맞춤, 도형(선 없음)

   – 하단 로고(「내 PC\문서\ITQ\Picture\로고1.jpg」, 배경(회색) 투명색으로 설정)

05 문제지의 지시사항 및 세부조건을 참고하여 《출력형태》에 알맞게 작업하시오. (60점)

• 소스 파일 : 없음   • 정답 파일 : [출제유형 01]-정복01_완성05.pptx

(1) 슬라이드 크기 및 순서 : 크기를 A4 용지로 설정하고 슬라이드 순서에 맞게 작성한다.

(2) 슬라이드 마스터 : 2~6슬라이드의 제목, 하단 로고, 슬라이드 번호는 슬라이드 마스터를 이용하여 작성한다.

   – 제목 글꼴(돋움, 40pt, 흰색), 가운데 맞춤, 도형(선 없음)

   – 하단 로고(「내 PC\문서\ITQ\Picture\로고2.jpg」, 배경(회색) 투명색으로 설정)

제 01 회 정보기술자격(ITQ) 최신유형 기출문제

과목	코드	문제유형	시험시간	수험번호	성명
한글파워포인트	1142	A	60분		

MS오피스

· 수험자 유의사항 ·

- 수험자는 문제지를 받는 즉시 문제지와 **수험표상의 시험과목(프로그램)이 동일한지 반드시 확인**하여야 합니다.
- 파일명은 본인의 "수험번호-성명"으로 입력하여 답안폴더(내 PC\문서\ITQ)에 하나의 파일로 저장해야 하며, 답안 문서 파일명이 "수험번호-성명"과 일치하지 않거나, 답안파일을 전송하지 않아 미제출로 처리될 경우 실격 처리합니다 (예 : 12345678-홍길동.pptx).
- 답안 작성을 마치면 파일을 저장하고, '답안 전송' 버튼을 선택하여 감독위원 PC로 답안을 전송하십시오. 수험생 정보와 저장한 파일명이 다를 경우 전송되지 않으므로 주의하시기 바랍니다.
- 답안 작성 중에도 **주기적으로 저장하고, '답안 전송'**하여야 문제 발생을 줄일 수 있습니다. 작업한 내용을 저장하지 않고 전송할 경우 이전에 저장된 내용이 전송되오니 이점 유의하시기 바랍니다.
- 답안문서는 지정된 경로 외의 다른 보조기억장치에 저장하는 경우, 지정된 시험 시간 외에 작성된 파일을 활용할 경우, 기타 통신수단(이메일, 메신저, 네트워크 등)을 이용하여 타인에게 전달 또는 외부 반출하는 경우는 부정 처리합니다.
- 시험 중 부주의 또는 고의로 시스템을 파손한 경우는 수험자가 변상해야 하며, 〈수험자 유의사항〉에 기재된 방법대로 이행하지 않아 생기는 불이익은 수험생 당사자의 책임임을 알려 드립니다.
- 문제의 조건은 MS오피스 2021 버전으로 설정되어 있으며 MS오피스 2016은 【 】에 표기되어 있습니다. 이와 관련하여 작성한 답안의 출력형태가 문제지와 다를 수 있습니다.
- 시험을 완료한 수험자는 답안파일이 전송되었는지 확인한 후 감독위원의 지시에 따라 문제지를 제출하고 퇴실합니다.

· 답안 작성요령 ·

- 온라인 답안 작성 절차
  수험자 등록 ⇒ 시험 시작 ⇒ 답안파일 저장 ⇒ 답안 전송 ⇒ 시험 종료
- 슬라이드의 크기는 A4 Paper로 설정하여 작성합니다.
- 슬라이드의 총 개수는 6개로 구성되어 있으며 슬라이드 1부터 순서대로 작업하고 반드시 문제와 세부조건대로 합니다.
- 별도의 지시사항이 없는 경우 출력형태를 참조하여 글꼴색은 검정 또는 흰색으로 작성하고, 기타사항은 전체적인 균형을 고려하여 작성합니다.
- 슬라이드 도형 및 개체에 출력형태와 다른 스타일(그림자, 외곽선 등)을 적용했을 경우 감점처리 됩니다.
- 슬라이드 번호를 작성합니다(슬라이드 1에는 생략).
- 2~6번 슬라이드 제목 도형과 하단 로고는 슬라이드 마스터를 이용하여 출력형태와 동일하게 작성합니다(슬라이드 1에는 생략).
- 문제와 세부조건, 세부조건 번호 ⃝(점선원)는 입력하지 않습니다.
- 각 개체의 위치는 오른쪽의 슬라이드와 동일하게 구성합니다.
- 그림 삽입 문제의 경우 반드시 「내 PC\문서\ITQ\Picture」 폴더에서 정확한 파일을 선택하여 삽입하십시오.
- 각 슬라이드를 각각의 파일로 작업해서 저장할 경우 실격 처리됩니다.

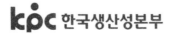

06 문제지의 지시사항 및 세부조건을 참고하여 출력형태에 알맞게 작업하시오. (60점)

• 소스 파일 : 없음 • 정답 파일 : [출제유형 01]-정복01_완성06.pptx

(1) 슬라이드 크기 및 순서 : 크기를 A4 용지로 설정하고 슬라이드 순서에 맞게 작성한다.

(2) 슬라이드 마스터 : 2~6슬라이드의 제목, 하단 로고, 슬라이드 번호는 슬라이드 마스터를 이용하여 작성한다.

　– 제목 글꼴(돋움, 40pt, 흰색), 가운데 맞춤, 도형(선 없음)

　– 하단 로고(「내 PC\문서\ITQ\Picture\로고2.jpg」, 배경(회색) 투명색으로 설정)

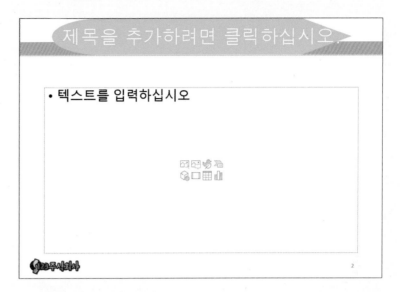

 07 문제지의 지시사항 및 세부조건을 참고하여 출력형태에 알맞게 작업하시오. (60점)

• 소스 파일 : 없음 • 정답 파일 : [출제유형 01]-정복01_완성03.pptx

(1) 슬라이드 크기 및 순서 : 크기를 A4 용지로 설정하고 슬라이드 순서에 맞게 작성한다.

(2) 슬라이드 마스터 : 2~6슬라이드의 제목, 하단 로고, 슬라이드 번호는 슬라이드 마스터를 이용하여 작성한다.

　– 제목 글꼴(돋움, 40pt, 흰색), 가운데 맞춤, 도형(선 없음)

　– 하단 로고(「내 PC\문서\ITQ\Picture\로고2.jpg」, 배경(회색) 투명색으로 설정)

PART 04

최신유형
기출문제

출제유형 02 [슬라이드1] 《표지 디자인》

☑ 도형에 그림 채우기 ☑ 도형에 효과 지정하기
☑ 그림 삽입하기 ☑ 워드아트 삽입하기

문제 미리보기

소스 파일 : [출제유형 02]-유형02_문제.pptx 정답 파일 : [출제유형 02]-유형02_완성.pptx

◆ [슬라이드 1] 《표지 디자인》 (40점)

(1) 표지 디자인 : 도형, 워드아트 및 그림을 이용하여 작성한다.

◆ 세부조건

① 도형 편집

– 도형에 그림 채우기 :「내 PC₩문서₩ITQ₩Picture₩그림2.jpg」, 투명도 50%

– 도형 효과 : 부드러운 가장자리 5포인트

② 워드아트 삽입

– 변환 : 수축: 위쪽【위쪽 수축】

– 글꼴 : 궁서, 굵게

– 텍스트 반사 : 근접 반사: 터치

③ 그림 삽입

–「내 PC₩문서₩ITQ₩Picture₩로고1.jpg」

– 배경(회색) 투명색으로 설정

MEMO

도형에 그림 채우기 : 「내 PC₩문서₩ITQ₩Picture₩그림2.jpg」, 투명도 50%
도형 효과 : 부드러운 가장자리 5포인트

■ 도형을 삽입한 후 그림 채우기

❶ 유형02_문제.pptx 파일을 불러와 [슬라이드 1]을 클릭한 후 작업합니다.

　※ 파일 불러오기 : [파일]-[열기]-[찾아보기]를 클릭한 후 [열기] 대화상자에서 파일을 선택합니다.

❷ [홈] 탭의 [슬라이드] 그룹에서 [레이아웃(圓)]-**빈 화면**을 클릭합니다.

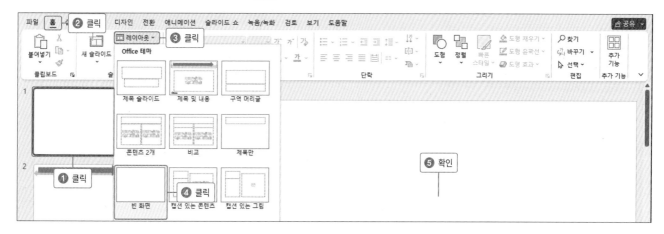

❸ [삽입] 탭의 [일러스트레이션] 그룹에서 [도형(圖)]-사각형-**직사각형(□)**을 클릭합니다.

❹ 마우스 포인터가 ✛ 모양으로 변경되면 드래그하여 도형을 삽입합니다. 이어서, 조절점 (○)을 드래그하여 《출력형태》와 같이 크기를 조절한 후 위치를 변경합니다.

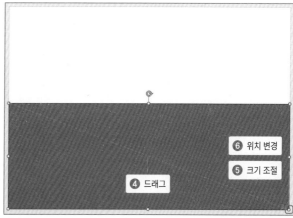

❺ 도형에 그림을 채우기 위해 도형 위에서 마우스 오른쪽 단추를 눌러 [도형 서식]을 클릭합니다.

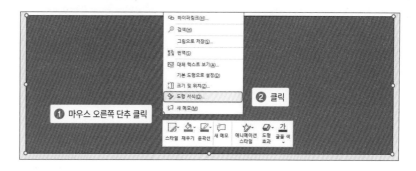

(1) 차트 작성 기능을 이용하여 슬라이드를 작성한다.
(2) 차트 : 종류(묶은 세로 막대형), 글꼴(돋움, 16pt), 외곽선

세부조건

※ 차트설명
• 차트 제목 : 궁서, 24pt, 굵게,
  채우기(흰색), 테두리,
  그림자(오프셋 오른쪽)
• 차트 영역 : 채우기(노랑)
  그림 영역 : 채우기(흰색)
• 데이터 서식 : MR 계열을 표식이
  있는 꺾은선형으로 변경 후
  보조축으로 지정
• 값 표시 : 2018년의 MR 계열만
① 도형 삽입
  – 스타일 : 미세효과 – 파랑, 강조 1
  – 글꼴 : 굴림, 18pt

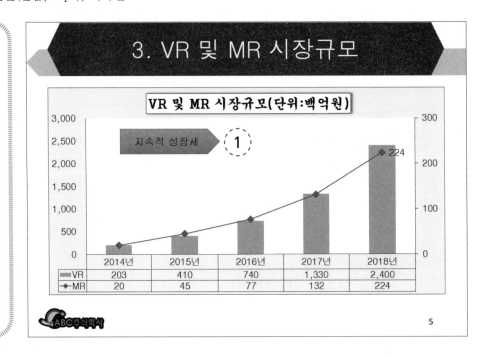

(1) 슬라이드와 같이 도형 및 스마트아트를 배치한다(글꼴 : 굴림, 18pt).
(2) 애니메이션 순서 : ① ⇒ ②

세부조건

① 도형 및 스마트아트 편집
  – 스마트아트 디자인
    : 3차원 광택 처리,
    3차원 만화
  – 그룹화 후 애니메이션 효과
    : 날아오기(왼쪽에서)
② 도형 편집
  – 그룹화 후 애니메이션 효과
    : 바운드

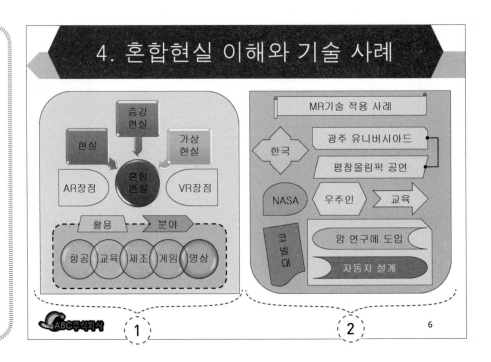

⑥ 오른쪽 작업 창이 활성화되면 [채우기]-[그림 또는 질감 채우기]를 선택한 후 〈삽입〉 단추를 클릭합니다. [그림 삽입]-[파일에서( )]를 클릭한 후 [그림 삽입] 대화상자가 나오면 [내 PC]-[문서]-[ITQ]-[Picture]-'**그림2**'를 선택한 후 〈삽입〉 단추를 클릭합니다.

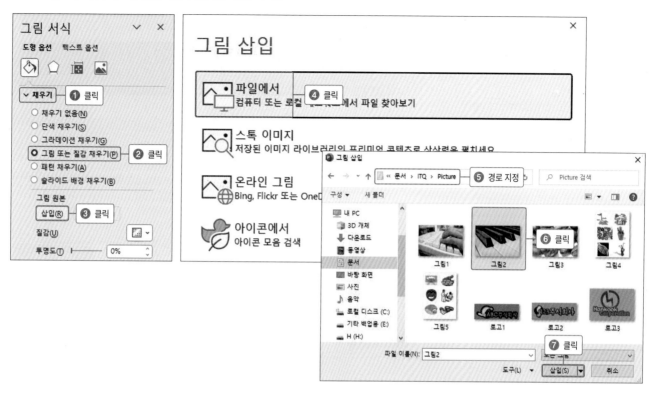

⑦ 도형에 이미지가 삽입되면 오른쪽 작업 창 하단의 투명도를 50%로 지정한 후 작업 창을 종료( )합니다.

※ 투명도 입력 칸을 클릭한 후 직접 값(50)을 입력하는 것이 편리합니다.

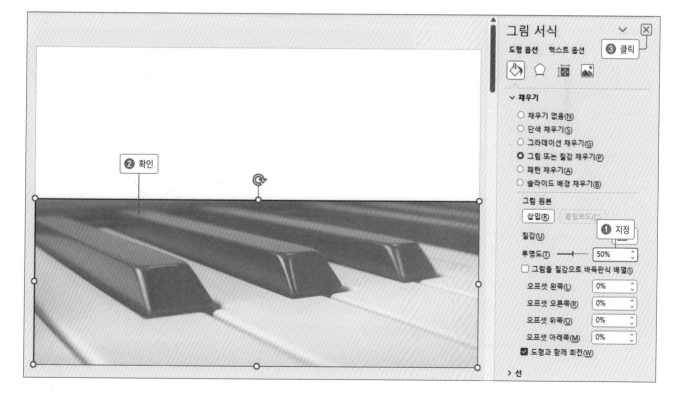

(1) 텍스트 작성 : 글머리 기호 사용(❖, ■)
　　❖문단(굴림, 24pt, 굵게, 줄간격 : 1.5줄), ■문단(굴림, 20pt, 줄간격 : 1.5줄)

세부조건

① 동영상 삽입 :
　– 「내 PC₩문서₩ITQ₩Picture₩
　　동영상.wmv」
　– 자동실행, 반복재생 설정

1. 혼합현실이란?

❖ Mixed Reality(MR)
- A reality created by mixing various methods
- A word that refers to all the ways that exist between reality, virtual reality and augmented reality

❖ 혼합현실
- 다양한 방식을 혼합해 만들어낸 현실로 현실과 가상현실, 증강현실 사이에 존재할 수 있는 모든 방식을 통틀어 일컫는 말

ABC주식회사　　3

(1) 도형과 표 작성 기능을 이용하여 슬라이드를 작성한다(글꼴 : 돋움, 18pt).

세부조건

① 상단 도형 :
　2개 도형의 조합으로 작성
② 좌측 도형 :
　그라데이션 효과(선형 아래쪽)
③ 테이블 디자인【표 스타일】:
　테마 스타일 1 – 강조 2

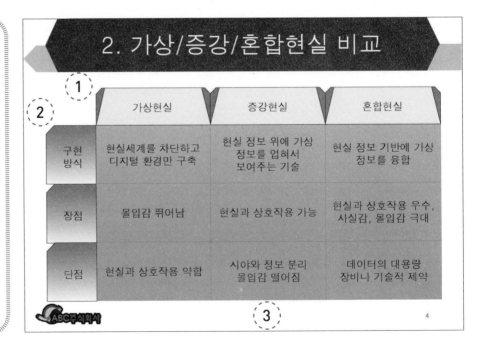

2. 가상/증강/혼합현실 비교

	가상현실	증강현실	혼합현실
구현 방식	현실세계를 차단하고 디지털 환경만 구축	현실 정보 위에 가상 정보를 덮어서 보여주는 기술	현실 정보 기반에 가상 정보를 융합
장점	몰입감 뛰어남	현실과 상호작용 가능	현실과 상호작용 우수, 사실감, 몰입감 극대
단점	현실과 상호작용 약함	시야와 정보 분리 몰입감 떨어짐	데이터의 대용량 장비나 기술적 제약

ABC주식회사　　4

■ 도형 효과 적용하기

① 도형이 선택된 상태에서 [도형 서식] 탭의 [도형 스타일] 그룹에서 [도형 효과]-[부드러운가장자리]-**5 포인트**를 클릭합니다.

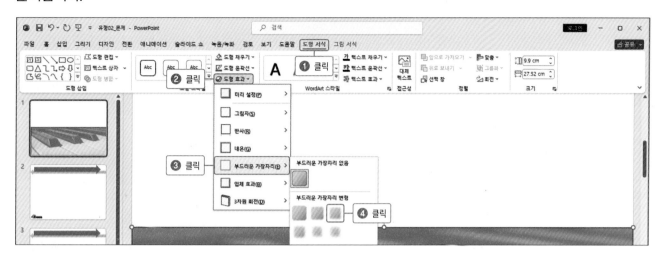

② 도형 편집 작업이 끝나면 《출력형태》와 비교합니다.

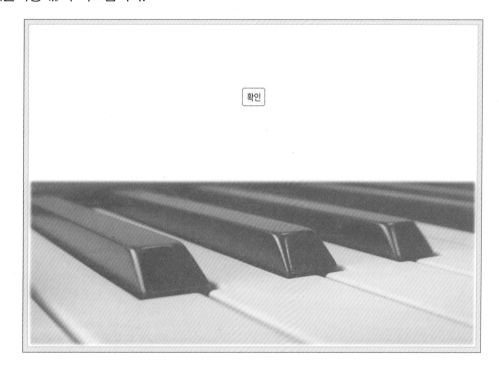

[전체구성] 60점

(1) 슬라이드 크기 및 순서 : 크기를 A4 용지로 설정하고 슬라이드 순서에 맞게 작성한다.

(2) 슬라이드 마스터 : 2~6슬라이드의 제목, 하단 로고, 슬라이드 번호는 슬라이드 마스터를 이용하여 작성한다.
  - 제목 글꼴(돋움, 40pt, 흰색), 가운데 맞춤, 도형(선 없음)
  - 하단 로고(「내 PC₩문서₩ITQ₩Picture₩로고1.jpg」, 배경(회색) 투명색으로 설정)

[슬라이드 1] ≪표지 디자인≫ 40점

(1) 표지 디자인 : 도형, 워드아트 및 그림을 이용하여 작성한다.

세부조건

① 도형 편집
  - 도형에 그림 채우기 :
    「내 PC₩문서₩ITQ₩Picture₩
    그림2.jpg」, 투명도 50%
  - 도형 효과 :
    부드러운 가장자리 5포인트
② 워드아트 삽입
  - 변환 : 기울기, 위로【위로 기울기】
  - 글꼴 : 돋움, 굵게
  - 텍스트 반사 : 근접 반사, 터치
③ 그림 삽입
  - 「내 PC₩문서₩ITQ₩Picture₩
    로고1.jpg」
  - 배경(회색) 투명색으로 설정

[슬라이드 2] ≪목차 슬라이드≫ 60점

(1) 출력형태와 같이 도형을 이용하여 목차를 작성한다(글꼴 : 굴림, 24pt).

(2) 도형 : 선 없음

세부조건

① 텍스트에 하이퍼링크 적용
  → '슬라이드 6'
② 그림 삽입
  - 「내 PC₩문서₩ITQ₩Picture₩
    그림4.jpg」
  - 자르기 기능 이용

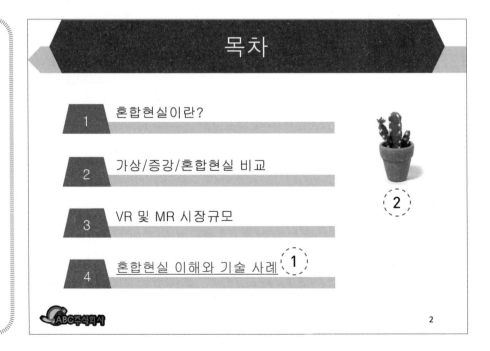

〈표지 디자인〉의 도형 편집 알아보기

❶ 기본적인 도형에 이미지를 넣고 투명도를 지정하는 기능은 매우 단순하기 때문에 도형의 노란색 조절점을 이용하여 도형의 모양을 변형하거나, 도형을 회전하는 등의 기능들을 활용하여 조금 더 어렵게 출제될 가능성도 있습니다.

〈예시〉

Ⓐ 사각형: 둥근 대각선 방향 모서리 도형을 삽입 → 노란색 조절점으로 모양을 변형

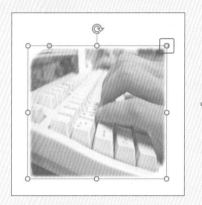 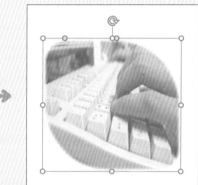

Ⓑ 설명선: 오른쪽 화살표 도형을 삽입 → 노란색 조절점으로 모양을 변형 → 좌우 대칭(◭)

※ 만약 도형을 회전하는 경우 그림의 방향이 《출력형태》와 다르면 감점이 될 수 있으니 반드시 그림의 방향을 맞추어 도형을 회전시킵니다.

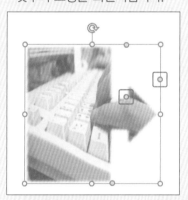 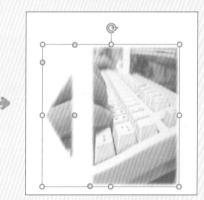

Ⓒ 액자 도형을 삽입 → 노란색 조절점으로 모양을 변형 → 상하 대칭(◁)

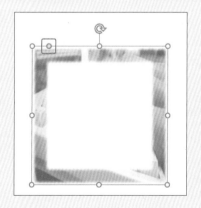 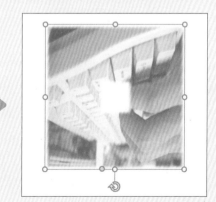

제 15 회 정보기술자격(ITQ) 출제예상 모의고사

과목	코드	문제유형	시험시간	수험번호	성명
한글파워포인트	1142	A	60분		

MS오피스

·수험자 유의사항·

- 수험자는 문제지를 받는 즉시 문제지와 **수험표상의 시험과목(프로그램)이 동일한지 반드시 확인**하여야 합니다.
- 파일명은 본인의 "수험번호-성명"으로 입력하여 답안폴더(내 PC₩문서₩ITQ)에 하나의 파일로 저장해야 하며, 답안 문서 파일명이 "수험번호-성명"과 일치하지 않거나, 답안파일을 전송하지 않아 미제출로 처리될 경우 실격 처리합니다 (예 : 12345678-홍길동.pptx).
- 답안 작성을 마치면 파일을 저장하고, '답안 전송' 버튼을 선택하여 감독위원 PC로 답안을 전송하십시오. 수험생 정보와 저장한 파일명이 다를 경우 전송되지 않으므로 주의하시기 바랍니다.
- 답안 작성 중에도 **주기적으로 저장하고, '답안 전송'**하여야 문제 발생을 줄일 수 있습니다. 작업한 내용을 저장하지 않고 전송할 경우 이전에 저장된 내용이 전송되오니 이점 유의하시기 바랍니다.
- 답안문서는 지정된 경로 외의 다른 보조기억장치에 저장하는 경우, 지정된 시험 시간 외에 작성된 파일을 활용할 경우, 기타 통신수단(이메일, 메신저, 네트워크 등)을 이용하여 타인에게 전달 또는 외부 반출하는 경우는 부정 처리합니다.
- 시험 중 부주의 또는 고의로 시스템을 파손한 경우는 수험자가 변상해야 하며, 〈수험자 유의사항〉에 기재된 방법대로 이행하지 않아 생기는 불이익은 수험생 당사자의 책임임을 알려 드립니다.
- 문제의 조건은 MS오피스 2021 버전으로 설정되어 있으며 MS오피스 2016은 【 】에 표기되어 있습니다. 이와 관련하여 작성한 답안의 출력형태가 문제지와 다를 수 있습니다.
- 시험을 완료한 수험자는 답안파일이 전송되었는지 확인한 후 감독위원의 지시에 따라 문제지를 제출하고 퇴실합니다.

·답안 작성요령·

- 온라인 답안 작성 절차
  수험자 등록 ⇒ 시험 시작 ⇒ 답안파일 저장 ⇒ 답안 전송 ⇒ 시험 종료
- 슬라이드의 크기는 A4 Paper로 설정하여 작성합니다.
- 슬라이드의 총 개수는 6개로 구성되어 있으며 슬라이드 1부터 순서대로 작업하고 반드시 문제와 세부조건대로 합니다.
- 별도의 지시사항이 없는 경우 출력형태를 참조하여 글꼴색은 검정 또는 흰색으로 작성하고, 기타사항은 전체적인 균형을 고려하여 작성합니다.
- 슬라이드 도형 및 개체에 출력형태와 다른 스타일(그림자, 외곽선 등)을 적용했을 경우 감점처리 됩니다.
- 슬라이드 번호를 작성합니다(슬라이드 1에는 생략).
- 2~6번 슬라이드 제목 도형과 하단 로고는 슬라이드 마스터를 이용하여 출력형태와 동일하게 작성합니다(슬라이드 1에는 생략).
- 문제와 세부조건, 세부조건 번호 ⟨⟩(점선원)는 입력하지 않습니다.
- 각 개체의 위치는 오른쪽의 슬라이드와 동일하게 구성합니다.
- 그림 삽입 문제의 경우 반드시 「내 PC₩문서₩ITQ₩Picture」 폴더에서 정확한 파일을 선택하여 삽입하십시오.
- 각 슬라이드를 각각의 파일로 작업해서 저장할 경우 실격 처리됩니다.

kpc 한국생산성본부

❷ 아래 내용과 이미지를 참고하여 다양한 방식으로 도형을 편집합니다.
  – [파일]–[새로만들기]–[새 프레젠테이션]을 클릭
  – [홈]–[슬라이드]–[레이아웃]–빈 화면
  – 도형 편집
    • 그림 삽입 : 「내 PC₩문서₩ITQ₩Picture」, 투명도 50%
    • 도형 효과 : 부드러운 가장자리 5 포인트

▲ 사각형: 잘린 위쪽 모서리 →노란색 조절점으로 모양 변형 → 상하 대칭

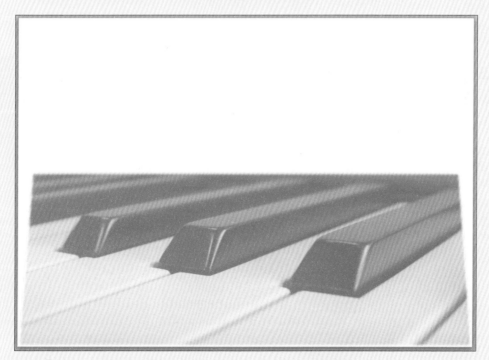

▲ 사다리꼴 → 노란색 조절점으로 모양 변형 → 좌우 대칭

(1) 차트 작성 기능을 이용하여 슬라이드를 작성한다.

(2) 차트 : 종류(묶은 세로 막대형), 글꼴(돋움, 16pt), 외곽선

세부조건

※ 차트설명

- 차트 제목 : 궁서, 24pt, 굵게, 채우기(흰색), 테두리, 그림자(오프셋 위쪽)
- 차트 영역 : 채우기(노랑) 그림 영역 : 채우기(흰색)
- 데이터 서식 : 수입 계열을 표식이 있는 꺾은선형으로 변경 후 보조축으로 지정
- 값 표시 : 2014년의 수출 계열만

① 도형 삽입
 - 스타일 : 미세효과 – 파랑, 강조 1
 - 글꼴 : 굴림, 18pt

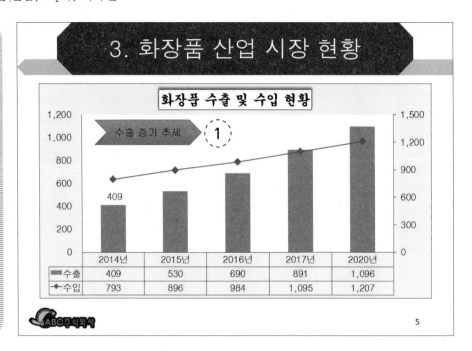

(1) 슬라이드와 같이 도형 및 스마트아트를 배치한다(글꼴 : 굴림, 18pt).

(2) 애니메이션 순서 : ① ⇒ ②

세부조건

① 도형 및 스마트아트 편집
 - 스마트아트 디자인
   : 3차원 만화
     3차원 벽돌
 - 그룹화 후 애니메이션 효과
   : 날아오기(왼쪽에서)

② 도형 편집
 - 그룹화 후 애니메이션 효과
   : 바운드

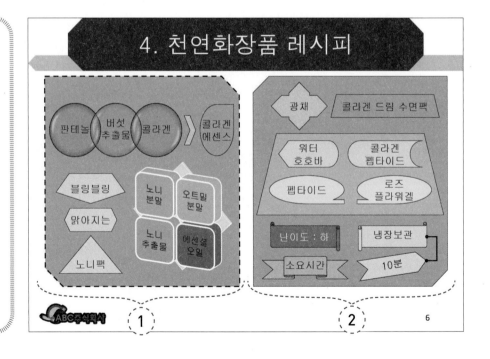

▲ 물결 → 노란색 조절점으로 모양 변형 → 상하 대칭 → 좌우 대칭

▲ 부분 원형 → 좌우 대칭 → 노란색 조절점으로 모양 변형 → 회전 조절점으로 회전

(1) 텍스트 작성 : 글머리 기호 사용(◆, ➢)
　　◆문단(굴림, 24pt, 굵게, 줄간격 : 1.5줄), ➢문단(굴림, 20pt, 줄간격 : 1.5줄)

세부조건

① 동영상 삽입 :
- 「내 PC₩문서₩ITQ₩Picture₩
  동영상.wmv」
- 자동실행, 반복재생 설정

1. 뷰티 박람회

◆ **Beauty Expo**

　➢ Beauty Expo is celebrating its 14th anniversary as the leading beauty industry exhibition in Korea attended by more than 1,000 exhibitors annually

◆ **뷰티 박람회**

　➢ 37개국 1,285명의 해외 초청 바이어가 참석

　➢ 국내외 인플루언서 초청, 온라인 플랫폼 활용하여 참가기업 온라인 시장 판로 개척에 기여

ABC주식회사　　　　3

(1) 도형과 표 작성 기능을 이용하여 슬라이드를 작성한다(글꼴 : 돋움, 18pt).

세부조건

① 상단 도형 :
　2개 도형의 조합으로 작성
② 좌측 도형 :
　그라데이션 효과(선형 아래쪽)
③ 테이블 디자인【표 스타일】:
　테마 스타일 1 – 강조 2

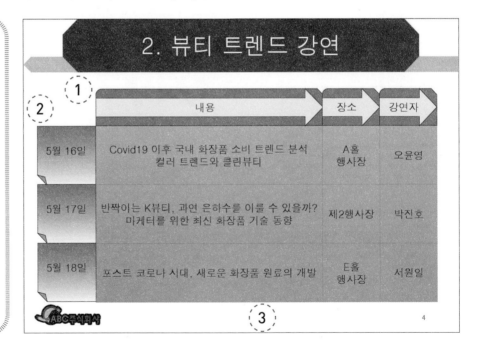

2. 뷰티 트렌드 강연

	내용	장소	강연자
5월 16일	Covid19 이후 국내 화장품 소비 트렌드 분석 컬러 트렌드와 클린뷰티	A홀 행사장	오윤영
5월 17일	반짝이는 K뷰티, 과연 은하수를 이룰 수 있을까? 마케터를 위한 최신 화장품 기술 동향	제2행사장	박진호
5월 18일	포스트 코로나 시대, 새로운 화장품 원료의 개발	E홀 행사장	서원일

ABC주식회사　　　　4

02 워드아트 삽입하기

■ 워드아트 삽입

❶ [삽입] 탭의 [텍스트] 그룹에서 [WordArt( )]–**채우기: 검정, 텍스트 색 1, 그림자**를 클릭합니다.

※ 워드아트를 삽입할 때는 효과가 거의 없는 첫 번째 워드아트를 선택합니다.

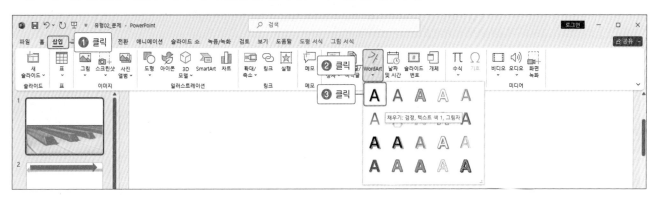

❷ '필요한 내용을 적으십시오.'라는 문구가 블록으로 지정된 상태에서 Social Commerce를 입력한 후 **Esc** 키를 누릅니다.

※ WordArt를 삽입한 후 바로 내용을 입력하면 이전 내용('필요한 내용을 적으십시오')이 삭제되면서 새로운 내용으로 입력됩니다. 만약 블록 지정이 해제되었을 경우에는 워드아트 안쪽의 내용을 드래그하여 블록으로 지정한 후 새롭게 내용을 입력합니다.

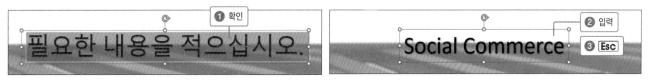

❸ 워드아트의 글꼴을 변경하기 위해 [홈] 탭의 [글꼴] 그룹에서 '글꼴'을 **궁서**로 변경합니다. 이어서, **굵게(가)**를 선택한 후 **텍스트 그림자(S)의 지정을 해제**합니다.

※ 워드아트의 글꼴 서식 및 스타일을 변경할 때는 테두리가 선택된 상태에서 작업합니다.

※ 워드아트의 글꼴은 '궁서'와 '굵게'를 지정하라는 문제의 세부 조건에 따라 '텍스트 그림자'는 지정을 해제합니다.

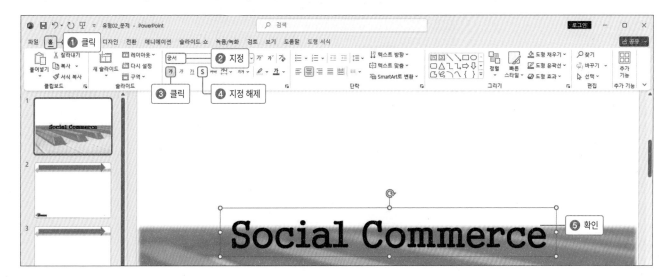

(1) 슬라이드 크기 및 순서 : 크기를 A4 용지로 설정하고 슬라이드 순서에 맞게 작성한다.

(2) 슬라이드 마스터 : 2~6슬라이드의 제목, 하단 로고, 슬라이드 번호는 슬라이드 마스터를 이용하여 작성한다.

    – 제목 글꼴(돋움, 40pt, 흰색), 가운데 맞춤, 도형(선 없음)

    – 하단 로고(「내 PC₩문서₩ITQ₩Picture₩로고1.jpg」, 배경(회색) 투명색으로 설정)

[슬라이드 1] ≪표지 디자인≫   40점

(1) 표지 디자인 : 도형, 워드아트 및 그림을 이용하여 작성한다.

세부조건

① 도형 편집

    – 도형에 그림 채우기 :
「내 PC₩문서₩ITQ₩Picture₩
그림2.jpg」, 투명도 50%

    – 도형 효과 :
부드러운 가장자리 5포인트

② 워드아트 삽입

    – 변환 : 삼각형, 위로【삼각형】

    – 글꼴 : 돋움, 굵게

    – 텍스트 반사 : 근접 반사, 터치

③ 그림 삽입

    –「내 PC₩문서₩ITQ₩Picture₩
로고1.jpg」

    – 배경(회색) 투명색으로 설정

[슬라이드 2] ≪목차 슬라이드≫   60점

(1) 출력형태와 같이 도형을 이용하여 목차를 작성한다(글꼴 : 굴림, 24pt).

(2) 도형 : 선 없음

세부조건

① 텍스트에 하이퍼링크 적용
→ '슬라이드 6'

② 그림 삽입

    –「내 PC₩문서₩ITQ₩Picture₩
그림4.jpg」

    – 자르기 기능 이용

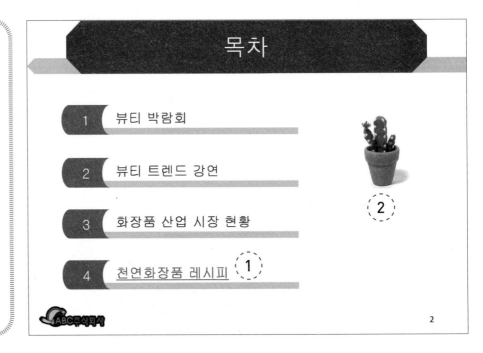

■ 워드아트 변환 및 텍스트 반사

변환 : 수축: 위쪽【위쪽 수축】, 텍스트 반사 : 근접 반사: 터치

❶ [도형 서식] 탭의 [WordArt 스타일] 그룹에서 [텍스트 효과]–[반사]–**근접 반사: 터치**(A)를 클릭합니다. 이어서, [텍스트 효과]–[변환]–**수축: 위쪽【위쪽 수축】**(abcde)을 클릭합니다.

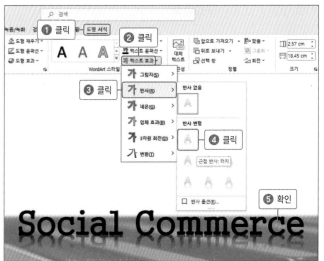
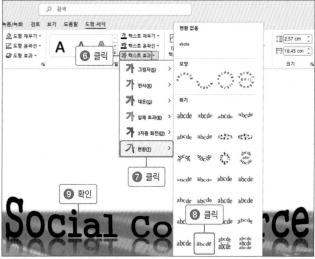

> **[반사]-반사 변형에서의 용어 이해**
>
> PowerPoint 2021 프로그램에서는 '근접 반사: 터치'로 용어가 표기되지만 실제 시험에서는 '근접 반사, 터치'로 용어가 표기됩니다.

❷ 조절점(○)을 드래그하여 《출력형태》와 같이 크기를 조절한 후 위치를 변경합니다.

> **워드아트 크기 조절**
>
> 삽입된 워드아트에 [텍스트 효과]–[변환]을 적용해야만 조절점(○)을 이용하여 크기를 조절할 수 있습니다.

출제유형 02 **51** [슬라이드1] 《표지 디자인》

과목	코드	문제유형	시험시간	수험번호	성명
한글파워포인트	1142	A	60분		

MS오피스

·수험자 유의사항·

● 수험자는 문제지를 받는 즉시 문제지와 **수험표상의 시험과목(프로그램)이 동일한지 반드시 확인**하여야 합니다.

● 파일명은 본인의 "수험번호-성명"으로 입력하여 답안폴더(내 PC\문서\ITQ)에 하나의 파일로 저장해야 하며, 답안 문서 파일명이 "수험번호-성명"과 일치하지 않거나, 답안파일을 전송하지 않아 미제출로 처리될 경우 실격 처리합니다 (예 : 12345678-홍길동.pptx).

● 답안 작성을 마치면 파일을 저장하고, '답안 전송' 버튼을 선택하여 감독위원 PC로 답안을 전송하십시오. 수험생 정보와 저장한 파일명이 다를 경우 전송되지 않으므로 주의하시기 바랍니다.

● 답안 작성 중에도 **주기적으로 저장하고, '답안 전송'**하여야 문제 발생을 줄일 수 있습니다. 작업한 내용을 저장하지 않고 전송할 경우 이전에 저장된 내용이 전송되오니 이점 유의하시기 바랍니다.

● 답안문서는 지정된 경로 외의 다른 보조기억장치에 저장하는 경우, 지정된 시험 시간 외에 작성된 파일을 활용할 경우, 기타 통신수단(이메일, 메신저, 네트워크 등)을 이용하여 타인에게 전달 또는 외부 반출하는 경우는 부정 처리합니다.

● 시험 중 부주의 또는 고의로 시스템을 파손한 경우는 수험자가 변상해야 하며, 〈수험자 유의사항〉에 기재된 방법대로 이행하지 않아 생기는 불이익은 수험생 당사자의 책임임을 알려 드립니다.

● 문제의 조건은 MS오피스 2021 버전으로 설정되어 있으며 MS오피스 2016은 【 】에 표기되어 있습니다. 이와 관련하여 작성한 답안의 출력형태가 문제지와 다를 수 있습니다.

● 시험을 완료한 수험자는 답안파일이 전송되었는지 확인한 후 감독위원의 지시에 따라 문제지를 제출하고 퇴실합니다.

·답안 작성요령·

● 온라인 답안 작성 절차
수험자 등록 ⇒ 시험 시작 ⇒ 답안파일 저장 ⇒ 답안 전송 ⇒ 시험 종료

● 슬라이드의 크기는 A4 Paper로 설정하여 작성합니다.

● 슬라이드의 총 개수는 6개로 구성되어 있으며 슬라이드 1부터 순서대로 작업하고 반드시 문제와 세부조건대로 합니다.

● 별도의 지시사항이 없는 경우 출력형태를 참조하여 글꼴색은 검정 또는 흰색으로 작성하고, 기타사항은 전체적인 균형을 고려하여 작성합니다.

● 슬라이드 도형 및 개체에 출력형태와 다른 스타일(그림자, 외곽선 등)을 적용했을 경우 감점처리 됩니다.

● 슬라이드 번호를 작성합니다(슬라이드 1에는 생략).

● 2~6번 슬라이드 제목 도형과 하단 로고는 슬라이드 마스터를 이용하여 출력형태와 동일하게 작성합니다(슬라이드 1에는 생략).

● 문제와 세부조건, 세부조건 번호 ◌(점선원)는 입력하지 않습니다.

● 각 개체의 위치는 오른쪽의 슬라이드와 동일하게 구성합니다.

● 그림 삽입 문제의 경우 반드시 「내 PC\문서\ITQ\Picture」 폴더에서 정확한 파일을 선택하여 삽입하십시오.

● 각 슬라이드를 각각의 파일로 작업해서 저장할 경우 실격 처리됩니다.

kpc 한국생산성본부

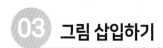

03 그림 삽입하기

① [삽입] 탭의 [이미지] 그룹에서 **그림()**을 클릭한 후 [다음에서 그림 삽입:]−[이 디바이스...()]를 클릭합니다. 이어서, [그림 삽입] 대화상자가 나오면 [내 PC]−[문서]−[ITQ]−[Picture]−'**로고1**'을 선택한 후 〈삽입〉 단추를 클릭합니다.

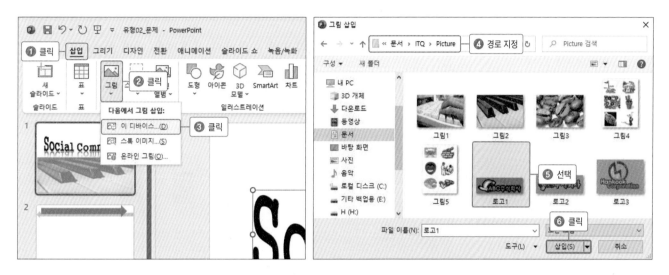

> **TIP** 그림 삽입하기
>
> 그림을 가져오는 경로가 [내 PC₩문서₩ITQ₩Picture] 폴더이오니 주의하시기 바랍니다. 단, 해당 경로는 운영체제 및 시험 규정에 따라 달라질 수 있으니 문제지 내용을 꼭 확인하시기 바랍니다.

② 그림이 삽입되면 [그림 서식] 탭의 [조정] 그룹에서 [색()]−**투명한 색 설정()**을 클릭합니다. 이어서, 마우스 포인터가 모양으로 변경되면 삽입된 **그림의 회색 부분**을 클릭하여 투명하게 처리합니다.

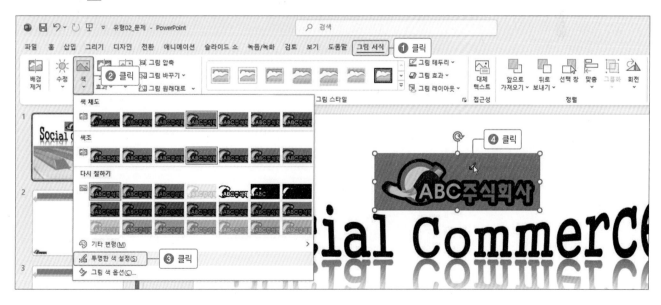

(1) 차트 작성 기능을 이용하여 슬라이드를 작성한다.

(2) 차트 : 종류(묶은 세로 막대형), 글꼴(돋움, 16pt), 외곽선

세부조건

※ 차트설명
- 차트 제목 : 궁서, 24pt, 굵게, 채우기(흰색), 테두리, 그림자(오프셋 오른쪽)
- 차트 영역 : 채우기(노랑) 그림 영역 : 채우기(흰색)
- 데이터 서식 : 탄소중립(1.5도) 계열을 표식이 있는 꺾은선형으로 변경 후 보조축으로 지정
- 값 표시 : 2075년의 무대응 계열만

① 도형 삽입
  - 스타일 : 미세효과 – 파랑, 강조 1
  - 글꼴 : 굴림, 18pt

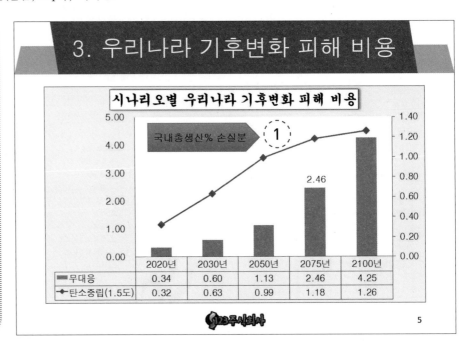

[슬라이드 6] ≪도형 슬라이드≫ 100점

(1) 슬라이드와 같이 도형 및 스마트아트를 배치한다(글꼴 : 굴림, 18pt).

(2) 애니메이션 순서 : ① ⇒ ②

세부조건

① 도형 및 스마트아트 편집
  - 스마트아트 디자인
    : 3차원 광택 처리, 3차원 만화
  - 그룹화 후 애니메이션 효과
    : 바운드

② 도형 편집
  - 그룹화 후 애니메이션 효과
    : 실선 무늬(세로)

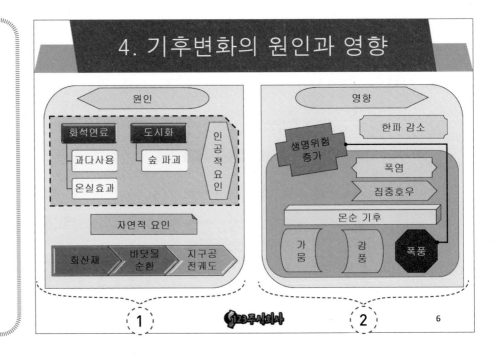

❸ 로고의 배경이 투명하게 변경되면 조절점(○)을 드래그하여 《출력형태》와 같이 크기를 조절한 후 위치를 변경합니다.

❹ [파일]-[저장]([Ctrl]+[S]) 또는 [빠른 실행 도구 모음]에서 **저장**(💾)을 클릭합니다.

※ 실제 시험을 볼 때 작업 도중에 수시로(10분에 한 번 정도) 저장을 하는 것이 좋습니다.

시험
분석 [슬라이드1]《표지 디자인》

- **도형 편집** : 도형에 그림을 채우는 부분이 여러 가지 형태로 변형되어 출제될 가능성이 있기 때문에 조금 더 주의 깊게 살펴봐야 합니다.

- **워드아트** : 과년도 기출 문제를 분석한 결과 '수축: 위쪽【위쪽 수축】, 수축: 아래쪽【아래쪽 수축】, 삼각형: 아래로【역삼각형】, 삼각형: 위로【삼각형】, 갈매기형 수장: 위로【갈매기형 수장】, 갈매기형 수장: 아래로【역갈매기형 수장】, 물결: 아래로【물결 1】, 곡선: 아래로【휘어 내려가기】' 등이 자주 출제되었습니다. 하지만 이외에도 다양한 모양들이 출제되고 있으니 참고하시기 바랍니다.

- **그림(로고 삽입)** : [슬라이드 2~6]은 반드시 슬라이드 마스터를 이용하여 일괄적으로 로고를 삽입하며, [슬라이드 1]에는 개별적으로 로고를 삽입한 후 크기를 조절해야 합니다.

(1) 텍스트 작성 : 글머리 기호 사용(◆, ■)

◆문단(굴림, 24pt, 굵게, 줄간격 : 1.5줄), ■문단(굴림, 20pt, 줄간격 : 1.5줄)

세부조건

① 동영상 삽입 :
  - 「내 PC₩문서₩ITQ₩Picture₩동영상.wmv」
  - 자동실행, 반복재생 설정

1. 기후변화의 정의

◆ **Climate Change**
  - Climate change threatens people with increased flooding, extreme heat, more disease, and economic loss, and human migration and conflict can be a result

◆ **기후변화**
  - 전 지구 대기의 조성을 변화시키는 인간의 활동이 직접적 또는 간접적 원인
  - 충분한 기간에 관측된 자연적인 기후변동성에 추가하여 일어나는 기후의 변화

3

---

(1) 도형과 표 작성 기능을 이용하여 슬라이드를 작성한다(글꼴 : 돋움, 18pt).

세부조건

① 상단 도형 :
  2개 도형의 조합으로 작성

② 좌측 도형 :
  그라데이션 효과(선형 아래쪽)

③ 테이블 디자인【표 스타일】:
  테마 스타일 1 – 강조 2

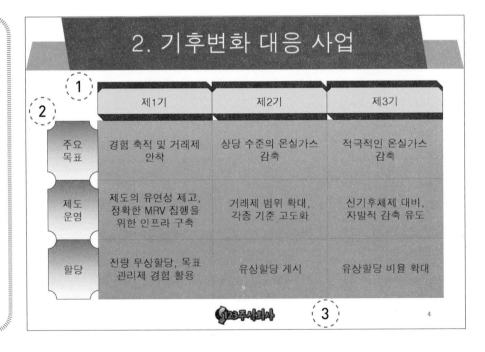

2. 기후변화 대응 사업

	제1기	제2기	제3기
주요 목표	경험 축적 및 거래제 안착	상당 수준의 온실가스 감축	적극적인 온실가스 감축
제도 운영	제도의 유연성 제고, 정확한 MRV 집행을 위한 인프라 구축	거래제 범위 확대, 각종 기준 고도화	신기후체제 대비, 자발적 감축 유도
할당	전량 무상할당, 목표 관리제 경험 활용	유상할당 게시	유상할당 비율 확대

4

[슬라이드 1]《표지 디자인》

01 문제의 지시사항 및 세부조건을 참고하여 출력형태에 알맞게 작업하시오. (60점)

• 소스 파일 : [출제유형 02]-정복02_문제01.pptx · 정답 파일 : [출제유형 02]-정복02_완성01.pptx

(1) 표지 디자인: 도형, 워드아트 및 그림을 이용하여 작성한다.

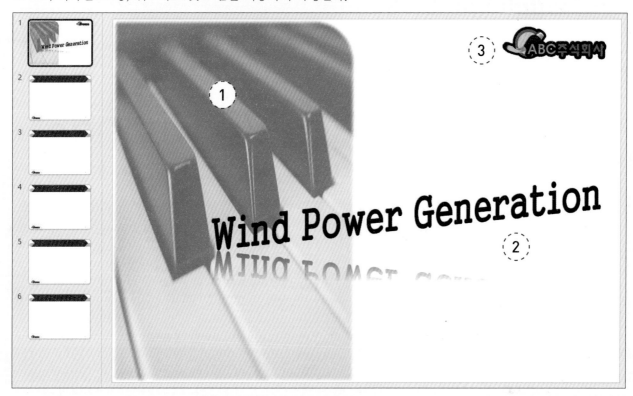

◆ 세부 조건

① 도형편집

  –도형에 그림 채우기 :「내 PC₩문서₩ITQ₩Picture₩그림2.jpg」, 투명도 50%

  –도형 효과 : 부드러운 가장자리 5포인트

② 워드아트 삽입

  – 변환 : 기울기: 위로【위로 기울기】

  – 글꼴 : 궁서, 굵게

  – 텍스트 반사 : 근접 반사, 터치

③ 그림 삽입

  –「내 PC₩문서₩ITQ₩Picture₩로고1.jpg」

  – 배경(회색)투명색으로 설정

[전체구성]　60점

(1) 슬라이드 크기 및 순서 : 크기를 A4 용지로 설정하고 슬라이드 순서에 맞게 작성한다.

(2) 슬라이드 마스터 : 2~6슬라이드의 제목, 하단 로고, 슬라이드 번호는 슬라이드 마스터를 이용하여 작성한다.
  - 제목 글꼴(돋움, 40pt, 흰색), 가운데 맞춤, 도형(선 없음)
  - 하단 로고(「내 PC\문서\ITQ\Picture\로고2.jpg」, 배경(회색) 투명색으로 설정)

[슬라이드 1]　≪표지 디자인≫　40점

(1) 표지 디자인 : 도형, 워드아트 및 그림을 이용하여 작성한다.

세부조건

① 도형 편집
  - 도형에 그림 채우기 :
    「내 PC\문서\ITQ\Picture\
    그림2.jpg」, 투명도 50%
  - 도형 효과 :
    부드러운 가장자리 5포인트
② 워드아트 삽입
  - 변환 : 갈매기형 수장, 위로
    【갈매기형 수장】
  - 글꼴 : 돋움, 굵게
  - 텍스트 반사 : 근접 반사, 터치
③ 그림 삽입
  - 「내 PC\문서\ITQ\Picture\
    로고2.jpg」
  - 배경(회색) 투명색으로 설정

[슬라이드 2]　≪목차 슬라이드≫　60점

(1) 출력형태와 같이 도형을 이용하여 목차를 작성한다(글꼴 : 굴림, 24pt).

(2) 도형 : 선 없음

세부조건

① 텍스트에 하이퍼링크 적용
  → '슬라이드 5'
② 그림 삽입
  - 「내 PC\문서\ITQ\Picture\
    그림4.jpg」
  - 자르기 기능 이용

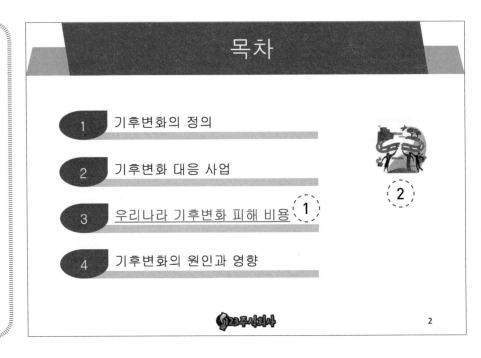

문제지의 지시사항 및 세부조건을 참고하여 출력형태에 알맞게 작업하시오. **(60점)**

· 소스 파일 : [출제유형 02]-정복02_문제02.pptx   · 정답 파일 : [출제유형 02]-정복02_완성02.pptx

(1) 표지 디자인: 도형, 워드아트 및 그림을 이용하여 작성한다.

세부조건

① **도형 편집**
 – 도형에 그림 채우기:
  「내 PC₩문서₩ITQ₩Picture₩
  그림1.jpg」, 투명도 50%
 – 도형 효과: 부드러운 가장자리
  5포인트

② **워드아트 삽입**
 – 변환 : 갈매기형 수장: 아래로
  【역갈매기형 수장】
 – 글꼴 : 돋움, 굵게
 – 텍스트 반사 : 근접 반사,
  8 pt 오프셋

③ **그림 삽입**
 –「내 PC₩문서₩ITQ₩
  Picture₩로고1.jpg」
 – 배경(회색) 투명색으로 설정

03 문제지의 지시사항 및 세부조건을 참고하여 출력형태에 알맞게 작업하시오. **(60점)**

· 소스 파일 : [출제유형 02]-정복02_문제03.pptx   · 정답 파일 : [출제유형 02]-정복02_완성03.pptx

(1) 표지 디자인: 도형, 워드아트 및 그림을 이용하여 작성한다.

세부조건

① **도형 편집**
 – 도형에 그림 채우기:
  「내 PC₩문서₩ITQ₩Picture₩
  그림1.jpg」, 투명도 50%
 – 도형 효과: 부드러운 가장자리
  5포인트

② **워드아트 삽입**
 – 변환 : 갈매기형 수장: 아래로
  【역갈매기형 수장】
 – 글꼴 : 돋움, 굵게
 – 텍스트 반사 : 근접 반사,
  8 pt 오프셋.

③ **그림 삽입**
 –「내 PC₩문서₩ITQ₩
  Picture₩로고1.jpg」
 – 배경(회색) 투명색으로 설정

과목	코드	문제유형	시험시간	수험번호	성명
한글파워포인트	1142	A	60분		

MS오피스

·수험자 유의사항·

- 수험자는 문제지를 받는 즉시 문제지와 **수험표상의 시험과목(프로그램)이 동일한지 반드시 확인**하여야 합니다.
- 파일명은 본인의 "수험번호-성명"으로 입력하여 답안폴더(내 PC\문서\ITQ)에 하나의 파일로 저장해야 하며, 답안 문서 파일명이 "수험번호-성명"과 일치하지 않거나, 답안파일을 전송하지 않아 미제출로 처리될 경우 실격 처리합니다 (예 : 12345678-홍길동.pptx).
- 답안 작성을 마치면 파일을 저장하고, '답안 전송' 버튼을 선택하여 감독위원 PC로 답안을 전송하십시오. 수험생 정보와 저장한 파일명이 다를 경우 전송되지 않으므로 주의하시기 바랍니다.
- 답안 작성 중에도 **주기적으로 저장하고, '답안 전송'**하여야 문제 발생을 줄일 수 있습니다. 작업한 내용을 저장하지 않고 전송할 경우 이전에 저장된 내용이 전송되오니 이점 유의하시기 바랍니다.
- 답안문서는 지정된 경로 외의 다른 보조기억장치에 저장하는 경우, 지정된 시험 시간 외에 작성된 파일을 활용할 경우, 기타 통신수단(이메일, 메신저, 네트워크 등)을 이용하여 타인에게 전달 또는 외부 반출하는 경우는 부정 처리합니다.
- 시험 중 부주의 또는 고의로 시스템을 파손한 경우는 수험자가 변상해야 하며, 〈수험자 유의사항〉에 기재된 방법대로 이행하지 않아 생기는 불이익은 수험생 당사자의 책임임을 알려 드립니다.
- 문제의 조건은 MS오피스 2021 버전으로 설정되어 있으며 MS오피스 2016은 【 】에 표기되어 있습니다. 이와 관련하여 작성한 답안의 출력형태가 문제지와 다를 수 있습니다.
- 시험을 완료한 수험자는 답안파일이 전송되었는지 확인한 후 감독위원의 지시에 따라 문제지를 제출하고 퇴실합니다.

·답안 작성요령·

- 온라인 답안 작성 절차
  수험자 등록 ⇒ 시험 시작 ⇒ 답안파일 저장 ⇒ 답안 전송 ⇒ 시험 종료
- 슬라이드의 크기는 A4 Paper로 설정하여 작성합니다.
- 슬라이드의 총 개수는 6개로 구성되어 있으며 슬라이드 1부터 순서대로 작업하고 반드시 문제와 세부조건대로 합니다.
- 별도의 지시사항이 없는 경우 출력형태를 참조하여 글꼴색은 검정 또는 흰색으로 작성하고, 기타사항은 전체적인 균형을 고려하여 작성합니다.
- 슬라이드 도형 및 개체에 출력형태와 다른 스타일(그림자, 외곽선 등)을 적용했을 경우 감점처리 됩니다.
- 슬라이드 번호를 작성합니다(슬라이드 1에는 생략).
- 2~6번 슬라이드 제목 도형과 하단 로고는 슬라이드 마스터를 이용하여 출력형태와 동일하게 작성합니다(슬라이드 1에는 생략).
- 문제와 세부조건, 세부조건 번호 ◌(점선원)는 입력하지 않습니다.
- 각 개체의 위치는 오른쪽의 슬라이드와 동일하게 구성합니다.
- 그림 삽입 문제의 경우 반드시 「내 PC\문서\ITQ\Picture」 폴더에서 정확한 파일을 선택하여 삽입하십시오.
- 각 슬라이드를 각각의 파일로 작업해서 저장할 경우 실격 처리됩니다.

kpc 한국생산성본부

04 문제지의 지시사항 및 세부조건을 참고하여 출력형태에 알맞게 작업하시오. (60점)

• 소스 파일 : [출제유형 02]−정복02_문제04.pptx   • 정답 파일 : [출제유형 02]−정복02_완성04.pptx

(1) 표지 디자인: 도형, 워드아트 및 그림을 이용하여 작성한다.

세부조건

① **도형 편집**
   − 도형에 그림 채우기:
     「내 PC₩문서₩ITQ₩Picture₩
     그림1.jpg」, 투명도 50%
   − 도형 효과: 부드러운 가장자리
     5포인트

② **워드아트 삽입**
   − 변환 : 갈매기형 수장: 아래로
     【역갈매기형 수장】
   − 글꼴 : 돋움, 굵게
   − 텍스트 반사 : 근접 반사,
     8 pt 오프셋

③ **그림 삽입**
   − 「내 PC₩문서₩ITQ₩
     Picture₩로고1.jpg」
   − 배경(회색) 투명색으로 설정

05 문제지의 지시사항 및 세부조건을 참고하여 출력형태에 알맞게 작업하시오. (60점)

• 소스 파일 : [출제유형 02]−정복02_문제05.pptx   • 정답 파일 : [출제유형 02]−정복02_완성05.pptx

(1) 표지 디자인: 도형, 워드아트 및 그림을 이용하여 작성한다.

세부조건

① **도형 편집**
   − 도형에 그림 채우기:
     「내 PC₩문서₩ITQ₩Picture₩
     그림3.jpg」, 투명도 50%
   − 도형 효과: 부드러운 가장자리
     5포인트

② **워드아트 삽입**
   − 변환 : 삼각형: 아래로
     【역삼각형】
   − 글꼴 : 돋움, 굵게
   − 텍스트 반사 : 근접 반사,
     4 pt 오프셋

③ **그림 삽입**
   − 「내 PC₩문서₩ITQ₩
     Picture₩로고2.jpg」
   − 배경(회색) 투명색으로 설정

(1) 차트 작성 기능을 이용하여 슬라이드를 작성한다.

(2) 차트 : 종류(묶은 세로 막대형), 글꼴(돋움, 16pt), 외곽선

세부조건

※ 차트설명
- 차트 제목 : 궁서, 24pt, 굵게, 채우기(흰색), 테두리, 그림자(오프셋 오른쪽)
- 차트 영역 : 채우기(노랑) 그림 영역 : 채우기(흰색)
- 데이터 서식 : 감경 계열을 표식이 있는 꺾은선형으로 변경 후 보조축으로 지정
- 값 표시 : 5등급의 일반 계열만

① 도형 삽입
- 스타일 : 미세효과 – 파랑, 강조 1
- 글꼴 : 굴림, 18pt

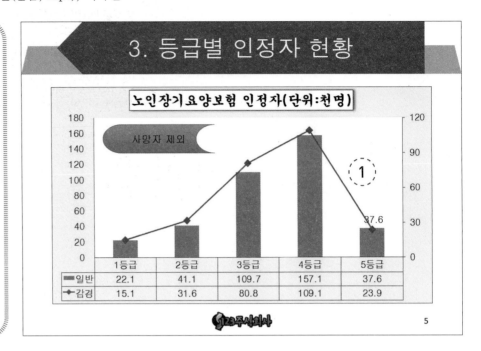

---

(1) 슬라이드와 같이 도형 및 스마트아트를 배치한다(글꼴 : 굴림, 18pt).

(2) 애니메이션 순서 : ① ⇒ ②

세부조건

① 도형 및 스마트아트 편집
- 스마트아트 디자인 : 3차원 만화, 3차원 광택 처리
- 그룹화 후 애니메이션 효과 : 바운드

② 도형 편집
- 그룹화 후 애니메이션 효과 : 실선 무늬(세로)

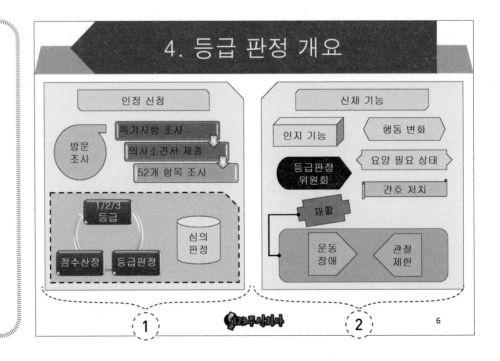

06 문제지의 지시사항 및 세부조건을 참고하여 출력형태에 알맞게 작업하시오. (60점)

• 소스 파일 : [출제유형 02]−정복02_문제06.pptx • 정답 파일 : [출제유형 02]−정복02_완성06.pptx

(1) 표지 디자인: 도형, 워드아트 및 그림을 이용하여 작성한다.

세부조건

① **도형 편집**
  − 도형에 그림 채우기:
    「내 PC\문서\ITQ\Picture\
    그림3.jpg」, 투명도 50%
  − 도형 효과: 부드러운 가장자리
    5포인트

② **워드아트 삽입**
  − 변환 : 삼각형: 아래로
    【역삼각형】
  − 글꼴 : 돋움, 굵게
  − 텍스트 반사 : 근접 반사,
    4 pt 오프셋

③ **그림 삽입**
  − 「내 PC\문서\ITQ\
    Picture\로고2.jpg」
  − 배경(회색) 투명색으로 설정

---

07 문제지의 지시사항 및 세부조건을 참고하여 출력형태에 알맞게 작업하시오. (60점)

• 소스 파일 : [출제유형 02]−정복02_문제07.pptx • 정답 파일 : [출제유형 02]−정복02_완성07.pptx

(1) 표지 디자인: 도형, 워드아트 및 그림을 이용하여 작성한다.

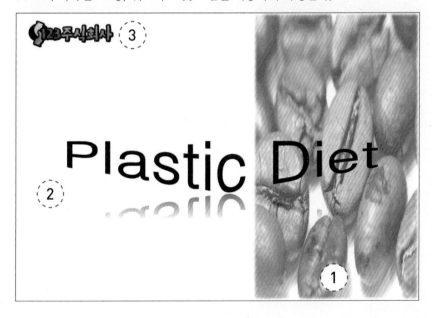

세부조건

① **도형 편집**
  − 도형에 그림 채우기:
    「내 PC\문서\ITQ\Picture\
    그림3.jpg」, 투명도 50%
  − 도형 효과: 부드러운 가장자리
    5포인트

② **워드아트 삽입**
  − 변환 : 삼각형: 아래로
    【역삼각형】
  − 글꼴 : 돋움, 굵게
  − 텍스트 반사 : 근접 반사,
    4 pt 오프셋

③ **그림 삽입**
  − 「내 PC\문서\ITQ\
    Picture\로고2.jpg」
  − 배경(회색) 투명색으로 설정

[슬라이드 3] ≪텍스트/동영상 슬라이드≫　　　60점

(1) 텍스트 작성 : 글머리 기호 사용(◆, ■)
　　◆문단(굴림, 24pt, 굵게, 줄간격 : 1.5줄), ■문단(굴림, 20pt, 줄간격 : 1.5줄)

세부조건

① 동영상 삽입 :
　– 「내 PC₩문서₩ITQ₩Picture₩
　　동영상.wmv」
　– 자동실행, 반복재생 설정

1. 노인장기요양보험의 이해

◆ Long-Term Care Insurance

- Long term care insurance is a social insurance policy that provides economic aid to elderlies who can not hold a regular living due to old age

◆ 노인장기요양보험

- 고령이나 노인성 질병으로 인해 일상생활을 혼자 수행하기 어려운 노인에게 장기요양급여 제공
- 신체활동 등을 지원하여 노인의 건강 증진 및 생활 안정 도모

3

[슬라이드 4] ≪표 슬라이드≫　　　80점

(1) 도형과 표 작성 기능을 이용하여 슬라이드를 작성한다(글꼴 : 돋움, 18pt).

세부조건

① 상단 도형 :
　2개 도형의 조합으로 작성
② 좌측 도형 :
　그라데이션 효과(선형 아래쪽)
③ 테이블 디자인【표 스타일】:
　테마 스타일 1 – 강조 2

2. 장기요양인정 신청의 종류

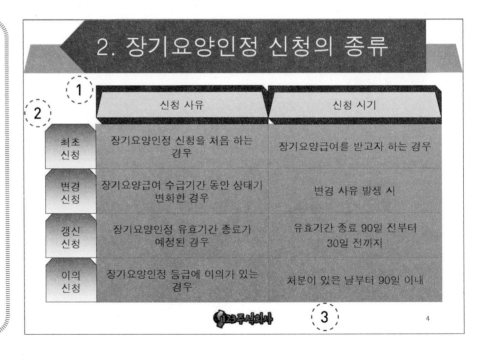

	신청 사유	신청 시기
최초 신청	장기요양인정 신청을 처음 하는 경우	장기요양급여를 받고자 하는 경우
변경 신청	장기요양급여 수급기간 동안 상태가 변화한 경우	변경 사유 발생 시
갱신 신청	장기요양인정 유효기간 종료가 예정된 경우	유효기간 종료 90일 전부터 30일 전까지
이의 신청	장기요양인정 등급에 이의가 있는 경우	처분이 있는 날부터 90일 이내

4

[슬라이드 2]《목차 슬라이드》

☑ 도형으로 목차 만들기
☑ 텍스트에 하이퍼링크 적용하기
☑ 그림 삽입한 후 자르기

문제 미리보기

소스 파일 : [출제유형 03]-유형03_문제.pptx   **정답 파일** : [출제유형 03]-유형03_완성.pptx

◆ [슬라이드 2]〈목차 슬라이드〉   (60점)

  (1) 출력형태와 같이 도형을 이용하여 목차를 작성한다(글꼴 : 굴림, 24pt).

  (2) 도형 : 선 없음

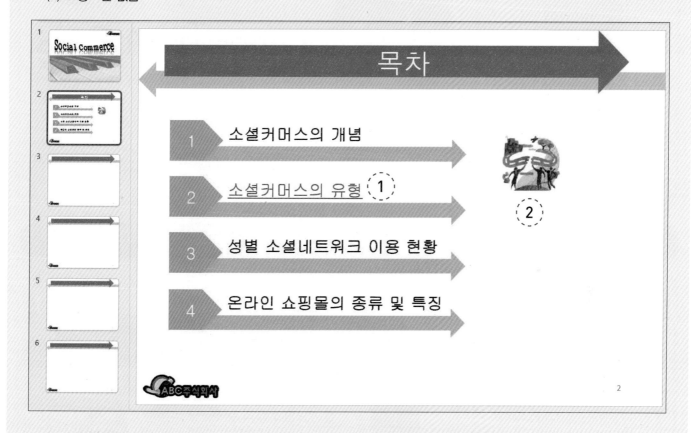

◆ 세부 조건

  ① 텍스트에 하이퍼링크 적용 → '슬라이드 4'

  ② 그림 삽입

    – 「내 PC₩문서₩ITQ₩Picture₩그림4.jpg」

    – 자르기 기능 이용

(1) 슬라이드 크기 및 순서 : 크기를 A4 용지로 설정하고 슬라이드 순서에 맞게 작성한다.

(2) 슬라이드 마스터 : 2~6슬라이드의 제목, 하단 로고, 슬라이드 번호는 슬라이드 마스터를 이용하여 작성한다.
  - 제목 글꼴(돋움, 40pt, 흰색), 가운데 맞춤, 도형(선 없음)
  - 하단 로고(「내 PC\문서\ITQ\Picture\로고2.jpg」, 배경(회색) 투명색으로 설정)

[슬라이드 1] ≪표지 디자인≫   40점

(1) 표지 디자인 : 도형, 워드아트 및 그림을 이용하여 작성한다.

세부조건

① 도형 편집
  - 도형에 그림 채우기 :
    「내 PC\문서\ITQ\Picture\
    그림2.jpg」, 투명도 50%
  - 도형 효과 :
    부드러운 가장자리 5포인트

② 워드아트 삽입
  - 변환 : 갈매기형 수장, 위로
    【갈매기형 수장】
  - 글꼴 : 돋움, 굵게
  - 텍스트 반사 : 근접 반사, 터치

③ 그림 삽입
  - 「내 PC\문서\ITQ\Picture\
    로고2.jpg」
  - 배경(회색) 투명색으로 설정

[슬라이드 2] ≪목차 슬라이드≫   60점

(1) 출력형태와 같이 도형을 이용하여 목차를 작성한다(글꼴 : 굴림, 24pt).

(2) 도형 : 선 없음

세부조건

① 텍스트에 하이퍼링크 적용
  → '슬라이드 5'

② 그림 삽입
  - 「내 PC\문서\ITQ\Picture\
    그림4.jpg」
  - 자르기 기능 이용

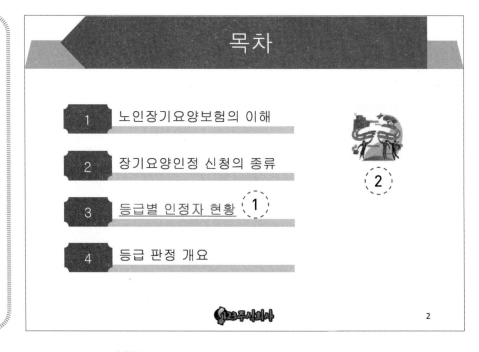

(1) 출력형태와 같이 도형을 이용하여 목차를 작성한다(글꼴 : 굴림, 24pt).
(2) 도형 : 선 없음

❶ 유형03_문제.pptx 파일을 불러와 [슬라이드 2]를 클릭한 후 작업합니다.

※ 파일 불러오기 : [파일]–[열기]–[찾아보기]를 클릭한 후 [열기] 대화상자에서 파일을 선택합니다.

❷ 슬라이드 상단의 '제목을 추가하려면 클릭하십시오.'를 클릭한 후 **목차**를 입력합니다.

※ 슬라이드 마스터에서 작업한 제목 도형의 글꼴 속성은 '돋움, 40pt. 흰색'으로 지정되어 있습니다. 만약, 글꼴을 잘못 지정했을 경우에는 [보기]–[마스터 보기]–'슬라이드 마스터'에서 수정합니다.

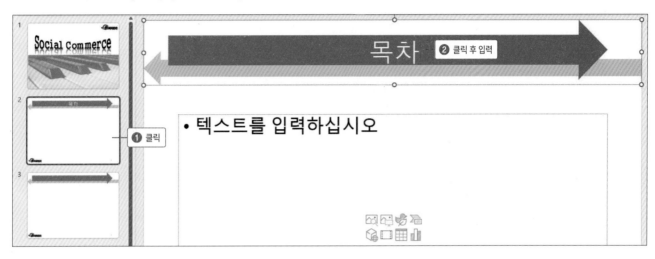

❸ 이어서, '텍스트를 입력하십시오' 텍스트 상자의 테두리를 클릭한 후 Delete 키를 눌러 삭제합니다.

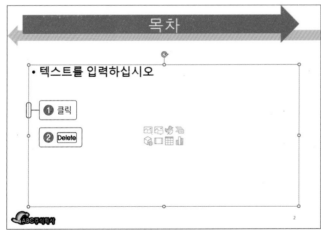

도형에 색상 채우기

실제 시험 문제지는 흑백으로 출제되기 때문에 작업의 편리를 위하여 도형의 명도(색의 밝고 어두운 정도)를 보고 임의의 색상을 지정합니다. 단, 문제지 조건에 색상이 명시되어 있을 때는 반드시 해당 색상으로만 지정합니다.

제 12 회 정보기술자격(ITQ) 출제예상 모의고사

과목	코드	문제유형	시험시간	수험번호	성명
한글파워포인트	1142	A	60분		

MS오피스

·수험자 유의사항·

● 수험자는 문제지를 받는 즉시 문제지와 **수험표상의 시험과목(프로그램)이 동일한지 반드시 확인**하여야 합니다.
● 파일명은 본인의 "수험번호-성명"으로 입력하여 답안폴더(내 PC₩문서₩ITQ)에 하나의 파일로 저장해야 하며, 답안 문서 파일명이 "수험번호-성명"과 일치하지 않거나, 답안파일을 전송하지 않아 미제출로 처리될 경우 실격 처리합니다 (예 : 12345678-홍길동.pptx).
● 답안 작성을 마치면 파일을 저장하고, '답안 전송' 버튼을 선택하여 감독위원 PC로 답안을 전송하십시오. 수험생 정보와 저장한 파일명이 다를 경우 전송되지 않으므로 주의하시기 바랍니다.
● 답안 작성 중에도 **주기적으로 저장하고, '답안 전송'**하여야 문제 발생을 줄일 수 있습니다. 작업한 내용을 저장하지 않고 전송할 경우 이전에 저장된 내용이 전송되오니 이점 유의하시기 바랍니다.
● 답안문서는 지정된 경로 외의 다른 보조기억장치에 저장하는 경우, 지정된 시험 시간 외에 작성된 파일을 활용할 경우, 기타 통신수단(이메일, 메신저, 네트워크 등)을 이용하여 타인에게 전달 또는 외부 반출하는 경우는 부정 처리합니다.
● 시험 중 부주의 또는 고의로 시스템을 파손한 경우는 수험자가 변상해야 하며, 〈수험자 유의사항〉에 기재된 방법대로 이행하지 않아 생기는 불이익은 수험생 당사자의 책임임을 알려 드립니다.
● 문제의 조건은 MS오피스 2021 버전으로 설정되어 있으며 MS오피스 2016은 【 】에 표기되어 있습니다. 이와 관련하여 작성한 답안의 출력형태가 문제지와 다를 수 있습니다.
● 시험을 완료한 수험자는 답안파일이 전송되었는지 확인한 후 감독위원의 지시에 따라 문제지를 제출하고 퇴실합니다.

·답안 작성요령·

● 온라인 답안 작성 절차
   수험자 등록 ⇒ 시험 시작 ⇒ 답안파일 저장 ⇒ 답안 전송 ⇒ 시험 종료
● 슬라이드의 크기는 A4 Paper로 설정하여 작성합니다.
● 슬라이드의 총 개수는 6개로 구성되어 있으며 슬라이드 1부터 순서대로 작업하고 반드시 문제와 세부조건대로 합니다.
● 별도의 지시사항이 없는 경우 출력형태를 참조하여 글꼴색은 검정 또는 흰색으로 작성하고, 기타사항은 전체적인 균형을 고려하여 작성합니다.
● 슬라이드 도형 및 개체에 출력형태와 다른 스타일(그림자, 외곽선 등)을 적용했을 경우 감점처리 됩니다.
● 슬라이드 번호를 작성합니다(슬라이드 1에는 생략).
● 2~6번 슬라이드 제목 도형과 하단 로고는 슬라이드 마스터를 이용하여 출력형태와 동일하게 작성합니다(슬라이드 1에는 생략).
● 문제와 세부조건, 세부조건 번호 ⁚(점선원)는 입력하지 않습니다.
● 각 개체의 위치는 오른쪽의 슬라이드와 동일하게 구성합니다.
● 그림 삽입 문제의 경우 반드시 「내 PC₩문서₩ITQ₩Picture」 폴더에서 정확한 파일을 선택하여 삽입하십시오.
● 각 슬라이드를 각각의 파일로 작업해서 저장할 경우 실격 처리됩니다.

■ 목차 도형 작성하기

① [삽입] 탭의 [일러스트레이션] 그룹에서 [도형(⬚)]–블록 화살표–**화살표: 오각형(▷)**을 클릭합니다.

② 마우스 포인터가 ＋ 모양으로 변경되면 드래그하여 도형을 삽입합니다. 이어서 조절점 ○을 드래그하여 《출력형태》와 같이 크기를 조절한 후 위치를 변경합니다.

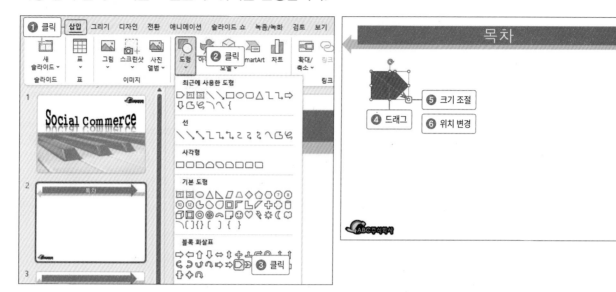

③ [도형 서식] 탭의 [도형 스타일] 그룹에서 [도형 윤곽선]–**윤곽선 없음**을 클릭합니다.

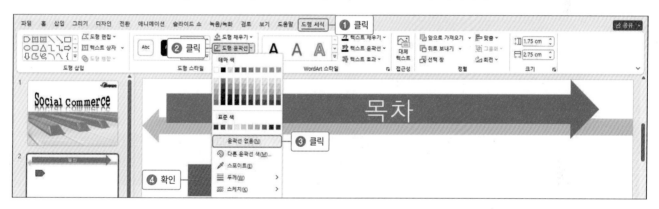

④ [도형 서식] 탭의 [도형 스타일] 그룹에서 [도형 채우기]–**녹색, 강조 6**을 클릭합니다.

※도형의 색상은 문제지 조건에 없기 때문에 임의의 색으로 선택할 수 있습니다.

[슬라이드 5] 《차트 슬라이드》 100점

(1) 차트 작성 기능을 이용하여 슬라이드를 작성한다.

(2) 차트 : 종류(묶은 세로 막대형), 글꼴(돋움, 16pt), 외곽선

세부조건

※ 차트설명
- 차트 제목 : 궁서, 24pt, 굵게,
  채우기(흰색), 테두리,
  그림자(오프셋 오른쪽)
- 차트 영역 : 채우기(노랑)
  그림 영역 : 채우기(흰색)
- 데이터 서식 : 2020년 계열을 표식
  이 있는 꺾은선형으로 변경 후
  보조축으로 지정
- 값 표시 : 외국인의 2019년 계열만
① 도형 삽입
  – 스타일 : 미세효과 – 파랑, 강조 1
  – 글꼴 : 굴림, 18pt

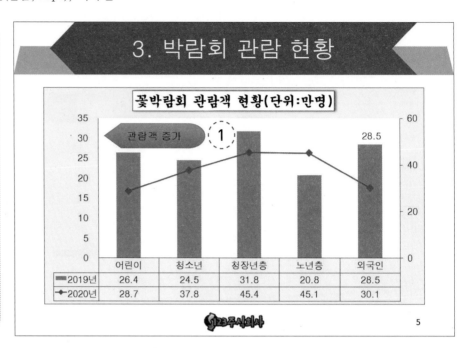

[슬라이드 6] 《도형 슬라이드》 100점

(1) 슬라이드와 같이 도형 및 스마트아트를 배치한다(글꼴 : 굴림, 18pt).

(2) 애니메이션 순서 : ① ⇒ ②

세부조건

① 도형 및 스마트아트 편집
  – 스마트아트 디자인
    : 3차원 만화,
    3차원 광택 처리
  – 그룹화 후 애니메이션 효과
    : 바운드
② 도형 편집
  – 그룹화 후 애니메이션 효과
    : 실선 무늬(세로)

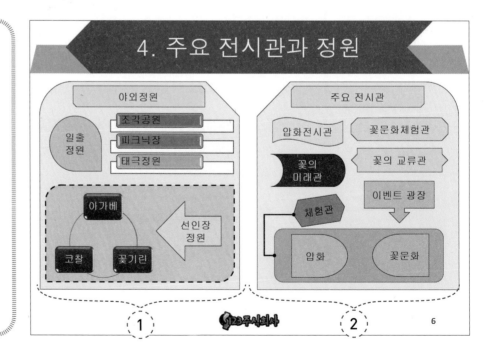

❺ [삽입] 탭의 [일러스트레이션] 그룹에서 [도형(⬭)]-블록 화살표-**화살표: 오른쪽**(⇨)을 클릭합니다.

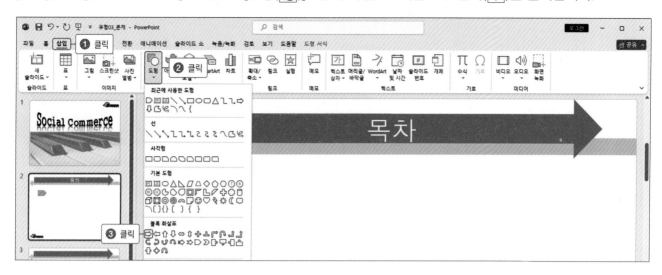

❻ 마우스 포인터가 ✛ 모양으로 변경되면 드래그하여 도형을 삽입합니다. 이어서, 조절점 ⊙ 을 드래그하여 《출력형태》와 같이 크기를 조절한 후 위치를 변경합니다.

※ [Alt] 키를 누른 채 조절점 ⊙ 을 드래그하면 세밀하게 도형의 크기를 조절할 수 있습니다.

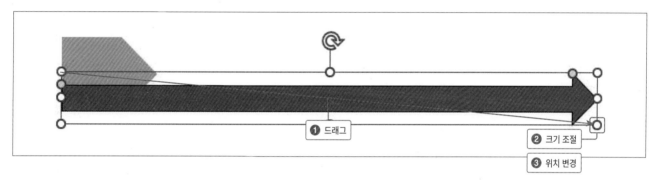

❼ [도형 서식] 탭의 [도형 스타일] 그룹에서 [도형 윤곽선]-윤곽선 없음을 클릭합니다.

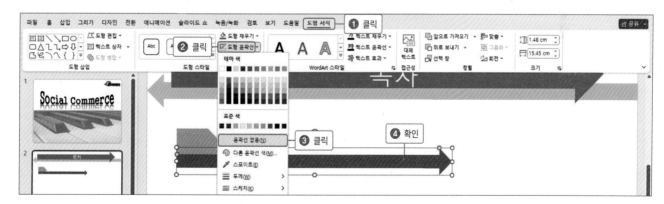

> **목차 슬라이드**
>
> 목차 슬라이드를 작성할 때 도형의 선이 '선 없음'으로 출제되며, 2개의 도형을 겹쳐서 만드는 목차 도형의 모양으로 출제되오니 《출력형태》를 반드시 확인하시기 바랍니다.

(1) 텍스트 작성 : 글머리 기호 사용(◆, ■)
　　◆문단(굴림, 24pt, 굵게, 줄간격 : 1.5줄), ■문단(굴림, 20pt, 줄간격 : 1.5줄)

세부조건

① 동영상 삽입 :
- 「내 PC₩문서₩ITQ₩Picture₩
  동영상.wmv」
- 자동실행, 반복재생 설정

---

1. 국제꽃박람회 개요

◆ **The Festival of Flowers**

　■ The festival is unique and rare plants exhibition, indoor gardens
　　decorated with various flower art pieces, outdoor theme parks are
　　displayed

◆ **국제꽃박람회 의의**

　■ 유통플랫폼과 다양한 볼거리를 제공하는 국제적인
　　화훼 박람회

　■ 화훼 무역과 축제를 결합한 차별화된 꽃박람회로
　　국제적 화훼 교류 도모

3

---

(1) 도형과 표 작성 기능을 이용하여 슬라이드를 작성한다(글꼴 : 돋움, 18pt).

세부조건

① 상단 도형 :
　2개 도형의 조합으로 작성
② 좌측 도형 :
　그라데이션 효과(선형 아래쪽)
③ 테이블 디자인【표 스타일】:
　테마 스타일 1 – 강조 2

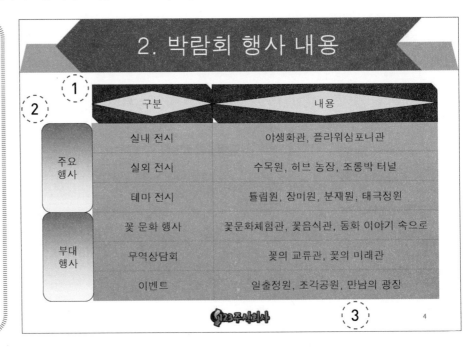

2. 박람회 행사 내용

	구분	내용
주요 행사	실내 전시	야생화관, 플라워심포니관
	실외 전시	수목원, 허브 농장, 조롱박 터널
	테마 전시	튤립원, 장미원, 분재원, 태극정원
부대 행사	꽃 문화 행사	꽃문화체험관, 꽃음식관, 동화 이야기 속으로
	무역상담회	꽃의 교류관, 꽃의 미래관
	이벤트	일출정원, 조각공원, 만남의 광장

4

⑧ [도형 서식] 탭의 [도형 스타일] 그룹에서 [도형 채우기]−**주황**을 클릭합니다.

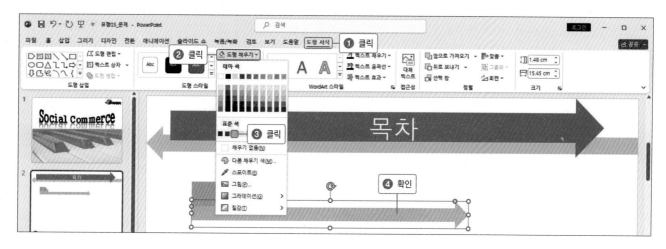

⑨ 화살표: 오른쪽 도형이 선택된 상태에서 [도형 서식] 탭의 [정렬]그룹에서 [뒤로 보내기(□)]를 클릭합니다.

  ※ 상황에 따라 뒤로 보내기의 목록 단추(▾)를 눌러 [맨 뒤로 보내기]를 선택할 수도 있습니다.

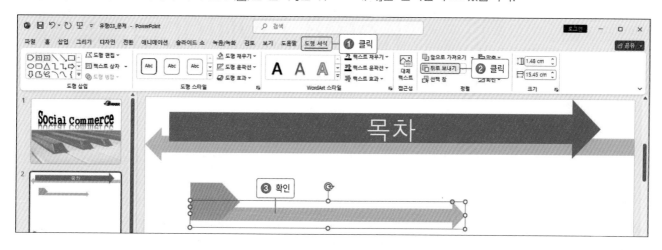

■ 텍스트 입력하기

글꼴 : 굴림, 24pt

① 왼쪽 도형을 선택하고 숫자 '1'을 입력한 후 Esc 키를 눌러 입력을 종료합니다.

[전체구성]

(1) 슬라이드 크기 및 순서 : 크기를 A4 용지로 설정하고 슬라이드 순서에 맞게 작성한다.

(2) 슬라이드 마스터 : 2~6슬라이드의 제목, 하단 로고, 슬라이드 번호는 슬라이드 마스터를 이용하여 작성한다.
- 제목 글꼴(돋움, 40pt, 흰색), 가운데 맞춤, 도형(선 없음)
- 하단 로고(「내 PC₩문서₩ITQ₩Picture₩로고2.jpg」, 배경(회색) 투명색으로 설정)

[슬라이드 1] 《표지 디자인》 60점

40점

(1) 표지 디자인 : 도형, 워드아트 및 그림을 이용하여 작성한다.

세부조건

① 도형 편집
- 도형에 그림 채우기 : 「내 PC₩문서₩ITQ₩Picture₩ 그림2.jpg」, 투명도 50%
- 도형 효과 : 부드러운 가장자리 5포인트

② 워드아트 삽입
- 변환 : 갈매기형 수장, 위로 【갈매기형 수장】
- 글꼴 : 돋움, 굵게
- 텍스트 반사 : 근접 반사, 터치

③ 그림 삽입
- 「내 PC₩문서₩ITQ₩Picture₩ 로고2.jpg」
- 배경(회색) 투명색으로 설정

[슬라이드 2] 《목차 슬라이드》 60점

(1) 출력형태와 같이 도형을 이용하여 목차를 작성한다(글꼴 : 굴림, 24pt).

(2) 도형 : 선 없음

세부조건

① 텍스트에 하이퍼링크 적용
→ '슬라이드 5'

② 그림 삽입
- 「내 PC₩문서₩ITQ₩Picture₩ 그림4.jpg」
- 자르기 기능 이용

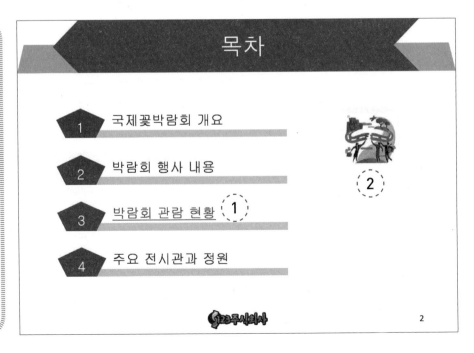

❷ [홈]탭의 [글꼴] 그룹에서 **글꼴(굴림), 글꼴 크기(24pt)**를 지정합니다.

　※ 답안 작성요령에 글꼴 색은 '검정' 또는 '흰색'으로 작성하라는 조건이 있기 때문에 도형 안의 글꼴 색이 흰색(흰색, 배경 1)이 맞는지 확인한 후 작업합니다.

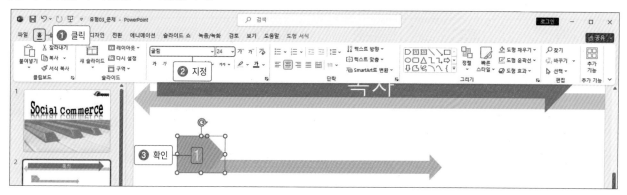

❸ 번호에 맞추어 목차 내용을 입력하기 위해 [삽입] 탭의 [텍스트] 그룹에서 **가로 텍스트 상자 그리기(가)**를 클릭합니다. 이어서, 마우스 포인터가 ↓ 모양으로 변경되면 아래 그림처럼 드래그합니다.

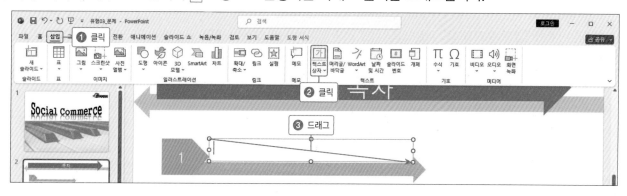

❹ 가로 텍스트 상자가 삽입되면 **소셜커머스의 개념**을 입력한 후 **Esc** 키를 누릅니다. 이어서, [홈] 탭의 [글꼴] 그룹에서 **글꼴(굴림), 글꼴 크기(24pt)**를 지정합니다.

　※ 《출력형태》를 확인하여 텍스트를 정렬(왼쪽 맞춤/가운데 맞춤/오른쪽 맞춤)합니다.

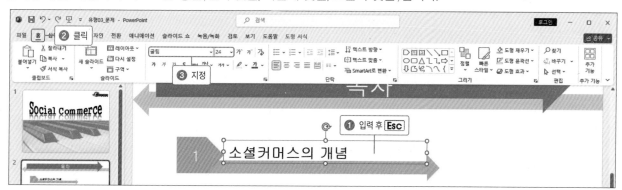

❺ 입력이 완료되면 《출력형태》를 참고하여 텍스트 상자의 크기를 조절한 후 위치를 변경합니다.

　※ 위치 변경은 텍스트 상자의 테두리를 드래그하며, 크기 조절은 조절점(○)을 드래그합니다.

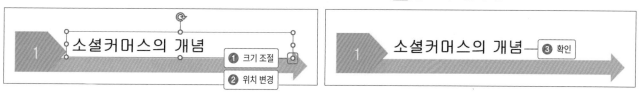

제 11 회 정보기술자격(ITQ) 출제예상 모의고사

과목	코드	문제유형	시험시간	수험번호	성명
한글파워포인트	1142	A	60분		

MS오피스

·수험자 유의사항·

- 수험자는 문제지를 받는 즉시 문제지와 **수험표상의 시험과목(프로그램)이 동일한지 반드시 확인**하여야 합니다.
- 파일명은 본인의 "수험번호–성명"으로 입력하여 답안폴더(내 PC₩문서₩ITQ)에 하나의 파일로 저장해야 하며, 답안 문서 파일명이 "수험번호–성명"과 일치하지 않거나, 답안파일을 전송하지 않아 미제출로 처리될 경우 실격 처리합니다 (예 : 12345678–홍길동.pptx).
- 답안 작성을 마치면 파일을 저장하고, '답안 전송' 버튼을 선택하여 감독위원 PC로 답안을 전송하십시오. 수험생 정보와 저장 한 파일명이 다를 경우 전송되지 않으므로 주의하시기 바랍니다.
- 답안 작성 중에도 **주기적으로 저장하고, '답안 전송'**하여야 문제 발생을 줄일 수 있습니다. 작업한 내용을 저장하지 않고 전송할 경우 이전에 저장된 내용이 전송되오니 이점 유의하시기 바랍니다.
- 답안문서는 지정된 경로 외의 다른 보조기억장치에 저장하는 경우, 지정된 시험 시간 외에 작성된 파일을 활용할 경우, 기타 통신수단(이메일, 메신저, 네트워크 등)을 이용하여 타인에게 전달 또는 외부 반출하는 경우는 부정 처리합니다.
- 시험 중 부주의 또는 고의로 시스템을 파손한 경우는 수험자가 변상해야 하며, 〈수험자 유의사항〉에 기재된 방법대로 이행하 지 않아 생기는 불이익은 수험생 당사자의 책임임을 알려 드립니다.
- 문제의 조건은 MS오피스 2021 버전으로 설정되어 있으며 MS오피스 2016은 【 】에 표기되어 있습니다. 이와 관련하여 작성한 답안의 출력형태가 문제지와 다를 수 있습니다.
- 시험을 완료한 수험자는 답안파일이 전송되었는지 확인한 후 감독위원의 지시에 따라 문제지를 제출하고 퇴실합니다.

·답안 작성요령·

- 온라인 답안 작성 절차
  수험자 등록 ⇒ 시험 시작 ⇒ 답안파일 저장 ⇒ 답안 전송 ⇒ 시험 종료
- 슬라이드의 크기는 A4 Paper로 설정하여 작성합니다.
- 슬라이드의 총 개수는 6개로 구성되어 있으며 슬라이드 1부터 순서대로 작업하고 반드시 문제와 세부조건대로 합니다.
- 별도의 지시사항이 없는 경우 출력형태를 참조하여 글꼴색은 검정 또는 흰색으로 작성하고, 기타사항은 전체적인 균형을 고려하여 작성합니다.
- 슬라이드 도형 및 개체에 출력형태와 다른 스타일(그림자, 외곽선 등)을 적용했을 경우 감점처리 됩니다.
- 슬라이드 번호를 작성합니다(슬라이드 1에는 생략).
- 2~6번 슬라이드 제목 도형과 하단 로고는 슬라이드 마스터를 이용하여 출력형태와 동일하게 작성합니다(슬라이드 1에는 생략).
- 문제와 세부조건, 세부조건 번호 ◌(점선원)는 입력하지 않습니다.
- 각 개체의 위치는 오른쪽의 슬라이드와 동일하게 구성합니다.
- 그림 삽입 문제의 경우 반드시 「내 PC₩문서₩ITQ₩Picture」 폴더에서 정확한 파일을 선택하여 삽입하십시오.
- 각 슬라이드를 각각의 파일로 작업해서 저장할 경우 실격 처리됩니다.

■ 도형 및 텍스트 상자를 복사한 후 내용 변경하기

글꼴 : 굴림, 24pt

❶ 그림과 같이 드래그하여 복사할 도형과 텍스트 상자를 선택합니다.

※ 위쪽 슬라이드 마스터의 텍스트 상자('목차')가 선택되지 않도록 주의하여 드래그합니다.

 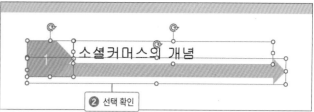

❷ **Ctrl**+**Shift** 키를 누른 채 아래쪽으로 드래그하여 복사합니다. 도형과 텍스트 상자가 복사되면 똑같은 방법으로 2개를 더 복사하여 총 4개를 만듭니다.

※도형의 간격이 《출력형태》와 같지 않을 경우 키보드의 방향키(**↑**, **↓**)를 눌러 조절합니다.

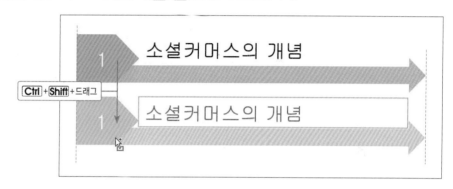

❸ 복사가 완료되면 도형과 가로 텍스트 상자 안쪽의 텍스트를 드래그하여 블록으로 지정한 후 《출력형태》와 같이 내용을 입력합니다.

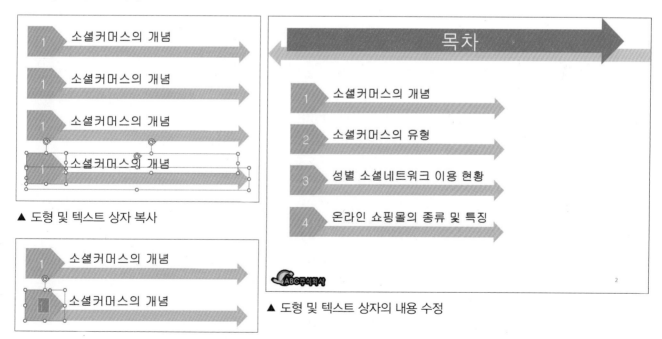

▲ 도형 및 텍스트 상자 복사

▲ 블록 지정 후 내용 입력

▲ 도형 및 텍스트 상자의 내용 수정

(1) 차트 작성 기능을 이용하여 슬라이드를 작성한다.
(2) 차트 : 종류(묶은 세로 막대형), 글꼴(돋움, 16pt), 외곽선

세부조건

※ 차트설명
- 차트 제목 : 굴림, 24pt, 굵게, 채우기(흰색), 테두리, 그림자(오프셋 오른쪽)
- 차트 영역 : 채우기(노랑) 그림 영역 : 채우기(흰색)
- 데이터 서식 : IOT접목 출원권수 계열을 표식이 있는 꺾은선형으로 변경 후 보조축으로 지정
- 값 표시 : 2018년의 출원권수 계열만

① 도형 삽입
- 스타일 : 미세효과 – 파랑, 강조 1
- 글꼴 : 굴림, 18pt

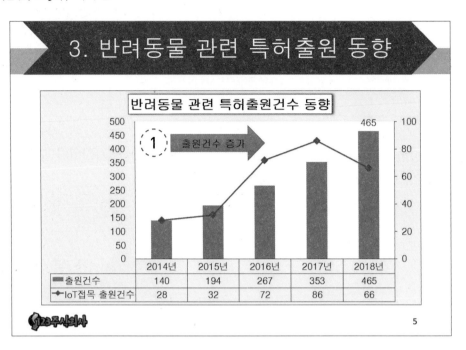

(1) 슬라이드와 같이 도형 및 스마트아트를 배치한다(글꼴 : 돋움, 18pt).
(2) 애니메이션 순서 : ① ⇒ ②

세부조건

① 도형 및 스마트아트 편집
- 스마트아트 디자인
 : 3차원 만화, 3차원 경사
- 그룹화 후 애니메이션 효과
 : 날아오기(왼쪽에서)

② 도형 편집
- 그룹화 후 애니메이션 효과
 : 바운드

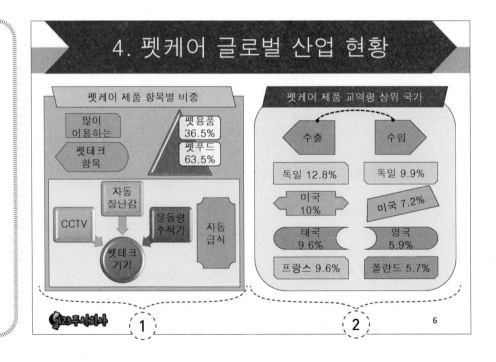

〈목차 슬라이드〉의 도형 편집 알아보기

❶ 〈목차 슬라이드〉에서 작성하는 도형의 모양이 기본적인 도형만 이용하여 작업한다면 큰 어려움이 없겠지만 슬라이드 마스터 도형처럼 다양한 기능을 활용하여 출제될 가능성도 있습니다.
　– 예 : 상하 대칭, 좌우 대칭 기능을 이용하여 도형을 회전, 노란색 조절점으로 도형을 변형시킨 후 상하 대칭, 회전 조절점으로 도형을 회전시킨 후 좌우 대칭, 도형을 회전한 후 텍스트 상자를 삽입하여 숫자 입력 등

❷ 아래 내용과 이미지를 참고하여 목차 도형을 완성합니다.
　– [파일]–[새로 만들기]–[새 프레젠테이션]을 더블 클릭
　– [홈]–[슬라이드]–[레이아웃]–빈 화면

▲ 완성 이미지

▲ 순서도: 순차적 액세스 저장소 도형 삽입

▲ 윤곽선 없음

▲ 도형 채우기

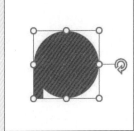
▲ 오른쪽으로 90도 회전

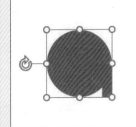
▲ 좌우 대칭

▲ 직사각형 도형 삽입 → 윤곽선 없음 → 도형 채우기 → 목차 도형 완성

(1) 텍스트 작성 : 글머리 기호 사용(➤, ▪)

➤문단(굴림, 24pt, 굵게, 줄간격 : 1.5줄), ▪문단(굴림, 20pt, 줄간격 : 1.5줄)

세부조건

① 동영상 삽입 :
- 「내 PC₩문서₩ITQ₩Picture₩ 동영상.wmv」
- 자동실행, 반복재생 설정

1. 펫케어 산업

➤ **Pet Care Industry**

▪ As a culture that treats companion animals like family spreads, the quantitative and qualitative growth of the pet care industry is expected to accelerate

➤ **펫케어 산업**

▪ 펫케어 산업이 국내외 소비시장의 신성장동력으로 부상

▪ 반려동물을 가족처럼 생각하는 문화가 확산되면서 펫케어 산업의 성장은 더욱 가속화될 전망

3

(1) 도형과 표 작성 기능을 이용하여 슬라이드를 작성한다(글꼴 : 굴림, 18pt).

세부조건

① 상단 도형 :
   2개 도형의 조합으로 작성

② 좌측 도형 :
   그라데이션 효과(선형 아래쪽)

③ 테이블 디자인【표 스타일】:
   테마 스타일 1 – 강조 4

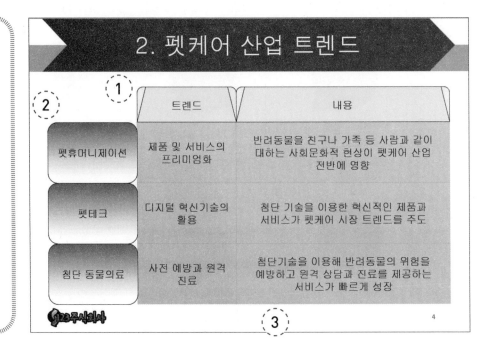

2. 펫케어 산업 트렌드

	트렌드	내용
펫휴머니제이션	제품 및 서비스의 프리미엄화	반려동물을 친구나 가족 등 사람과 같이 대하는 사회문화적 현상이 펫케어 산업 전반에 영향
펫테크	디지털 혁신기술의 활용	첨단 기술을 이용한 혁신적인 제품과 서비스가 펫케어 시장 트렌드를 주도
첨단 동물의료	사전 예방과 원격 진료	첨단기술을 이용해 반려동물의 위험을 예방하고 원격 상담과 진료를 제공하는 서비스가 빠르게 성장

4

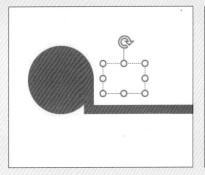 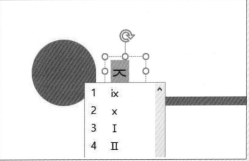

▲ 가로 텍스트 상자 그리기(📄) 삽입   ▲ 'ㅈ' 입력 후 한자 키를 눌러 1을 선택

※ 주의: 도형을 회전했기 때문에 도형 안에 글자를 입력하면 도형과 함께 글자도 회전됩니다. 이런 경우에는 텍스트 상자를 이용하여 글자를 입력한 후 도형 안쪽으로 텍스트 상자의 위치를 이동시킵니다.

▲ 도형 안쪽으로 텍스트   ▲ 글꼴(굴림), 글꼴 크기(24pt), 글꼴 색(흰색, 배경1)
　 상자 이동

※ 주의 : 크기가 작은 텍스트 상자를 이동시킬 때는 텍스트 상자의 크기를 키워 위치를 변경하거나, 텍스트 상자의 테두리를 클릭한 후 키보드의 방향키(←, →, ↑, ↓)를 눌러 이동합니다.

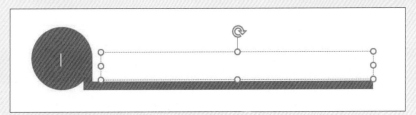

▲ 가로 텍스트 상자 그리기(📄) 삽입

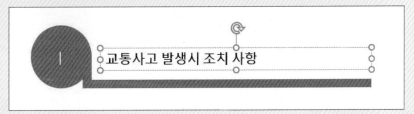

▲ 목차 내용 입력

▲ 글꼴(굴림), 글꼴 크기(24pt)

(1) 슬라이드 크기 및 순서 : 크기를 A4 용지로 설정하고 슬라이드 순서에 맞게 작성한다.

(2) 슬라이드 마스터 : 2~6슬라이드의 제목, 하단 로고, 슬라이드 번호는 슬라이드 마스터를 이용하여 작성한다.

    – 제목 글꼴(돋움, 40pt, 흰색), 가운데 맞춤, 도형(선 없음)

    – 하단 로고(「내 PC\문서\ITQ\Picture\로고2.jpg」, 배경(회색) 투명색으로 설정)

[슬라이드 1]   ≪표지 디자인≫   40점

(1) 표지 디자인 : 도형, 워드아트 및 그림을 이용하여 작성한다.

세부조건

① 도형 편집
  – 도형에 그림 채우기 :
    「내 PC\문서\ITQ\Picture\
    그림1.jpg」, 투명도 50%
  – 도형 효과 :
    부드러운 가장자리 5포인트

② 워드아트 삽입
  – 변환 : 삼각형 위로【삼각형】
  – 글꼴 : 궁서, 굵게
  – 텍스트 반사 : 근접 반사, 4pt 오프셋

③ 그림 삽입
  –「내 PC\문서\ITQ\Picture\
    로고2.jpg」
  – 배경(회색) 투명색으로 설정

[슬라이드 2]   ≪목차 슬라이드≫   60점

(1) 출력형태와 같이 도형을 이용하여 목차를 작성한다(글꼴 : 돋움, 24pt).

(2) 도형 : 선 없음

세부조건

① 텍스트에 하이퍼링크 적용
  → '슬라이드 5'

② 그림 삽입
  –「내 PC\문서\ITQ\Picture\
    그림5.jpg」
  – 자르기 기능 이용

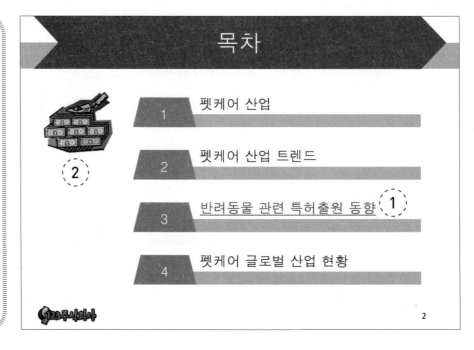

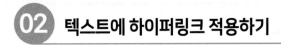

02 텍스트에 하이퍼링크 적용하기

❶ **소셜커머스의 유형**을 드래그하여 블록으로 지정합니다. 이어서, 지정된 블록 위에서 마우스 오른쪽 단추를 눌러 바로 가기 메뉴가 나오면 [하이퍼링크]를 클릭합니다.

※ [삽입]–[링크]–링크(🔗)를 클릭해도 됩니다.

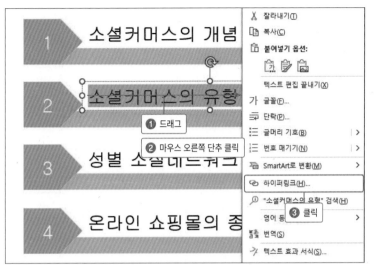

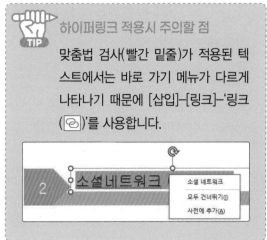

하이퍼링크 적용시 주의할 점

맞춤법 검사(빨간 밑줄)가 적용된 텍스트에서는 바로 가기 메뉴가 다르게 나타나기 때문에 [삽입]–[링크]–'링크(🔗)'를 사용합니다.

❷ [하이퍼링크 삽입] 대화상자가 나오면 **현재 문서**를 클릭한 후 위치를 **슬라이드 4**로 선택합니다. 이어서, 〈확인〉 단추를 클릭합니다.

※ 시험에서는 [슬라이드 3~6]에 하이퍼링크를 적용하는 문제가 출제되고 있습니다.

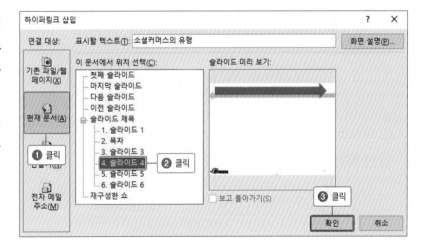

❸ **Esc** 키를 눌러 블록 지정을 해제한 후 텍스트에 적용된 하이퍼링크를 확인합니다.

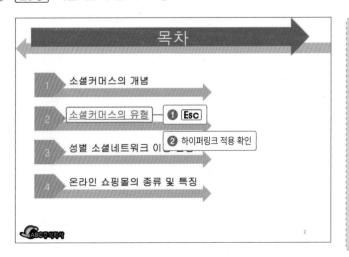

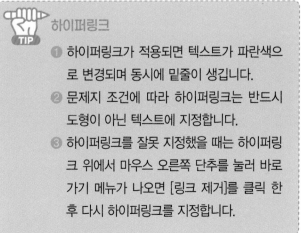

하이퍼링크

❶ 하이퍼링크가 적용되면 텍스트가 파란색으로 변경되며 동시에 밑줄이 생깁니다.
❷ 문제지 조건에 따라 하이퍼링크는 반드시 도형이 아닌 텍스트에 지정합니다.
❸ 하이퍼링크를 잘못 지정했을 때는 하이퍼링크 위에서 마우스 오른쪽 단추를 눌러 바로 가기 메뉴가 나오면 [링크 제거]를 클릭 한 후 다시 하이퍼링크를 지정합니다.

과목	코드	문제유형	시험시간	수험번호	성명
한글파워포인트	1142	A	60분		

MS오피스

·수험자 유의사항·

● 수험자는 문제지를 받는 즉시 문제지와 **수험표상의 시험과목(프로그램)이 동일한지 반드시 확인**하여야 합니다.

● 파일명은 본인의 "수험번호–성명"으로 입력하여 답안폴더(내 PC₩문서₩ITQ)에 하나의 파일로 저장해야 하며, 답안 문서 파일명이 "수험번호–성명"과 일치하지 않거나, 답안파일을 전송하지 않아 미제출로 처리될 경우 실격 처리합니다 (예 : 12345678–홍길동.pptx).

● 답안 작성을 마치면 파일을 저장하고, '답안 전송' 버튼을 선택하여 감독위원 PC로 답안을 전송하십시오. 수험생 정보와 저장 한 파일명이 다를 경우 전송되지 않으므로 주의하시기 바랍니다.

● 답안 작성 중에도 **주기적으로 저장하고, '답안 전송'**하여야 문제 발생을 줄일 수 있습니다. 작업한 내용을 저장하지 않고 전송할 경우 이전에 저장된 내용이 전송되오니 이점 유의하시기 바랍니다.

● 답안문서는 지정된 경로 외의 다른 보조기억장치에 저장하는 경우, 지정된 시험 시간 외에 작성된 파일을 활용할 경우, 기타 통신수단(이메일, 메신저, 네트워크 등)을 이용하여 타인에게 전달 또는 외부 반출하는 경우는 부정 처리합니다.

● 시험 중 부주의 또는 고의로 시스템을 파손한 경우는 수험자가 변상해야 하며, 〈수험자 유의사항〉에 기재된 방법대로 이행하 지 않아 생기는 불이익은 수험생 당사자의 책임임을 알려 드립니다.

● 문제의 조건은 MS오피스 2021 버전으로 설정되어 있으며 MS오피스 2016은 【 】에 표기되어 있습니다. 이와 관련하여 작성한 답안의 출력형태가 문제지와 다를 수 있습니다.

● 시험을 완료한 수험자는 답안파일이 전송되었는지 확인한 후 감독위원의 지시에 따라 문제지를 제출하고 퇴실합니다.

·답안 작성요령·

● 온라인 답안 작성 절차

수험자 등록 ⇒ 시험 시작 ⇒ 답안파일 저장 ⇒ 답안 전송 ⇒ 시험 종료

● 슬라이드의 크기는 A4 Paper로 설정하여 작성합니다.

● 슬라이드의 총 개수는 6개로 구성되어 있으며 슬라이드 1부터 순서대로 작업하고 반드시 문제와 세부조건대로 합니다.

● 별도의 지시사항이 없는 경우 출력형태를 참조하여 글꼴색은 검정 또는 흰색으로 작성하고, 기타사항은 전체적인 균형을 고려하여 작성합니다.

● 슬라이드 도형 및 개체에 출력형태와 다른 스타일(그림자, 외곽선 등)을 적용했을 경우 감점처리 됩니다.

● 슬라이드 번호를 작성합니다(슬라이드 1에는 생략).

● 2~6번 슬라이드 제목 도형과 하단 로고는 슬라이드 마스터를 이용하여 출력형태와 동일하게 작성합니다(슬라이드 1에는 생략).

● 문제와 세부조건, 세부조건 번호 ◌(점선원)는 입력하지 않습니다.

● 각 개체의 위치는 오른쪽의 슬라이드와 동일하게 구성합니다.

● 그림 삽입 문제의 경우 반드시 「내 PC₩문서₩ITQ₩Picture」 폴더에서 정확한 파일을 선택하여 삽입하십시오.

● 각 슬라이드를 각각의 파일로 작업해서 저장할 경우 실격 처리됩니다.

kpc 한국생산성본부

그림 삽입 :「내 PC₩문서₩ITQ₩Picture₩그림4.jpg」
자르기 기능 이용

❶ [삽입] 탭의 [이미지] 그룹에서 **그림(🖼)**을 클릭한 후 [다음에서 그림 삽입]-**이 디바이스...(🖥)**를 클릭합니다. 이어서, [그림 삽입] 대화상자가 나오면 [내 PC]-[문서]-[ITQ]-[Picture]-**그림4**를 선택한 후 〈삽입〉 단추를 클릭합니다.

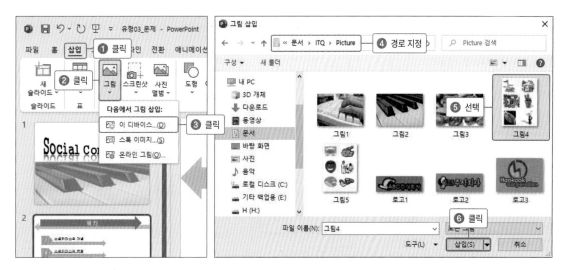

❷ 그림이 삽입되면 [그림 서식] 탭의 [크기] 그룹에서 **자르기(⌐)**를 클릭합니다. 이어서, 하단의 자르기 구분선 (**└**)을 드래그하여 필요한 부분만 보이도록 한 후 **Esc** 키를 눌러 이미지를 잘라냅니다.

❸ 《출력형태》를 참고하여 그림의 위치를 변경합니다.

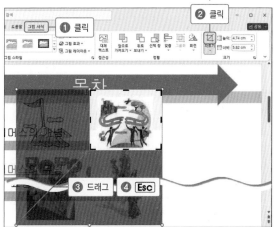 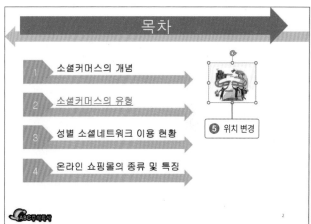

❹ [파일]-[저장](**Ctrl**+**S**) 또는 [빠른 실행 도구 모음]에서 **저장(💾)**을 클릭합니다.

※ 실제 시험을 볼 때 작업 도중에 수시로(10분에 한 번 정도) 저장을 하는 것이 좋습니다.

 시험 분석

[슬라이드 2]《목차 슬라이드》

• **목차 도형** : 목차 도형의 모양이 2개의 도형을 겹쳐서 만드는 형태이기 때문에 반드시 《출력형태》를 참고하여 작업합니다.
• **하이퍼링크** : 도형 안쪽의 텍스트를 드래그하여 블록으로 지정한 후 텍스트에 하이퍼링크를 지정합니다.

(1) 차트 작성 기능을 이용하여 슬라이드를 작성한다.
(2) 차트 : 종류(묶은 세로 막대형), 글꼴(돋움, 16pt), 외곽선

세부조건

※ 차트설명
  • 차트 제목 : 궁서, 24pt, 굵게,
    채우기(흰색), 테두리,
    그림자(오프셋 아래쪽)
  • 차트 영역 : 채우기(노랑)
    그림 영역 : 채우기(흰색)
  • 데이터 서식 : 여성 계열을 표식이
    있는 꺾은선형으로 변경 후
    보조축으로 지정
  • 값 표시 : 40대의 남성 계열만
① 도형 삽입
  – 스타일 : 미세효과 – 파랑, 강조1
  – 글꼴 : 굴림, 18pt

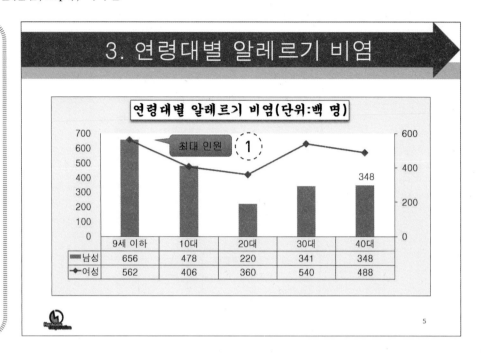

(1) 슬라이드와 같이 도형 및 스마트아트를 배치한다(글꼴 : 돋움, 18pt).
(2) 애니메이션 순서 : ① ⇒ ②

세부조건

① 도형 및 스마트아트 편집
  – 스마트아트 디자인
    : 3차원 광택 처리,
    3차원 만화
  – 그룹화 후 애니메이션 효과
    : 실선 무늬(세로)
② 도형 편집
  – 그룹화 후 애니메이션 효과
    : 바운드

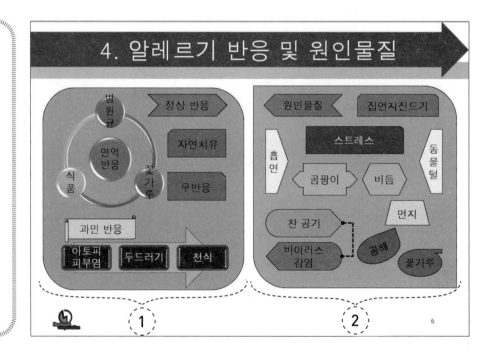

[슬라이드 2]《목차 슬라이드》

01 문제지의 지시사항 및 세부조건을 참고하여 출력형태에 알맞게 작업하시오. (60점)

· 소스 파일 : [출제유형 03]-정복03_문제01.pptx · 정답 파일 : [출제유형 03]-정복03_완성01.pptx

(1) 출력형태와 같이 도형을 이용하여 목차를 작성한다(글꼴 : 맑은 고딕, 24pt).

(2) 도형 : 선 없음

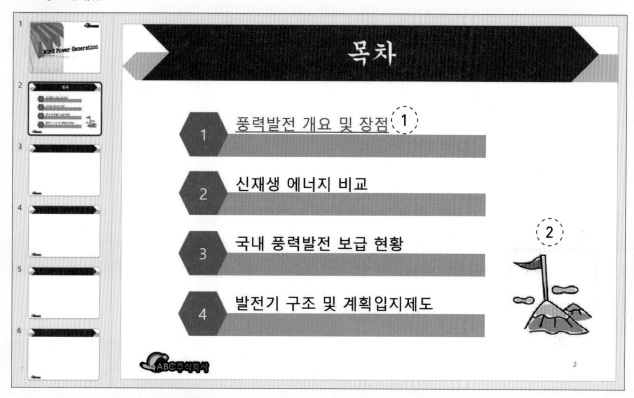

◆ 세부 조건

① 텍스트에 하이퍼링크 적용 → '슬라이드 3'

② 그림 삽입

- 「내 PC\문서\ITQ\Picture\그림4.jpg」

- 자르기 기능 이용

(1) 텍스트 작성 : 글머리 기호 사용(➤, ✓)
　　➤문단(굴림, 24pt, 굵게, 줄간격 : 1.5줄), ✓ 문단(굴림, 20pt, 줄간격 : 1.5줄)

세부조건

① 동영상 삽입 :
　– 「내 PC₩문서₩ITQ₩Picture₩
　　동영상.wmv」
　– 자동실행, 반복재생 설정

1. 알레르기

➤ **Allergy**
　✓ An allergy is a hypersensitivity disorder of the
　　immune system
　✓ Symptoms include watery and red eyes, itchiness,
　　and runny nose, eczema, hives, or an asthma attack

➤ **알레르기란**
　✓ 외부 물질과 체내의 항체 및 면역세포 사이에 일어나는
　　변형된 면역반응, 즉 과민반응으로 인해 나타나는
　　증상으로 생활환경이 도시화, 산업화 되면서 급증

3

(1) 도형과 표 작성 기능을 이용하여 슬라이드를 작성한다(글꼴 : 굴림, 18pt).

세부조건

① 상단 도형 :
　2개 도형의 조합으로 작성
② 좌측 도형 :
　그라데이션 효과(선형 아래쪽)
③ 테이블 디자인【표 스타일】:
　테마 스타일 1 – 강조 2

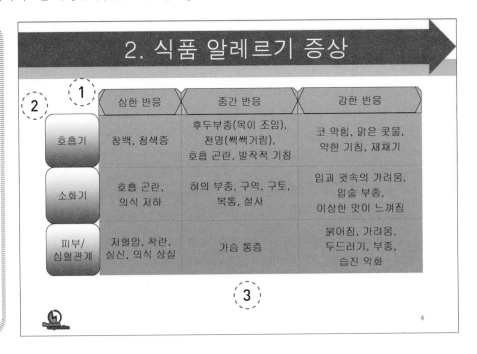

2. 식품 알레르기 증상

	심한 반응	중간 반응	강한 반응
호흡기	창백, 청색증	후두부종(목이 조임), 천명(쌕쌕거림), 호흡 곤란, 발작적 기침	코 막힘, 맑은 콧물, 약한 기침, 재채기
소화기	호흡 곤란, 의식 저하	혀의 부종, 구역, 구토, 복통, 설사	입과 귓속의 가려움, 입술 부종, 이상한 맛이 느껴짐
피부/심혈관계	저혈압, 착란, 실신, 의식 상실	가슴 통증	붉어짐, 가려움, 두드러기, 부종, 습진 악화

4

02 문제지의 지시사항 및 세부조건을 참고하여 출력형태에 알맞게 작업하시오.

• 소스 파일 : [출제유형 03]-정복03_문제02.pptx • 정답 파일 : [출제유형 03]-정복03 완성02.pptx

(1) 출력형태와 같이 도형을 이용하여 목차를 작성한다(글꼴 : 돋움, 24pt).

(2) 도형 : 선 없음

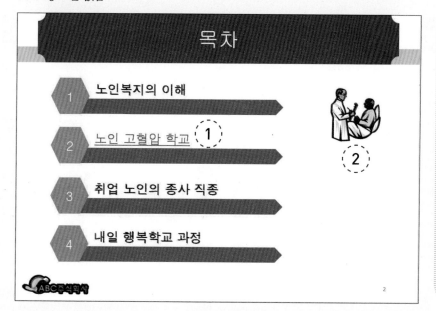

<table>
<tr><td colspan="2" align="center">세부조건</td></tr>
<tr><td colspan="2">① 텍스트에 하이퍼링크 적용
'슬라이드 4'</td></tr>
<tr><td colspan="2">② 그림 삽입
– 「내 PC₩문서₩ITQ₩
Picture₩그림5.jpg」
– 자르기 기능 이용</td></tr>
</table>

03 문제지의 지시사항 및 세부조건을 참고하여 출력형태에 알맞게 작업하시오.

• 소스 파일 : [출제유형 03]-정복03_문제03.pptx • 정답 파일 : [출제유형 03]-정복03 완성03.pptx

(1) 출력형태와 같이 도형을 이용하여 목차를 작성한다(글꼴 : 돋움, 24pt).

(2) 도형 : 선 없음

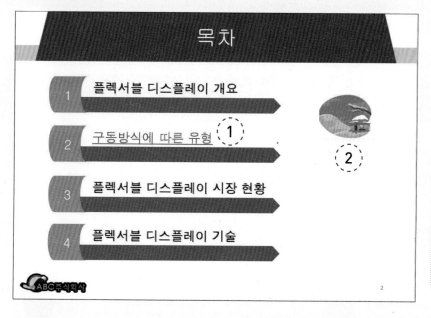

<table>
<tr><td colspan="2" align="center">세부조건</td></tr>
<tr><td colspan="2">① 텍스트에 하이퍼링크 적용
'슬라이드 4'</td></tr>
<tr><td colspan="2">② 그림 삽입
– 「내 PC₩문서₩ITQ₩
Picture₩그림5.jpg」
– 자르기 기능 이용</td></tr>
</table>

[전체구성]　　60점

(1) 슬라이드 크기 및 순서 : 크기를 A4 용지로 설정하고 슬라이드 순서에 맞게 작성한다.

(2) 슬라이드 마스터 : 2~6슬라이드의 제목, 하단 로고, 슬라이드 번호는 슬라이드 마스터를 이용하여 작성한다.
- 제목 글꼴(돋움, 40pt, 검정), 가운데 맞춤, 도형(선 없음)
- 하단 로고(「내 PC₩문서₩ITQ₩Picture₩로고3.jpg」, 배경(회색) 투명색으로 설정)

[슬라이드 1]　≪표지 디자인≫　　40점

(1) 표지 디자인 : 도형, 워드아트 및 그림을 이용하여 작성한다.

세부조건

① 도형 편집
- 도형에 그림 채우기 :
「내 PC₩문서₩ITQ₩Picture₩
그림3.jpg」, 투명도 50%
- 도형 효과 :
부드러운 가장자리 5포인트

② 워드아트 삽입
- 변환 : 중지【중지】
- 글꼴 : 궁서, 굵게
- 텍스트 반사 : 1/2 반사, 터치

③ 그림 삽입
- 「내 PC₩문서₩ITQ₩Picture₩
로고3.jpg」
- 배경(보라색) 투명색으로 설정

[슬라이드 2]　≪목차 슬라이드≫　　60점

(1) 출력형태와 같이 도형을 이용하여 목차를 작성한다(글꼴 : 돋움, 24pt).

(2) 도형 : 선 없음

세부조건

① 텍스트에 하이퍼링크 적용
→ '슬라이드 5'

② 그림 삽입
- 「내 PC₩문서₩ITQ₩Picture₩
그림4.jpg」
- 자르기 기능 이용

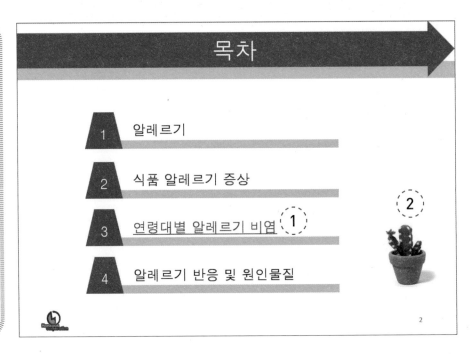

04 문제지의 지시사항 및 세부조건을 참고하여 출력형태에 알맞게 작업하시오.

• 소스 파일 : [출제유형 03]-정복03_문제04.pptx   • 정답 파일 : [출제유형 03]-정복03 완성04.pptx

(1) 출력형태와 같이 도형을 이용하여 목차를 작성한다(글꼴 : 돋움, 24pt).

(2) 도형 : 선 없음

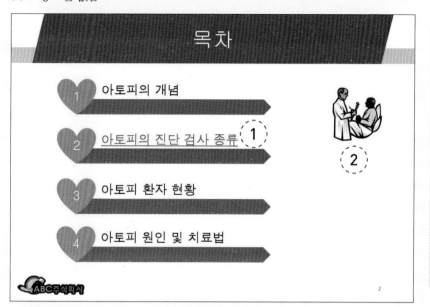

05 문제지의 지시사항 및 세부조건을 참고하여 출력형태에 알맞게 작업하시오.

• 소스 파일 : [출제유형 03]-정복03_문제05.pptx   • 정답 파일 : [출제유형 03]-정복03 완성05.pptx

(1) 출력형태와 같이 도형을 이용하여 목차를 작성한다(글꼴 : 굴림, 24pt).

(2) 도형 : 선 없음

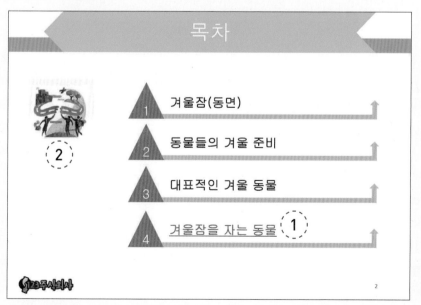

제 09 회   정보기술자격(ITQ) 출제예상 모의고사

과목	코드	문제유형	시험시간	수험번호	성명
한글파워포인트	1142	A	60분		

MS오피스

·수험자 유의사항·

- 수험자는 문제지를 받는 즉시 문제지와 **수험표상의 시험과목(프로그램)이 동일한지 반드시 확인**하여야 합니다.
- 파일명은 본인의 "수험번호-성명"으로 입력하여 답안폴더(내 PC\문서\ITQ)에 하나의 파일로 저장해야 하며, 답안 문서 파일명이 "수험번호-성명"과 일치하지 않거나, 답안파일을 전송하지 않아 미제출로 처리될 경우 실격 처리합니다 (예 : 12345678-홍길동.pptx).
- 답안 작성을 마치면 파일을 저장하고, '답안 전송' 버튼을 선택하여 감독위원 PC로 답안을 전송하십시오. 수험생 정보와 저장한 파일명이 다를 경우 전송되지 않으므로 주의하시기 바랍니다.
- 답안 작성 중에도 **주기적으로 저장하고, '답안 전송'**하여야 문제 발생을 줄일 수 있습니다. 작업한 내용을 저장하지 않고 전송할 경우 이전에 저장된 내용이 전송되오니 이점 유의하시기 바랍니다.
- 답안문서는 지정된 경로 외의 다른 보조기억장치에 저장하는 경우, 지정된 시험 시간 외에 작성된 파일을 활용할 경우, 기타 통신수단(이메일, 메신저, 네트워크 등)을 이용하여 타인에게 전달 또는 외부 반출하는 경우는 부정 처리합니다.
- 시험 중 부주의 또는 고의로 시스템을 파손한 경우는 수험자가 변상해야 하며, 〈수험자 유의사항〉에 기재된 방법대로 이행하지 않아 생기는 불이익은 수험생 당사자의 책임임을 알려 드립니다.
- 문제의 조건은 MS오피스 2021 버전으로 설정되어 있으며 MS오피스 2016은 【 】에 표기되어 있습니다. 이와 관련하여 작성한 답안의 출력형태가 문제지와 다를 수 있습니다.
- 시험을 완료한 수험자는 답안파일이 전송되었는지 확인한 후 감독위원의 지시에 따라 문제지를 제출하고 퇴실합니다.

·답안 작성요령·

- 온라인 답안 작성 절차
  수험자 등록 ⇒ 시험 시작 ⇒ 답안파일 저장 ⇒ 답안 전송 ⇒ 시험 종료
- 슬라이드의 크기는 A4 Paper로 설정하여 작성합니다.
- 슬라이드의 총 개수는 6개로 구성되어 있으며 슬라이드 1부터 순서대로 작업하고 반드시 문제와 세부조건대로 합니다.
- 별도의 지시사항이 없는 경우 출력형태를 참조하여 글꼴색은 검정 또는 흰색으로 작성하고, 기타사항은 전체적인 균형을 고려하여 작성합니다.
- 슬라이드 도형 및 개체에 출력형태와 다른 스타일(그림자, 외곽선 등)을 적용했을 경우 감점처리 됩니다.
- 슬라이드 번호를 작성합니다(슬라이드 1에는 생략).
- 2~6번 슬라이드 제목 도형과 하단 로고는 슬라이드 마스터를 이용하여 출력형태와 동일하게 작성합니다(슬라이드 1에는 생략).
- 문제와 세부조건, 세부조건 번호 ۞(점선원)는 입력하지 않습니다.
- 각 개체의 위치는 오른쪽의 슬라이드와 동일하게 구성합니다.
- 그림 삽입 문제의 경우 반드시 「내 PC\문서\ITQ\Picture」 폴더에서 정확한 파일을 선택하여 삽입하십시오.
- 각 슬라이드를 각각의 파일로 작업해서 저장할 경우 실격 처리됩니다.

kpc 한국생산성본부

06 문제지의 지시사항 및 세부조건을 참고하여 출력형태에 알맞게 작업하시오.

• 소스 파일 : [출제유형 03]-정복03_문제06.pptx　　• 정답 파일 : [출제유형 03]-정복03 완성06.pptx

(1) 출력형태와 같이 도형을 이용하여 목차를 작성한다(글꼴 : 굴림, 24pt).

(2) 도형 : 선 없음

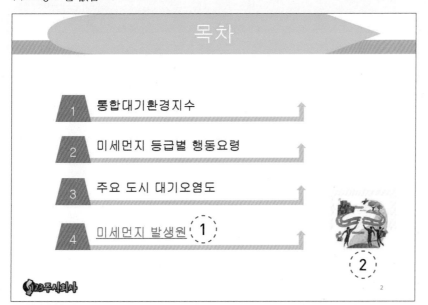

세부조건

① **텍스트에 하이퍼링크 적용**
　'슬라이드 6'
② **그림 삽입**
　– 「내 PC₩문서₩ITQ₩
　　Picture₩그림4.jpg」
　– 자르기 기능 이용

07 문제지의 지시사항 및 세부조건을 참고하여 출력형태에 알맞게 작업하시오.　　　　　　　(60점)

• 소스 파일 : [출제유형 03]-정복03_문제07.pptx　　• 정답 파일 : [출제유형 03]-정복03 완성07.pptx

(1) 출력형태와 같이 도형을 이용하여 목차를 작성한다(글꼴 : 굴림, 24pt).

(2) 도형 : 선 없음

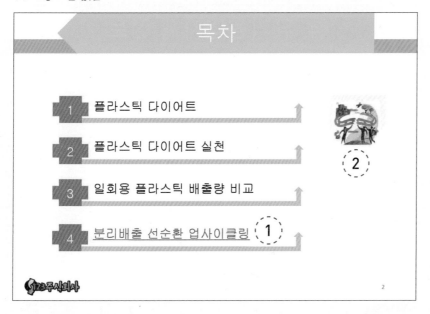

세부조건

① **텍스트에 하이퍼링크 적용**
　'슬라이드 6'
② **그림 삽입**
　– 「내 PC₩문서₩ITQ₩
　　Picture₩그림4.jpg」
　– 자르기 기능 이용

(1) 차트 작성 기능을 이용하여 슬라이드를 작성한다.

(2) 차트 : 종류(묶은 세로 막대형), 글꼴(돋움, 16pt), 외곽선

세부조건

※ 차트설명
- 차트 제목 : 궁서, 24pt, 굵게, 채우기(흰색), 테두리, 그림자(오프셋 오른쪽)
- 차트 영역 : 채우기(노랑) 그림 영역 : 채우기(흰색)
- 데이터 서식 : 귀농가구주수(남) 계열을 표식이 있는 꺾은선형으로 변경 후 보조축으로 지정
- 값 표시 : 경상도의 귀농가구주수(여) 계열만
- ① 도형 삽입
  - 스타일 : 미세효과 – 파랑, 강조 1
  - 글꼴 : 굴림, 18pt

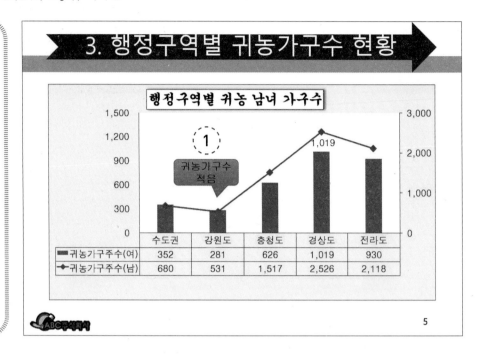

---

(1) 슬라이드와 같이 도형 및 스마트아트를 배치한다(글꼴 : 굴림, 18pt).

(2) 애니메이션 순서 : ① ⇒ ②

세부조건

① 도형 및 스마트아트 편집
  - 스마트아트 디자인 : 3차원 벽돌, 3차원 광택 처리
  - 그룹화 후 애니메이션 효과 : 나타내기
② 도형 편집
  - 그룹화 후 애니메이션 효과 : 닦아내기(오른쪽에서)

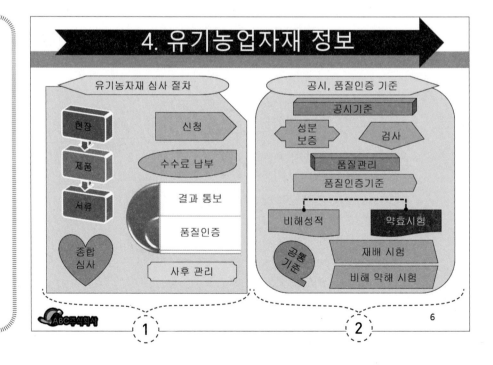

출제유형 04 [슬라이드3] 《텍스트/동영상 슬라이드》

- ☑ 글머리 기호 지정하기
- ☑ 줄 간격 지정하기
- ☑ 문단 서식 지정하기
- ☑ 동영상 삽입하기

문제 미리보기

소스 파일 : [출제유형 04]-유형04_문제.pptx   정답 파일 : [출제유형 04]-유형04_완성.pptx

[슬라이드 3] 《텍스트/동영상 슬라이드》 (60점)

(1) 텍스트 작성 : 글머리 기호 사용(❖, ✓)

❖ 문단(굴림, 24pt, 굵게, 줄간격 : 1.5줄), ✓ 문단(굴림, 20pt, 줄간격 : 1.5줄)

1. 소셜커머스의 개념

❖ Social Commerce
- ✓ Social media is becoming more a part of an overall integrated, multi-channel marketing strategy
- ✓ The use of social by marketers reflects this more deeply engrained behavior

❖ 소셜커머스
- ✓ 페이스북, 인스타그램 등 소셜미디어를 활용하는 전자상거래로 소비자의 인맥과 입소문을 활용하여 다양한 상품을 판매

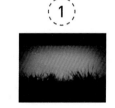

3

◆ 세부 조건

① 동영상 삽입:
- 「내 PC₩문서₩ITQ₩Picture₩동영상.wmv」
- 자동실행, 반복재생 설정

(1) 텍스트 작성 : 글머리 기호 사용(❖, ■)
　　❖ 문단(굴림, 24pt, 굵게, 줄간격 : 1.5줄), ■ 문단(굴림, 20pt, 줄간격 : 1.5줄)

세부조건

① 동영상 삽입 :
　– 「내 PC₩문서₩ITQ₩Picture₩
　　동영상.wmv」
　– 자동실행, 반복재생 설정

1. 농업박물관 소개

❖ **The Agricultural Museum**
　■ The Agricultural Museum currently houses
　　approximately 5,000 agricultural artifacts through
　　continuous excavation and preservation efforts

❖ **농업박물관 소개**
　■ 선사시대부터 현대에 이르기까지의 농업발달사를 시대순으로 전시
　■ 옛 농촌 들판 풍경과 농가 주택, 전통 장터의 모습을 통하여
　　조상들의 삶을 조명

ABC주식회사　　　3

---

(1) 도형과 표 작성 기능을 이용하여 슬라이드를 작성한다(글꼴 : 돋움, 18pt).

세부조건

① 상단 도형 :
　2개 도형의 조합으로 작성
② 좌측 도형 :
　그라데이션 효과(선형 아래쪽)
③ 테이블 디자인【표 스타일】:
　테마 스타일 1 – 강조 6

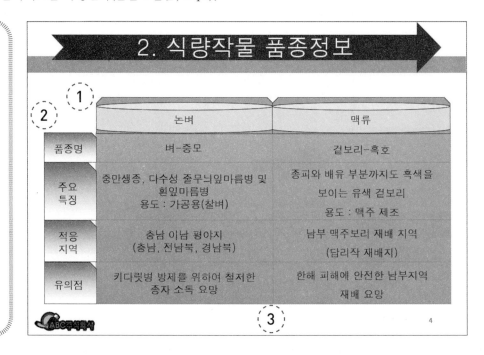

2. 식량작물 품종정보

	논벼	맥류
품종명	벼-중모	겉보리-흑호
주요 특징	중만생종, 다수성 줄무늬잎마름병 및 흰잎마름병 용도 : 가공용(찰벼)	종피와 배유 부분까지도 흑색을 보이는 유색 겉보리 용도 : 맥주 제조
적응 지역	충남 이남 평야지 (충남, 전남북, 경남북)	남부 맥주보리 재배 지역 (담리작 재배지)
유의점	키다릿병 방제를 위하여 철저한 종자 소독 요망	한해 피해에 안전한 남부지역 재배 요망

ABC주식회사　　　4

■ 텍스트 상자 '자동 맞춤 안 함' 지정하기

① 유형04_문제.pptx 파일을 불러와 [슬라이드 3]을 클릭한 후 작업합니다.

※ 파일 불러오기 : [파일]-[열기]-[찾아보기]를 클릭한 후 [열기] 대화상자에서 파일을 선택합니다.

② 슬라이드 상단의 '제목을 추가하려면 클릭하십시오.'를 클릭한 후 **1.소셜커머스의 개념**을 입력합니다. 이어서, '텍스트를 입력하십시오' 텍스트 상자의 테두리 위에서 마우스 오른쪽 단추를 눌러 바로 가기 메뉴가 나오면 [도형 서식]을 클릭합니다.

③ 오른쪽 작업 창이 활성화되면 [텍스트 옵션]에서 [텍스트 상자(🔳)]를 눌러 **자동 맞춤 안 함**을 선택한 후 작업 창을 종료(❎)합니다.

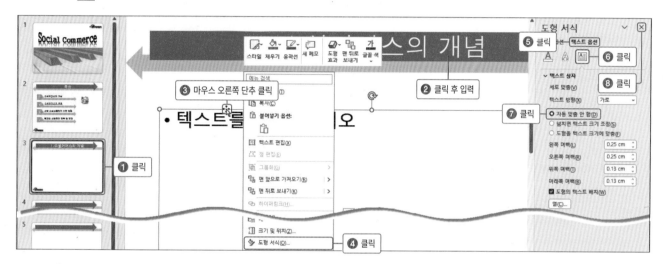

TIP **[자동 맞춤 안함]**

텍스트 상자 안에 내용을 입력할 때 텍스트 상자의 크기에 비해 글자 수가 많아 글자가 넘치게 되면 임의로 글꼴의 '크기 및 줄 간격'이 자동으로 변경됩니다. 하지만 '자동 맞춤 안 함'을 지정하면 텍스트 상자의 크기와 상관없이 변경했던 글자 크기를 고정할 수 있습니다.

> 텍스트를 입력하십시오.
> 텍스트를 입력하십시오.
> 텍스트를 입력하십시오.
> [텍스트 자동 맞춤 안 함]
> 지정되지 않은 상태

> 텍스트를 입력하십시오.
> 텍스트를 입력하십시오.
> 텍스트를 입력하십시오.
> [텍스트 자동 맞춤 안 함]
> 지정된 상태

▲ 텍스트에 [자동 맞춤 안 함]이 지정되지 않았을 경우 → 글꼴의 크기와 줄간 격이 줄어들게 됩니다.

▲ 텍스트에 [자동 맞춤 안 함]이 지정되어 있을 경우 → 텍스트 상자 밖으로 글자가 넘치지만 글꼴의 크기 및 줄 간격은 그대로 유지됩니다.

(1) 슬라이드 크기 및 순서 : 크기를 A4 용지로 설정하고 슬라이드 순서에 맞게 작성한다.

(2) 슬라이드 마스터 : 2∼6슬라이드의 제목, 하단 로고, 슬라이드 번호는 슬라이드 마스터를 이용하여 작성한다.

   – 제목 글꼴(돋움, 40pt, 흰색), 가운데 맞춤, 도형(선 없음)

   – 하단 로고(「내 PC₩문서₩ITQ₩Picture₩로고1.jpg」, 배경(회색) 투명색으로 설정)

[슬라이드 1] ≪표지 디자인≫ 40점

(1) 표지 디자인 : 도형, 워드아트 및 그림을 이용하여 작성한다.

세부조건

① 도형 편집
   – 도형에 그림 채우기 :
     「내 PC₩문서₩ITQ₩Picture₩
     그림1.jpg」투명도 50%
   – 도형 효과 :
     부드러운 가장자리 5포인트

② 워드아트 삽입
   – 변환 : 삼각형, 위로【삼각형】
   – 글꼴 : 돋움, 굵게
   – 텍스트 반사 : 근접 반사, 터치

③ 그림 삽입
   – 「내 PC₩문서₩ITQ₩Picture₩
     로고1.jpg」
   – 배경(회색) 투명색으로 설정

[슬라이드 2] ≪목차 슬라이드≫ 60점

(1) 출력형태와 같이 도형을 이용하여 목차를 작성한다(글꼴 : 굴림, 24pt).

(2) 도형 : 선 없음

세부조건

① 텍스트에 하이퍼링크 적용
   → '슬라이드 6'

② 그림 삽입
   – 「내 PC₩문서₩ITQ₩Picture₩
     그림4.jpg」
   – 자르기 기능 이용

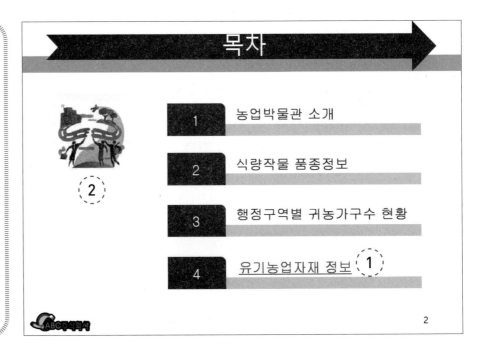

■ 텍스트 상자 '자동 맞춤 안 함' 지정하기

❖ 문단(굴림, 24pt, 굵게, 줄간격 : 1.5줄),
✓ 문단(굴림, 20pt, 줄간격 : 1.5줄)

❶ '텍스트를 입력하십시오'를 클릭하여 Social Commerce를 입력한 후 **Enter** 키를 눌러 다음 문단으로 이동합니다. 이어서, **Tab** 키를 눌러 **하위 수준**으로 변경한 후 내용을 입력합니다.

• Social Commerce
❹ 내용 입력
  • Social media is becoming more a part of an overall integrated, multi-channel marketing strategy
  • The use of social by marketers reflects this more deeply engrained behavior
◀ 입력 내용

> **TIP** 하위 수준 목록의 내용 입력시 주의할 점
> ❶ 현재 작업은 하위 수준 목록의 글머리 기호가 두 개이기 때문에 **Enter** 키를 누르고 입력합니다.
> ❷ 작업 도중 글머리 기호가 삭제되었어도 나중에 다시 지정하는 작업이 있기 때문에 삭제된 글머리 기호는 무시하고 내용을 입력합니다.(단, **Tab** 키를 눌러 하위 수준으로 반드시 변경해야 함)

❷ 첫 번째 문단의 **제목(Social Commerce)**을 드래그하여 블록으로 지정합니다. 이어서, [홈] 탭의 [단락] 그룹에서 글머리 기호(☰)의 목록 단추(˅)를 눌러 **화살표 글머리 기호(❖)**를 선택합니다.

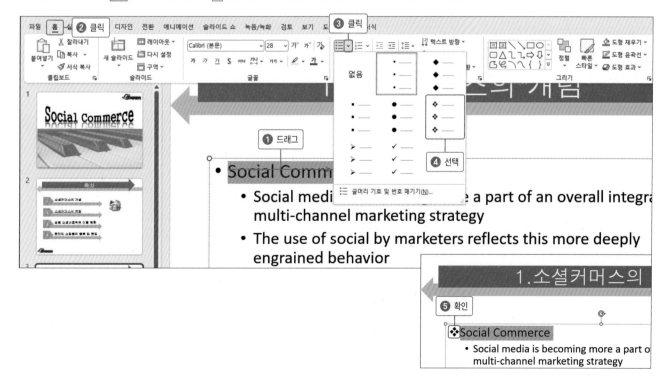

과목	코드	문제유형	시험시간	수험번호	성명
한글파워포인트	1142	A	60분		

MS오피스

·수험자 유의사항·

- 수험자는 문제지를 받는 즉시 문제지와 **수험표상의 시험과목(프로그램)이 동일한지 반드시 확인**하여야 합니다.
- 파일명은 본인의 "수험번호–성명"으로 입력하여 답안폴더(내 PC\문서\ITQ)에 하나의 파일로 저장해야 하며, 답안 문서 파일명이 "수험번호–성명"과 일치하지 않거나, 답안파일을 전송하지 않아 미제출로 처리될 경우 실격 처리합니다 (예 : 12345678–홍길동.pptx).
- 답안 작성을 마치면 파일을 저장하고, '답안 전송' 버튼을 선택하여 감독위원 PC로 답안을 전송하십시오. 수험생 정보와 저장한 파일명이 다를 경우 전송되지 않으므로 주의하시기 바랍니다.
- 답안 작성 중에도 **주기적으로 저장하고, '답안 전송'**하여야 문제 발생을 줄일 수 있습니다. 작업한 내용을 저장하지 않고 전송할 경우 이전에 저장된 내용이 전송되오니 이점 유의하시기 바랍니다.
- 답안문서는 지정된 경로 외의 다른 보조기억장치에 저장하는 경우, 지정된 시험 시간 외에 작성된 파일을 활용할 경우, 기타 통신수단(이메일, 메신저, 네트워크 등)을 이용하여 타인에게 전달 또는 외부 반출하는 경우는 부정 처리합니다.
- 시험 중 부주의 또는 고의로 시스템을 파손한 경우는 수험자가 변상해야 하며, 〈수험자 유의사항〉에 기재된 방법대로 이행하지 않아 생기는 불이익은 수험생 당사자의 책임임을 알려 드립니다.
- 문제의 조건은 MS오피스 2021 버전으로 설정되어 있으며 MS오피스 2016은 【 】에 표기되어 있습니다. 이와 관련하여 작성한 답안의 출력형태가 문제지와 다를 수 있습니다.
- 시험을 완료한 수험자는 답안파일이 전송되었는지 확인한 후 감독위원의 지시에 따라 문제지를 제출하고 퇴실합니다.

·답안 작성요령·

- 온라인 답안 작성 절차
  수험자 등록 ⇒ 시험 시작 ⇒ 답안파일 저장 ⇒ 답안 전송 ⇒ 시험 종료
- 슬라이드의 크기는 A4 Paper로 설정하여 작성합니다.
- 슬라이드의 총 개수는 6개로 구성되어 있으며 슬라이드 1부터 순서대로 작업하고 반드시 문제와 세부조건대로 합니다.
- 별도의 지시사항이 없는 경우 출력형태를 참조하여 글꼴색은 검정 또는 흰색으로 작성하고, 기타사항은 전체적인 균형을 고려하여 작성합니다.
- 슬라이드 도형 및 개체에 출력형태와 다른 스타일(그림자, 외곽선 등)을 적용했을 경우 감점처리 됩니다.
- 슬라이드 번호를 작성합니다(슬라이드 1에는 생략).
- 2~6번 슬라이드 제목 도형과 하단 로고는 슬라이드 마스터를 이용하여 출력형태와 동일하게 작성합니다(슬라이드 1에는 생략).
- 문제와 세부조건, 세부조건 번호 ○(점선원)는 입력하지 않습니다.
- 각 개체의 위치는 오른쪽의 슬라이드와 동일하게 구성합니다.
- 그림 삽입 문제의 경우 반드시 「내 PC\문서\ITQ\Picture」 폴더에서 정확한 파일을 선택하여 삽입하십시오.
- 각 슬라이드를 각각의 파일로 작업해서 저장할 경우 실격 처리됩니다.

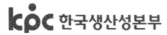

❸ [홈] 탭의 [글꼴] 그룹에서 **글꼴(굴림), 글꼴 크기(24pt), 굵게(가)**를 지정한 후 [단락] 그룹에서 [줄 간격(↕≡✓)] −1.5를 클릭합니다.

※ 반드시 첫 번째 문단의 제목('Social Commerce')이 블록으로 지정되어 있어야 합니다.

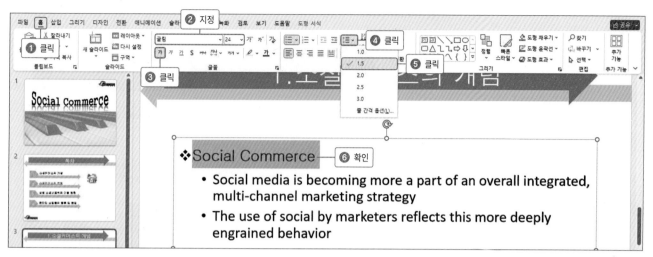

❹ **첫 번째 문단의 내용(하위 수준 목록의 내용)**을 마우스로 드래그하여 블록으로 지정합니다. 이어서, [홈] 탭의 [단락] 그룹에서 글머리 기호(≔)의 목록 단추(✓)를 눌러 **대조표 글머리 기호(✓)**를 선택합니다.

※ 프로그램의 버전 및 사용 환경에 따라 글머리 기호의 목록이 다르게 보일 수 있습니다.

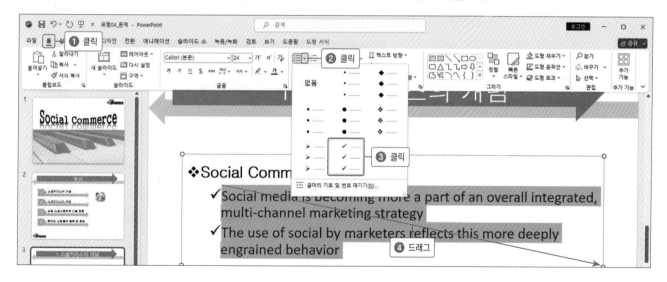

(1) 차트 작성 기능을 이용하여 슬라이드를 작성한다.

(2) 차트 : 종류(묶은 세로 막대형), 글꼴(돋움, 16pt), 외곽선

세부조건

※ 차트설명
- 차트 제목 : 궁서, 24pt, 굵게,
  채우기(흰색), 테두리,
  그림자(오프셋 아래쪽)
- 차트 영역 : 채우기(노랑)
  그림 영역 : 채우기(흰색)
- 데이터 서식 : 수출 계열을 표식이
  있는 꺾은선형으로 변경 후
  보조축으로 지정
- 값 표시 : 2022년의 내수 계열만
① 도형 삽입
  – 스타일 : 미세효과 – 파랑, 강조 1
  – 글꼴 : 굴림, 18pt

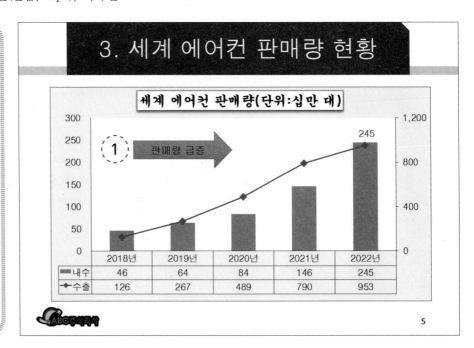

(1) 슬라이드와 같이 도형 및 스마트아트를 배치한다(글꼴 : 굴림, 18pt).

(2) 애니메이션 순서 : ① ⇒ ②

세부조건

① 도형 및 스마트아트 편집
  – 스마트아트 디자인
    : 3차원 만화,
    3차원 경사
  – 그룹화 후 애니메이션 효과
    : 바운드
② 도형 편집
  – 그룹화 후 애니메이션 효과
    : 나누기(가로 바깥쪽으로)

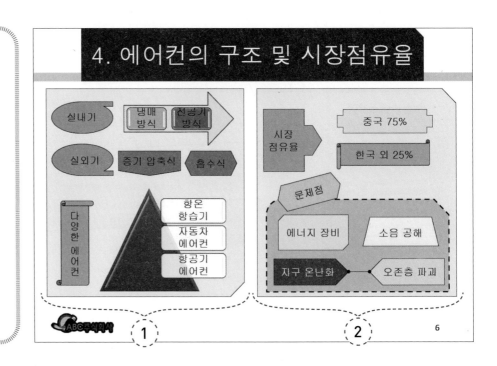

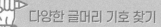

다양한 글머리 기호 찾기

만약 《출력형태》와 똑같은 모양의 글머리 기호가 보이지 않는 경우에는 아래 그림을 참고하여 똑같은 글머리 기호를 찾아 지정하도록 합니다.

❶ [홈]-[단락]-[글머리 기호(☰)]의 목록 단추(▾) 클릭 → '글머리 기호 및 번호 매기기' 클릭
❷ [글머리 기호 및 번호 매기기] 대화상자가 나오면 〈사용자 지정〉 단추 클릭

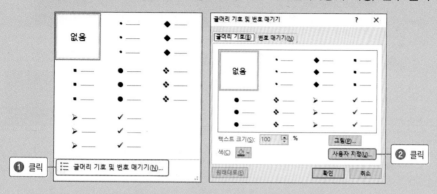

❸ [기호] 대화상자가 나오면 글꼴-wingdings에서 글머리 기호(☞)를 선택한 후 〈확인〉 단추 클릭
❹ [글머리 기호 및 번호 매기기] 대화상자가 다시 나오면 추가된 글머리 기호(☞)를 선택한 후 〈확인〉 단추 클릭

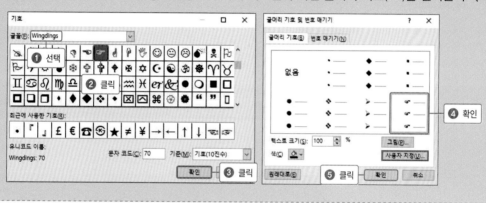

❺ [홈] 탭의 [글꼴] 그룹에서 글꼴(굴림), 글꼴 크기(20pt)를 지정한 후 [단락] 그룹에서 [줄 간격(↕☰▾)]-1.5를 클릭합니다.

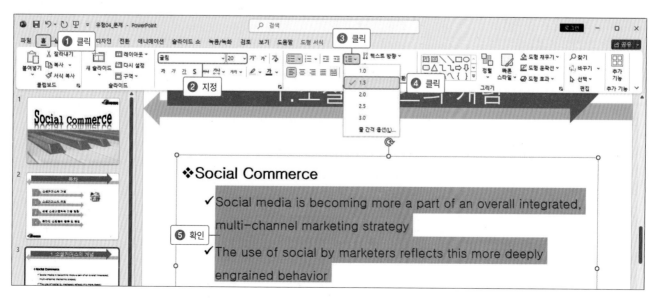

(1) 텍스트 작성 : 글머리 기호 사용(◆, ✓)

◆문단(굴림, 24pt, 굵게, 줄간격 : 1.5줄), ✓문단(굴림, 20pt, 줄간격 : 1.5줄)

세부조건

① 동영상 삽입 :
- 「내 PC₩문서₩ITQ₩Picture₩ 동영상.wmv」
- 자동실행, 반복재생 설정

1. 에어컨의 개발 및 원리

◆ **The principle of air conditioning**

✓ The basic principle of an air conditioner is to use a physical phenomenon that absorbs or releases heat when the phase of a substance changes

①

◆ **최초의 전기식 에어컨의 개발**

✓ 1902년 7월경 제철소에서 근무하던 윌리스 캐리어에 의해 개발

✓ 높은 습도로 인쇄 품질 유지에 어려움을 겪고 있던 인쇄소의 문제를 해결하기 위해 개발

ABC주식회사   3

---

(1) 도형과 표 작성 기능을 이용하여 슬라이드를 작성한다(글꼴 : 굴림, 18pt).

세부조건

① 상단 도형 :
  2개 도형의 조합으로 작성
② 좌측 도형 :
  그라데이션 효과(선형 아래쪽)
③ 테이블 디자인【표 스타일】:
  테마 스타일 1 – 강조 5

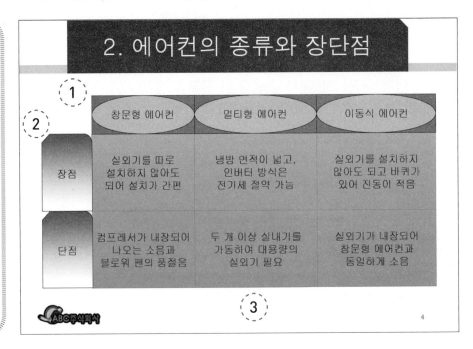

2. 에어컨의 종류와 장단점

	창문형 에어컨	멀티형 에어컨	이동식 에어컨
장점	실외기를 따로 설치하지 않아도 되어 설치가 간편	냉방 면적이 넓고, 인버터 방식은 전기세 절약 가능	실외기를 설치하지 않아도 되고 바퀴가 있어 진동이 적음
단점	컴프레서가 내장되어 나오는 소음과 블로워 팬의 풍절음	두 개 이상 실내기를 가동하여 대용량의 실외기 필요	실외기가 내장되어 창문형 에어컨과 동일하게 소음

ABC주식회사   4

■ **텍스트 상자의 크기 및 위치를 《출력형태》처럼 맞추기**

❶ 텍스트 상자의 아래쪽 가운데 조절점(⊙)을 드래그하여 그림과 같이 크기를 조절한 후 텍스트 상자의 테두리를 드래그하여 《출력형태》와 같이 위치를 변경합니다.

※ 텍스트 상자의 위치를 슬라이드의 왼쪽 상단으로 이동하여 아래쪽에 텍스트를 입력할 공간을 마련합니다.

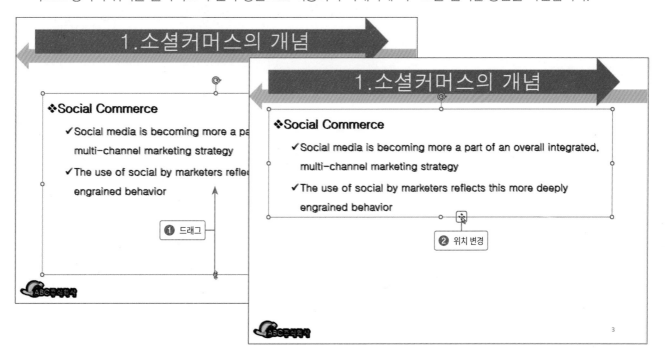

02 텍스트 상자를 복사한 후 내용 수정하기

❶ Ctrl+Shift 키를 누른 채 작성된 텍스트 상자의 테두리를 아래쪽으로 드래그하여 복사합니다.

❷ 복사된 문단의 **제목**(Social Commerce)이 끝나는 부분을 클릭하여 Ctrl+Back space 키를 눌러서 내용을 삭제한 후 **소셜커머스**를 입력합니다.

※ 내용을 잘 못 삭제하여 글머리 기호 및 글자 서식이 변경되었을 경우에는 Ctrl+Z 키를 눌러 되돌리기 한 후 위와 같은 방법으로 다시 작업합니다.

※ Ctrl+Back space 키를 누르면 한 단어씩 삭제되기 때문에 편리합니다.

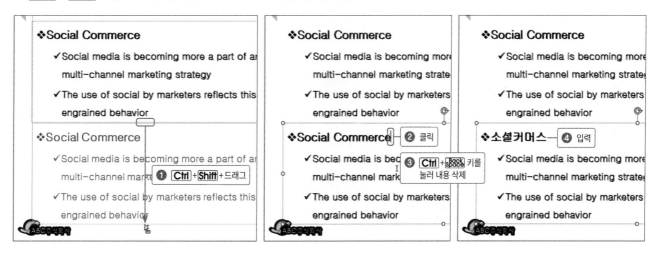

[전체구성] 60점

(1) 슬라이드 크기 및 순서 : 크기를 A4 용지로 설정하고 슬라이드 순서에 맞게 작성한다.

(2) 슬라이드 마스터 : 2~6슬라이드의 제목, 하단 로고, 슬라이드 번호는 슬라이드 마스터를 이용하여 작성한다.
 – 제목 글꼴(돋움, 40pt, 흰색), 가운데 맞춤, 도형(선 없음)
 – 하단 로고(「내 PC₩문서₩ITQ₩Picture₩로고1.jpg」, 배경(회색) 투명색으로 설정)

[슬라이드 1] ≪표지 디자인≫ 40점

(1) 표지 디자인 : 도형, 워드아트 및 그림을 이용하여 작성한다.

세부조건

① 도형 편집
 – 도형에 그림 채우기 :
「내 PC₩문서₩ITQ₩Picture₩그림1.jpg」, 투명도 50%
 – 도형 효과 :
부드러운 가장자리 5포인트

② 워드아트 삽입
 – 변환 : 페이드, 오른쪽
【오른쪽 줄이기】
 – 글꼴 : 굴림, 굵게
 – 텍스트 반사 : 1/2 반사, 8pt 오프셋

③ 그림 삽입
 – 「내 PC₩문서₩ITQ₩Picture₩로고1.jpg」
 – 배경(회색) 투명색으로 설정

[슬라이드 2] ≪목차 슬라이드≫ 60점

(1) 출력형태와 같이 도형을 이용하여 목차를 작성한다(글꼴 : 돋움, 24pt).

(2) 도형 : 선 없음

세부조건

① 텍스트에 하이퍼링크 적용
→ '슬라이드 5'

② 그림 삽입
 – 「내 PC₩문서₩ITQ₩Picture₩그림4.jpg」
 – 자르기 기능 이용

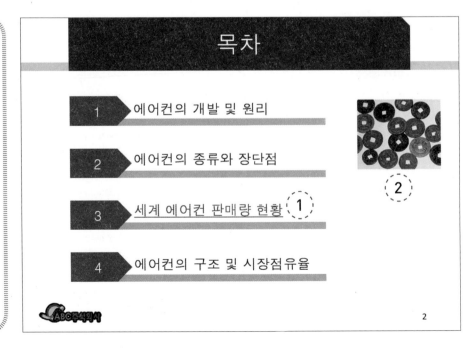

③ 복사된 문단의 내용을 입력하기 위해 ~behavior 뒤쪽을 클릭하여 Ctrl + Back space 키를 눌러서 내용을 삭제한 후 그림과 같이 문단의 내용을 입력합니다.

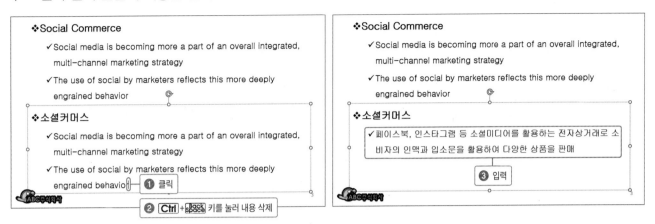

④ 텍스트 입력이 완료되면 텍스트 상자의 오른쪽 가운데 조절점(O)을 드래그하여 《출력 형태》와 같이 크기를 조절합니다.

※ 만약 오탈자가 없음에도 불구하고 오른쪽 끝 글자가 《출력형태》처럼 맞춰지지 않을 경우에는 줄을 바꿀 단어 뒤에서 Shift + Enter 키를 눌러 강제로 맞출 수 있습니다.

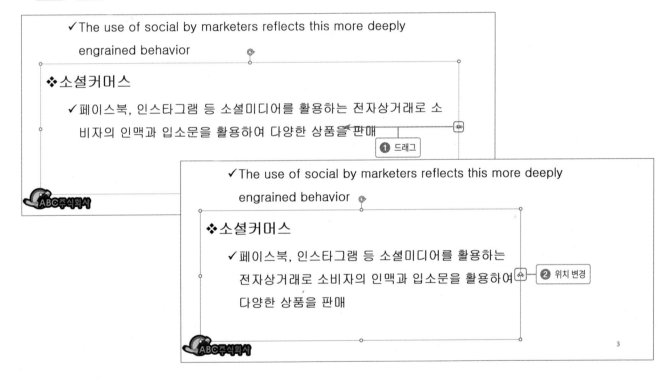

과목	코드	문제유형	시험시간	수험번호	성명
한글파워포인트	1142	A	60분		

MS오피스

· 수험자 유의사항 ·

- 수험자는 문제지를 받는 즉시 문제지와 **수험표상의 시험과목(프로그램)이 동일한지 반드시 확인**하여야 합니다.
- 파일명은 본인의 "수험번호-성명"으로 입력하여 답안폴더(내 PC\문서\ITQ)에 하나의 파일로 저장해야 하며, 답안 문서 파일명이 "수험번호-성명"과 일치하지 않거나, 답안파일을 전송하지 않아 미제출로 처리될 경우 실격 처리합니다 (예 : 12345678-홍길동.pptx).
- 답안 작성을 마치면 파일을 저장하고, '답안 전송' 버튼을 선택하여 감독위원 PC로 답안을 전송하십시오. 수험생 정보와 저장한 파일명이 다를 경우 전송되지 않으므로 주의하시기 바랍니다.
- 답안 작성 중에도 **주기적으로 저장하고, '답안 전송'**하여야 문제 발생을 줄일 수 있습니다. 작업한 내용을 저장하지 않고 전송할 경우 이전에 저장된 내용이 전송되오니 이점 유의하시기 바랍니다.
- 답안문서는 지정된 경로 외의 다른 보조기억장치에 저장하는 경우, 지정된 시험 시간 외에 작성된 파일을 활용할 경우, 기타 통신수단(이메일, 메신저, 네트워크 등)을 이용하여 타인에게 전달 또는 외부 반출하는 경우는 부정 처리합니다.
- 시험 중 부주의 또는 고의로 시스템을 파손한 경우는 수험자가 변상해야 하며, 〈수험자 유의사항〉에 기재된 방법대로 이행하지 않아 생기는 불이익은 수험생 당사자의 책임임을 알려 드립니다.
- 문제의 조건은 MS오피스 2021 버전으로 설정되어 있으며 MS오피스 2016은 【 】에 표기되어 있습니다. 이와 관련하여 작성한 답안의 출력형태가 문제지와 다를 수 있습니다.
- 시험을 완료한 수험자는 답안파일이 전송되었는지 확인한 후 감독위원의 지시에 따라 문제지를 제출하고 퇴실합니다.

· 답안 작성요령 ·

- 온라인 답안 작성 절차
  수험자 등록 ⇒ 시험 시작 ⇒ 답안파일 저장 ⇒ 답안 전송 ⇒ 시험 종료
- 슬라이드의 크기는 A4 Paper로 설정하여 작성합니다.
- 슬라이드의 총 개수는 6개로 구성되어 있으며 슬라이드 1부터 순서대로 작업하고 반드시 문제와 세부조건대로 합니다.
- 별도의 지시사항이 없는 경우 출력형태를 참조하여 글꼴색은 검정 또는 흰색으로 작성하고, 기타사항은 전체적인 균형을 고려하여 작성합니다.
- 슬라이드 도형 및 개체에 출력형태와 다른 스타일(그림자, 외곽선 등)을 적용했을 경우 감점처리 됩니다.
- 슬라이드 번호를 작성합니다(슬라이드 1에는 생략).
- 2~6번 슬라이드 제목 도형과 하단 로고는 슬라이드 마스터를 이용하여 출력형태와 동일하게 작성합니다(슬라이드 1에는 생략).
- 문제와 세부조건, 세부조건 번호 ◌(점선원)는 입력하지 않습니다.
- 각 개체의 위치는 오른쪽의 슬라이드와 동일하게 구성합니다.
- 그림 삽입 문제의 경우 반드시「내 PC\문서\ITQ\Picture」폴더에서 정확한 파일을 선택하여 삽입하십시오.
- 각 슬라이드를 각각의 파일로 작업해서 저장할 경우 실격 처리됩니다.

kpc 한국생산성본부

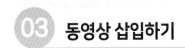

03 동영상 삽입하기

① [삽입] 탭의 [미디어] 그룹에서 [비디오(▦)]-[비디오 삽입 위치]-**이 디바이스(▤)**를 클릭합니다. 이어서, [비디오 삽입] 대화상자가 나오면 [내 PC]-[문서]-[ITQ]-[Picture]-**동영상**을 선택한 후 〈삽입〉 단추를 클릭합니다.

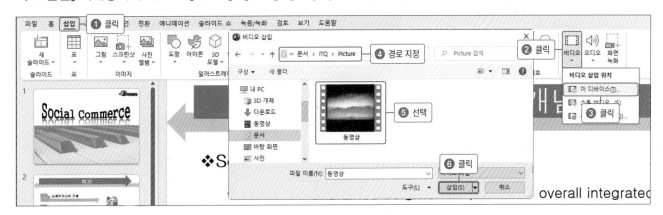

② 《출력형태》를 참고하여 동영상의 크기를 조절한 후 위치를 변경합니다.

③ [재생] 탭의 [비디오 옵션] 그룹에서 **시작-자동 실행**과 **반복 재생**을 지정한 후 **Esc** 키를 누릅니다.

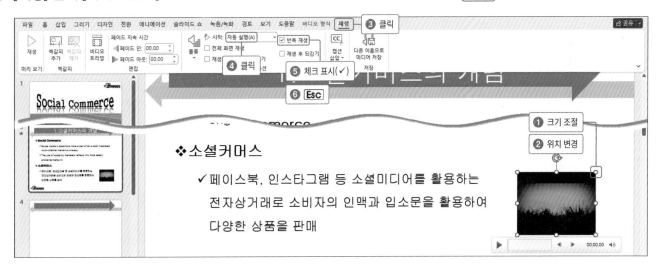

④ [파일]-[저장](**Ctrl**+**S**) 또는 [빠른 실행 도구 모음]에서 **저장(▦)**을 클릭합니다.

※ 실제 시험을 볼 때 작업 도중에 수시로(10분에 한 번 정도) 저장을 하는 것이 좋습니다.

시험분석

[슬라이드 3] 《텍스트/동영상 슬라이드》

• 제목 텍스트 상자에 제목을 입력할 때 번호를 함께 입력합니다.
• 번호 형식이 로마 숫자(Ⅰ, Ⅱ, Ⅲ, Ⅳ)인 경우 한글 자음 'ㅈ'을 입력한 후 **한자** 키를 눌러 로마 숫자(Ⅰ, Ⅱ, Ⅲ, Ⅳ)를 선택합니다.
• 글머리 기호는 ❖, ✓, ➤ 등의 모양이 자주 출제되고 있습니다.
• 동영상을 삽입할 때는 '자동실행'과 '반복재생'을 지정하는 형식으로 계속 출제되고 있으나, 반드시 세부 조건을 참고하여 작업합니다.

(1) 차트 작성 기능을 이용하여 슬라이드를 작성한다.

(2) 차트 : 종류(묶은 세로 막대형), 글꼴(돋움, 16pt), 외곽선

세부조건

※ 차트설명
- 차트 제목 : 궁서, 24pt, 굵게,
  채우기(흰색), 테두리,
  그림자(오프셋 아래쪽)
- 차트 영역 : 채우기(노랑)
  그림 영역 : 채우기(흰색)
- 데이터 서식 : 유지시간(초) 계열을
  표식이 있는 꺾은선형으로 변경 후
  보조축으로 지정
- 값 표시 : 2020년의 유지시간(초)
  계열만
① 도형 삽입
  – 스타일 : 미세효과 – 파랑, 강조 1
  – 글꼴 : 굴림, 18pt

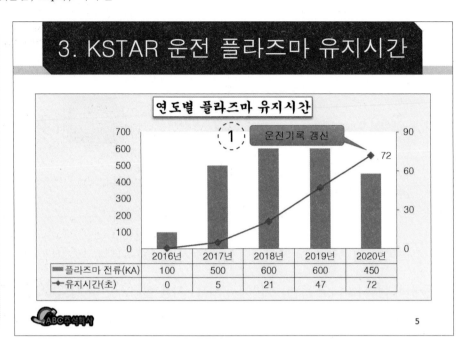

(1) 슬라이드와 같이 도형 및 스마트아트를 배치한다(글꼴 : 굴림, 18pt).

(2) 애니메이션 순서 : ① ⇒ ②

세부조건

① 도형 및 스마트아트 편집
  – 스마트아트 디자인
    : 3차원 경사,
    3차원 만화.
  – 그룹화 후 애니메이션 효과
    : 바운드
② 도형 편집
  – 그룹화 후 애니메이션 효과
    : 나누기(가로 바깥쪽으로)

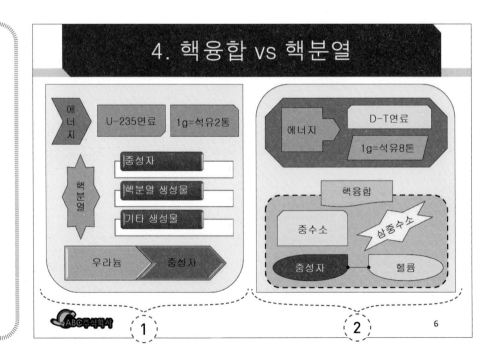

01 문제의 지시사항 및 세부조건을 참고하여 출력형태에 알맞게 작업하시오. **(60점)**

• 소스 파일 : [출제유형 04]–정복04_문제01.pptx   • 정답 파일 : [출제유형 04]–정복04_완성01.pptx

(1) 텍스트 작성 : 글머리 기호 사용(➤, ■)

➤ 문단(굴림, 24pt, 굵게, 줄간격 : 1.5줄), ■ 문단(굴림, 20pt, 줄간격 : 1.5줄)

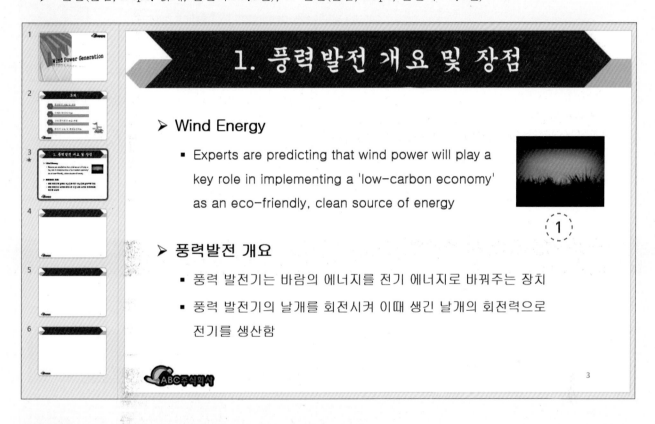

세부 조건

① 동영상 삽입:

– 「내 PCW문서WITQWPictureW동영상.wmv」

– 자동실행, 반복재생 설정

(1) 텍스트 작성 : 글머리 기호 사용(◆, ✓)

　　◆문단(굴림, 24pt, 굵게, 줄간격 : 1.5줄), ✓문단(굴림, 20pt, 줄간격 : 1.5줄)

세부조건

① 동영상 삽입 :
　– 「내 PC₩문서₩ITQ₩Picture₩
　　동영상.wmv」
　– 자동실행, 반복재생 설정

---

1. 핵융합 발전

◆ **What is Plasma?**

　✓ Plasma is one of the four basic states of matter and can be artificially generated by heating neutral gases or by strong electromagnetic fields

◆ **핵융합 발전**

　✓ 핵융합 발전의 핵융합로는 에너지 특성 및 구조상 폭발 불가

　✓ 지구온난화 가스 배출이 없는 친환경 발전 에너지

　✓ 고준위 방사성 폐기물이 발생하지 않는 미래 에너지

ABC증식화사

3

---

(1) 도형과 표 작성 기능을 이용하여 슬라이드를 작성한다(글꼴 : 굴림, 18pt).

세부조건

① 상단 도형 :
　2개 도형의 조합으로 작성
② 좌측 도형 :
　그라데이션 효과(선형 아래쪽)
③ 테이블 디자인【표 스타일】:
　테마 스타일 1 – 강조 5

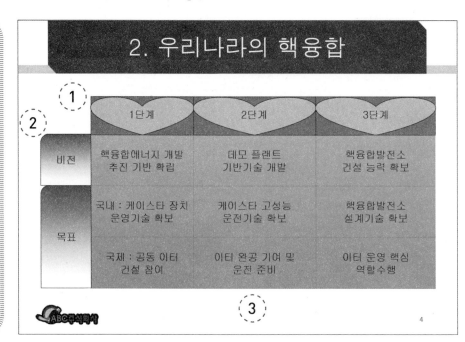

02 문제지의 지시사항 및 세부조건을 참고하여 출력형태에 알맞게 작업하시오.

· 소스 파일 : [출제유형 04]-정복04_문제02.pptx · 정답 파일 : [출제유형 04]-정복04_완성02.pptx

(1) 텍스트 작성 : 글머리 기호 사용(❖, ■)

❖ 문단(굴림, 24pt, 굵게, 줄간격 : 1.5줄), ■ 문단(굴림, 20pt, 줄간격 : 1.5줄)

1. 노인복지의 이해

❖ Aged Man Welfare Services

 ■ Aged Man Welfare Services include friendly visiting, home delivery of hot meals, nurse visitation, and reduced cost medical supplies

❖ 노인복지

 ■ 노인의 안정적이며 주체적이고 행복한 삶을 도모하기 위한 사회적 욕구를 국가 또는 사회가 보장해주는 제도 및 실천

 ■ 은퇴 이후의 취업 설계, 기술과 경험을 사회에 환원할 수 있는 일자리에 대한 직무 교육 등이 필요함

3

세부조건

① **동영상 삽입:**
 – 「내 PC₩문서₩ITQ₩ Picture₩동영상.wmv」
 – 자동실행, 반복재생 설정

---

03 문제지의 지시사항 및 세부조건을 참고하여 출력형태에 알맞게 작업하시오.

· 소스 파일 : [출제유형 04]-정복04_문제03.pptx · 정답 파일 : [출제유형 04]-정복04_완성03.pptx

(1) 텍스트 작성 : 글머리 기호 사용(❖, ■)

❖ 문단(굴림, 24pt, 굵게, 줄간격 : 1.5줄), ■ 문단(굴림, 20pt, 줄간격 : 1.5줄)

1. 플렉서블 디스플레이 개요

❖ Flexible Display

 ■ An electronic visual display which is flexible in nature as opposed to the more prevalent flat screen displays used in most electronics devices

❖ 플렉서블 디스플레이

 ■ 형태의 변형을 통해 공간 활용성을 높일 수 있으며 얇고 가벼우며 깨지지 않는 장점이 있음

 ■ 디스플레이 시장을 다변화 시키고 사물인터넷 등의 연계를 통해 새로운 시장을 창출할 것으로 기대됨

3

세부조건

① **동영상 삽입:**
 – 「내 PC₩문서₩ITQ₩ Picture₩동영상.wmv」
 – 자동실행, 반복재생 설정

[전체구성]

(1) 슬라이드 크기 및 순서 : 크기를 A4 용지로 설정하고 슬라이드 순서에 맞게 작성한다.

(2) 슬라이드 마스터 : 2~6슬라이드의 제목, 하단 로고, 슬라이드 번호는 슬라이드 마스터를 이용하여 작성한다.
- 제목 글꼴(돋움, 40pt, 흰색), 가운데 맞춤, 도형(선 없음)
- 하단 로고(「내 PC\문서\ITQ\Picture\로고1.jpg」, 배경(회색) 투명색으로 설정)

[슬라이드 1] ≪표지 디자인≫ 40점

(1) 표지 디자인 : 도형, 워드아트 및 그림을 이용하여 작성한다.

세부조건

① 도형 편집
- 도형에 그림 채우기 :
  「내 PC\문서\ITQ\Picture\
  그림1.jpg」, 투명도 50%
- 도형 효과 :
  부드러운 가장자리 5포인트

② 워드아트 삽입
- 변환 : 페이드, 오른쪽
  【오른쪽 줄이기】
- 글꼴 : 굴림, 굵게
- 텍스트 반사 : 1/2 반사, 8pt 오프셋

③ 그림 삽입
- 「내 PC\문서\ITQ\Picture\
  로고1.jpg」
- 배경(회색) 투명색으로 설정

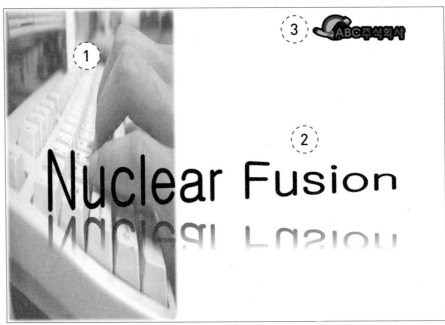

[슬라이드 2] ≪목차 슬라이드≫ 60점

(1) 출력형태와 같이 도형을 이용하여 목차를 작성한다(글꼴 : 돋움, 24pt).

(2) 도형 : 선 없음

세부조건

① 텍스트에 하이퍼링크 적용
  → '슬라이드 5'

② 그림 삽입
- 「내 PC\문서\ITQ\Picture\
  그림4.jpg」
- 자르기 기능 이용

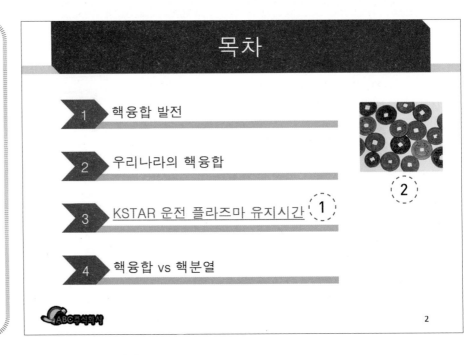

04 문제지의 지시사항 및 세부조건을 참고하여 출력형태에 알맞게 작업하시오.

· 소스 파일 : [출제유형 04]-정복04_문제04.pptx   · 정답 파일 : [출제유형 04]-정복04_완성04.pptx

(1) 텍스트 작성 : 글머리 기호 사용(❖, ■)

❖ 문단(굴림, 24pt, 굵게, 줄간격 : 1.5줄), ■ 문단(굴림, 20pt, 줄간격 : 1.5줄)

1. 아토피의 개념

❖ **Atopic dermatitis**

- Atopic dermatitis results in itchy, red, swollen, cracked skin and clear fluid may come from the affected areas, which often thickens over time

①

❖ **아토피의 개념**

- 아토피 또는 아토피 증후군은 알레르기 항원에 대한 직접 접촉없이 신체가 극도로 민감해지는 알레르기 반응
- 아토피의 증상으로는 아토피 피부염, 알레르기성 결막염, 알레르기성 비염, 천식이 있음

 3

세부조건

① **동영상 삽입:**
- 「내 PC₩문서₩ITQ₩ Picture₩동영상.wmv」
- 자동실행, 반복재생 설정

---

05 문제지의 지시사항 및 세부조건을 참고하여 출력형태에 알맞게 작업하시오.

· 소스 파일 : [출제유형 04]-정복04_문제05.pptx   · 정답 파일 : [출제유형 04]-정복04_완성05.pptx

(1) 텍스트 작성 : 글머리 기호 사용(❖, ✓)

❖ 문단(굴림, 24pt, 굵게, 줄간격 : 2.0줄), ✓ 문단(굴림, 20pt, 줄간격 : 1.5줄)

1. 겨울잠(동면)

❖ **Winter Sleep**

✓ Winter sleep is a state of reduced activity of animals during the more hostile environmental conditions of winter

①

❖ **겨울잠(동면)**

✓ 먹이가 없는 겨울에 동물들이 활동과 생활을 거의 중지한 일정한 상태로 땅속 따위에서 겨울을 지내는 현상
✓ 겨울잠에 들기 전 멜라토닌의 분비량, 갑상선 호르몬, 심박수 등을 조절하는 뇌하수체 호르몬 등의 변화가 생김

 3

세부조건

① **동영상 삽입:**
- 「내 PC₩문서₩ITQ₩ Picture₩동영상.wmv」
- 자동실행, 반복재생 설정

제 06 회 정보기술자격(ITQ) 출제예상 모의고사

과목	코드	문제유형	시험시간	수험번호	성명
한글파워포인트	1142	A	60분		

MS오피스

·수험자 유의사항·

- 수험자는 문제지를 받는 즉시 문제지와 **수험표상의 시험과목(프로그램)이 동일한지 반드시 확인**하여야 합니다.
- 파일명은 본인의 "수험번호-성명"으로 입력하여 답안폴더(내 PC\문서\ITQ)에 하나의 파일로 저장해야 하며, 답안 문서 파일명이 "수험번호-성명"과 일치하지 않거나, 답안파일을 전송하지 않아 미제출로 처리될 경우 실격 처리합니다 (예 : 12345678-홍길동.pptx).
- 답안 작성을 마치면 파일을 저장하고, '답안 전송' 버튼을 선택하여 감독위원 PC로 답안을 전송하십시오. 수험생 정보와 저장 한 파일명이 다를 경우 전송되지 않으므로 주의하시기 바랍니다.
- 답안 작성 중에도 **주기적으로 저장하고, '답안 전송'**하여야 문제 발생을 줄일 수 있습니다. 작업한 내용을 저장하지 않고 전송할 경우 이전에 저장된 내용이 전송되오니 이점 유의하시기 바랍니다.
- 답안문서는 지정된 경로 외의 다른 보조기억장치에 저장하는 경우, 지정된 시험 시간 외에 작성된 파일을 활용할 경우, 기타 통신수단(이메일, 메신저, 네트워크 등)을 이용하여 타인에게 전달 또는 외부 반출하는 경우는 부정 처리합니다.
- 시험 중 부주의 또는 고의로 시스템을 파손한 경우는 수험자가 변상해야 하며, 〈수험자 유의사항〉에 기재된 방법대로 이행하 지 않아 생기는 불이익은 수험생 당사자의 책임임을 알려 드립니다.
- 문제의 조건은 MS오피스 2021 버전으로 설정되어 있으며 MS오피스 2016은 【 】에 표기되어 있습니다. 이와 관련하여 작성한 답안의 출력형태가 문제지와 다를 수 있습니다.
- 시험을 완료한 수험자는 답안파일이 전송되었는지 확인한 후 감독위원의 지시에 따라 문제지를 제출하고 퇴실합니다.

·답안 작성요령·

- 온라인 답안 작성 절차
  수험자 등록 ⇒ 시험 시작 ⇒ 답안파일 저장 ⇒ 답안 전송 ⇒ 시험 종료
- 슬라이드의 크기는 A4 Paper로 설정하여 작성합니다.
- 슬라이드의 총 개수는 6개로 구성되어 있으며 슬라이드 1부터 순서대로 작업하고 반드시 문제와 세부조건대로 합니다.
- 별도의 지시사항이 없는 경우 출력형태를 참조하여 글꼴색은 검정 또는 흰색으로 작성하고, 기타사항은 전체적인 균형을 고려하여 작성합니다.
- 슬라이드 도형 및 개체에 출력형태와 다른 스타일(그림자, 외곽선 등)을 적용했을 경우 감점처리 됩니다.
- 슬라이드 번호를 작성합니다(슬라이드 1에는 생략).
- 2~6번 슬라이드 제목 도형과 하단 로고는 슬라이드 마스터를 이용하여 출력형태와 동일하게 작성합니다(슬라이드 1에는 생략).
- 문제와 세부조건, 세부조건 번호 ⚬(점선원)는 입력하지 않습니다.
- 각 개체의 위치는 오른쪽의 슬라이드와 동일하게 구성합니다.
- 그림 삽입 문제의 경우 반드시 「내 PC\문서\ITQ\Picture」 폴더에서 정확한 파일을 선택하여 삽입하십시오.
- 각 슬라이드를 각각의 파일로 작업해서 저장할 경우 실격 처리됩니다.

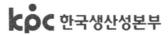

kpc 한국생산성본부

06 문제지의 지시사항 및 세부조건을 참고하여 출력형태에 알맞게 작업하시오.

· 소스 파일 : [출제유형 04]-정복04_문제06.pptx   · 정답 파일 : [출제유형 04]-정복04_완성06.pptx

(1) 텍스트 작성 : 글머리 기호 사용(➤, ✔)

➤ 문단(굴림, 24pt, 굵게, 줄간격 : 1.5줄), ✔ 문단(굴림, 20pt, 줄간격 : 1.5줄)

1. 통합대기환경지수 ➤ **What's CAI** 　✔ The CAI(Comprehensive air-quality index) is a way of describing ambient air quality based on health risk of air pollution ➤ **통합대기환경지수** 　✔ 대기오염도 측정치를 국민이 알 수 있도록 하고 대기오염으로부터 피해를 예방하기 위한 행동지침을 국민에게 제시 　✔ 초미세먼지, 미세먼지, 오존, 이산화질소 등 오염물질에 대한 대기질의 상태지수를 제공 　　3	**세부조건** ① **동영상 삽입:** 　– 「내 PC₩문서₩ITQ₩ 　　Picture₩동영상.wmv」 　– 자동실행, 반복재생 설정

07 문제지의 지시사항 및 세부조건을 참고하여 출력형태에 알맞게 작업하시오.

· 소스 파일 : [출제유형 04]-정복04_문제07.pptx   · 정답 파일 : [출제유형 04]-정복04_완성07.pptx

(1) 텍스트 작성 : 글머리 기호 사용(➤, ✔)

➤ 문단(굴림, 24pt, 굵게, 줄간격 : 1.5줄), ✔ 문단(굴림, 20pt, 줄간격 : 1.5줄)

1. 플라스틱 다이어트 ➤ **Plastic diet** 　✔ The way we use and dispose of plastics must change for the sake of not just the environment but also our economy ➤ **탄소중립 선언** 　✔ 지구 온난화로 폭염, 폭우, 폭설, 태풍, 산불 등 이상기후 현상으로 전 세계는 전례 없는 기후 위기에 처함 　✔ 우리 정부는 국제사회와 함께 기후변화에 적극 대응하기 위하여 '2050년 탄소중립'을 선언함 　　3	**세부조건** ① **동영상 삽입:** 　– 「내 PC₩문서₩ITQ₩ 　　Picture₩동영상.wmv」 　– 자동실행, 반복재생 설정

(1) 차트 작성 기능을 이용하여 슬라이드를 작성한다.

(2) 차트 : 종류(묶은 세로 막대형), 글꼴(돋움, 16pt), 외곽선

세부조건

※ 차트설명
- 차트 제목 : 궁서, 24pt, 굵게,
  채우기(흰색), 테두리,
  그림자(오프셋 아래쪽)
- 차트 영역 : 채우기(노랑)
  그림 영역 : 채우기(흰색)
- 데이터 서식 : 대안2 계열을 표식이
  있는 꺾은선형으로 변경 후 보조축
  으로 지정
- 값 표시 : 토지취득비의 대안1 계열만

① 도형 삽입
- 스타일 : 미세 효과 – 파랑, 강조 1
- 글꼴 : 굴림, 18pt

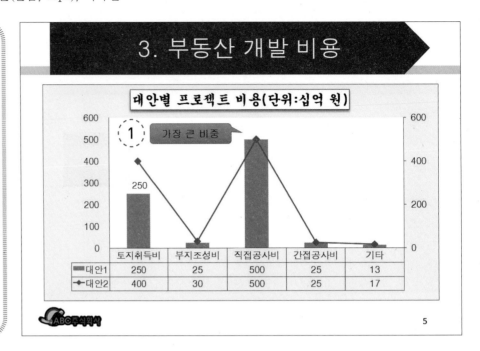

(1) 슬라이드와 같이 도형 및 스마트아트를 배치한다(글꼴 : 굴림, 18pt).

(2) 애니메이션 순서 : ① ⇒ ②

세부조건

① 도형 및 스마트아트 편집
- 스마트아트 디자인
  : 3차원 경사,
  3차원 만화
- 그룹화 후 애니메이션 효과
  : 바운드
② 도형 편집
- 그룹화 후 애니메이션 효과
  : 나누기(가로 바깥쪽으로)

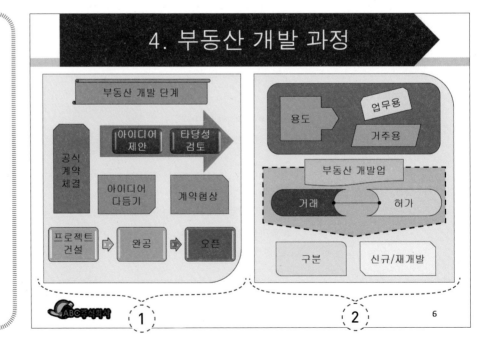

출제유형

05

PART 02 출제유형 완전정복

[슬라이드 4] 《표 슬라이드》

☑ 표를 작성한 후 표 스타일 지정하기
☑ 도형을 삽입하기

문제 미리보기

소스 파일 : [출제유형 05]−유형05_문제.pptx   정답 파일 : [출제유형 05]−유형05_완성.pptx

◆ [슬라이드 4] 〈표 슬라이드〉   (80점)

(1) 도형과 표 작성 기능을 이용하여 슬라이드를 작성한다(글꼴 : 돋움, 18pt).

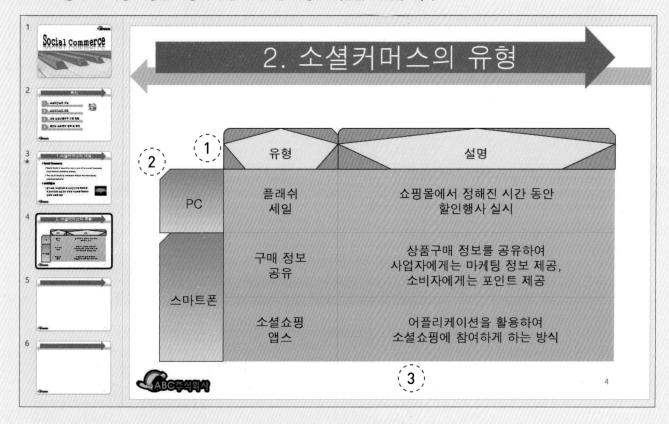

◆ 세부 조건

① **상단 도형** :
    −2개 도형의 조합으로 작성

② **좌측 도형** :
    − 그라데이션 효과(선형 아래쪽)

③ **테이블 디자인 [표 스타일]** :
    − 테마 스타일1 − 강조 6

출제유형 05   **85**   [슬라이드 4] 《표 슬라이드》

(1) 텍스트 작성 : 글머리 기호 사용(◆, ✓)
   ◆문단(굴림, 24pt, 굵게, 줄간격 : 1.5줄), ✓문단(굴림, 20pt, 줄간격 : 1.5줄)

세부조건

① 동영상 삽입 :
  – 「내 PC₩문서₩ITQ₩Picture₩
    동영상.wmv」
  – 자동실행, 반복재생 설정

---

1. 부동산 개발의 의의

◆ **Real Property Developer**

  ✓ A real estate developer is an individual or business
    responsible for the financing, building, marketing, and
    management of any real estate development project

◆ **부동산 개발의 의의**

  ✓ 부동산 개발은 토지에 노동, 자본을 결합하여 토지에 개량물을
    생산하거나 토지를 개량하는 활동
  ✓ 공공시설 등을 정비하며 토지의 권리구획도에 적합하도록 변경

ABC주식회사   3

---

(1) 도형과 표 작성 기능을 이용하여 슬라이드를 작성한다(글꼴 : 굴림, 18pt).

세부조건

① 상단 도형 :
  2개 도형의 조합으로 작성
② 좌측 도형 :
  그라데이션 효과(선형 아래쪽)
③ 테이블 디자인【표 스타일】:
  테마 스타일 1 – 강조 5

---

2. 부동산 개발의 위험성

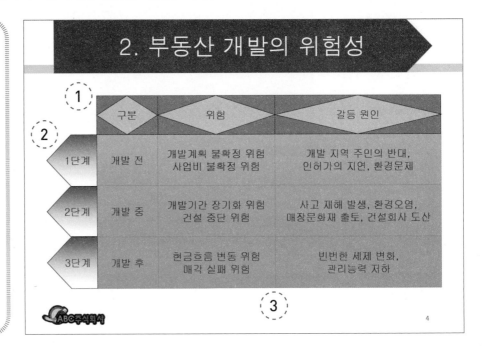

구분		위험	갈등 원인
1단계	개발 전	개발계획 불확정 위험 사업비 불확정 위험	개발 지역 주민의 반대, 인허가의 지연, 환경문제
2단계	개발 중	개발기간 장기화 위험 건설 중단 위험	사고 재해 발생, 환경오염, 매장문화재 출토, 건설회사 도산
3단계	개발 후	현금흐름 변동 위험 매각 실패 위험	빈번한 세제 변화, 관리능력 저하

ABC주식회사   4

■ 표 삽입 및 스타일 지정하기

① **유형05_문제.pptx** 파일을 불러와 [슬라이드 4]를 클릭한 후 작업합니다.

※ 파일 불러오기 : [파일]–[열기]–[찾아보기]를 클릭한 후 [열기] 대화상자에서 파일을 선택합니다.

② 슬라이드 상단의 '제목을 추가하려면 클릭하십시오.'를 클릭한 후 **2. 소셜커머스의 유형**을 입력합니다. 이어서, 슬라이드 안쪽의 **표 삽입(⊞)**을 클릭합니다.

③ [표 삽입] 대화상자가 나오면 《출력형태》를 참고하여 **열 개수(2)**와 **행 개수(3)**를 입력한 후 〈확인〉 단추를 클릭합니다.

※열은 표의 가로(칸), 행은 표의 세로(줄)를 의미합니다.

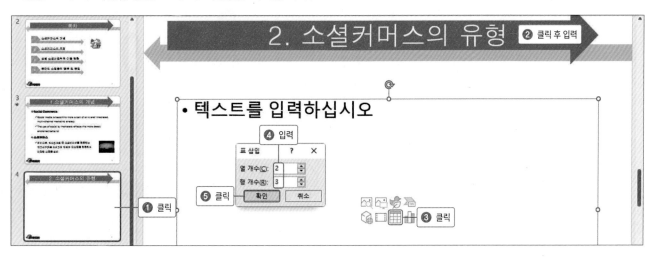

④ 표가 만들어지면 [테이블 디자인] 탭의 [표 스타일] 그룹에서 자세히(▼) 단추를 눌러 **테마 스타일 1 – 강조 6**을 선택합니다. 이어서, [표 스타일 옵션] 그룹에서 **머리글 행**과 **줄무늬 행**을 클릭하여 체크 표시(✓)를 해제합니다.

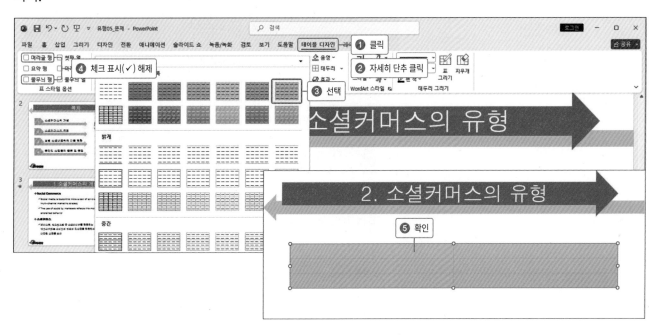

(1) 슬라이드 크기 및 순서 : 크기를 A4 용지로 설정하고 슬라이드 순서에 맞게 작성한다.
(2) 슬라이드 마스터 : 2~6슬라이드의 제목, 하단 로고, 슬라이드 번호는 슬라이드 마스터를 이용하여 작성한다.
 - 제목 글꼴(돋움, 40pt, 흰색), 가운데 맞춤, 도형(선 없음)
 - 하단 로고(「내 PC₩문서₩ITQ₩Picture₩로고1.jpg」, 배경(회색) 투명색으로 설정)

[슬라이드 1] ≪표지 디자인≫ 40점

(1) 표지 디자인 : 도형, 워드아트 및 그림을 이용하여 작성한다.

세부조건

① 도형 편집
 - 도형에 그림 채우기 :
「내 PC₩문서₩ITQ₩Picture₩
그림1.jpg」, 투명도 50%
 - 도형 효과 :
부드러운 가장자리 5포인트
② 워드아트 삽입
 - 변환 : 페이드 오른쪽
【오른쪽 줄이기】
 - 글꼴 : 굴림, 굵게
 - 텍스트 반사 : 1/2 반사, 8pt 오프셋
③ 그림 삽입
 - 「내 PC₩문서₩ITQ₩Picture₩
로고1.jpg」
 - 배경(회색) 투명색으로 설정

[슬라이드 2] ≪목차 슬라이드≫ 60점

(1) 출력형태와 같이 도형을 이용하여 목차를 작성한다(글꼴 : 돋움, 24pt).
(2) 도형 : 선 없음

세부조건

① 텍스트에 하이퍼링크 적용
→ '슬라이드 5'
② 그림 삽입
 - 「내 PC₩문서₩ITQ₩Picture₩
그림4.jpg」
 - 자르기 기능 이용

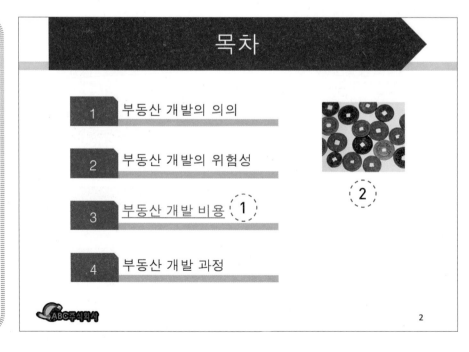

⑤ 표 스타일이 변경되면 **Shift** 키를 누른 채 표의 테두리를 아래쪽으로 드래그하여 《출력형태》와 같이 위치를 변경합니다.

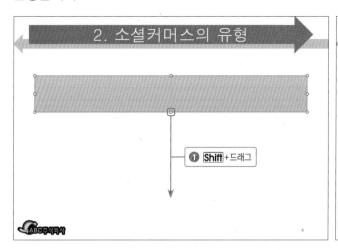
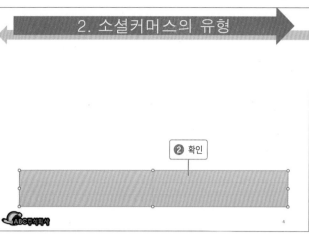

⑥ 표의 왼쪽 대각선 조절점(⊙)을 드래그하여 《출력형태》와 같이 크기를 조절합니다.

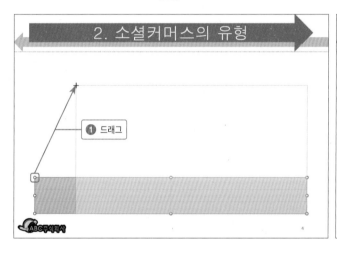

표 안쪽 셀의 크기를 다르게 조절하는 방법

《출력형태》를 확인하여 표 안의 셀 크기가 다를 경우 셀의 크기를 임의로 조절합니다. 조절하려는 셀의 가로선 또는 세로선 위에 커서를 위치한 후 마우스 포인터가 (✛) 모양으로 변경되면 드래그하여 선택한 셀의 크기를 조절할 수 있습니다.

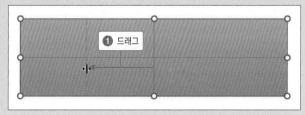
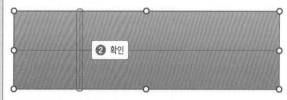

과목	코드	문제유형	시험시간	수험번호	성명
한글파워포인트	1142	A	60분		

MS오피스

·수험자 유의사항·

● 수험자는 문제지를 받는 즉시 문제지와 **수험표상의 시험과목(프로그램)이 동일한지 반드시 확인**하여야 합니다.
● 파일명은 본인의 "수험번호-성명"으로 입력하여 답안폴더(내 PC₩문서₩ITQ)에 하나의 파일로 저장해야 하며, 답안 문서 파일명이 "수험번호-성명"과 일치하지 않거나, 답안파일을 전송하지 않아 미제출로 처리될 경우 실격 처리합니다 (예 : 12345678-홍길동.pptx).
● 답안 작성을 마치면 파일을 저장하고, '답안 전송' 버튼을 선택하여 감독위원 PC로 답안을 전송하십시오. 수험생 정보와 저장한 파일명이 다를 경우 전송되지 않으므로 주의하시기 바랍니다.
● 답안 작성 중에도 **주기적으로 저장하고, '답안 전송'**하여야 문제 발생을 줄일 수 있습니다. 작업한 내용을 저장하지 않고 전송할 경우 이전에 저장된 내용이 전송되오니 이점 유의하시기 바랍니다.
● 답안문서는 지정된 경로 외의 다른 보조기억장치에 저장하는 경우, 지정된 시험 시간 외에 작성된 파일을 활용할 경우, 기타 통신수단(이메일, 메신저, 네트워크 등)을 이용하여 타인에게 전달 또는 외부 반출하는 경우는 부정 처리합니다.
● 시험 중 부주의 또는 고의로 시스템을 파손한 경우는 수험자가 변상해야 하며, 〈수험자 유의사항〉에 기재된 방법대로 이행하지 않아 생기는 불이익은 수험생 당사자의 책임임을 알려 드립니다.
● 문제의 조건은 MS오피스 2021 버전으로 설정되어 있으며 MS오피스 2016은 【 】에 표기되어 있습니다. 이와 관련하여 작성한 답안의 출력형태가 문제지와 다를 수 있습니다.
● 시험을 완료한 수험자는 답안파일이 전송되었는지 확인한 후 감독위원의 지시에 따라 문제지를 제출하고 퇴실합니다.

·답안 작성요령·

● 온라인 답안 작성 절차
  수험자 등록 ⇒ 시험 시작 ⇒ 답안파일 저장 ⇒ 답안 전송 ⇒ 시험 종료
● 슬라이드의 크기는 A4 Paper로 설정하여 작성합니다.
● 슬라이드의 총 개수는 6개로 구성되어 있으며 슬라이드 1부터 순서대로 작업하고 반드시 문제와 세부조건대로 합니다.
● 별도의 지시사항이 없는 경우 출력형태를 참조하여 글꼴색은 검정 또는 흰색으로 작성하고, 기타사항은 전체적인 균형을 고려하여 작성합니다.
● 슬라이드 도형 및 개체에 출력형태와 다른 스타일(그림자, 외곽선 등)을 적용했을 경우 감점처리 됩니다.
● 슬라이드 번호를 작성합니다(슬라이드 1에는 생략).
● 2~6번 슬라이드 제목 도형과 하단 로고는 슬라이드 마스터를 이용하여 출력형태와 동일하게 작성합니다(슬라이드 1에는 생략).
● 문제와 세부조건, 세부조건 번호 ◌(점선원)는 입력하지 않습니다.
● 각 개체의 위치는 오른쪽의 슬라이드와 동일하게 구성합니다.
● 그림 삽입 문제의 경우 반드시 「내 PC₩문서₩ITQ₩Picture」 폴더에서 정확한 파일을 선택하여 삽입하십시오.
● 각 슬라이드를 각각의 파일로 작업해서 저장할 경우 실격 처리됩니다.

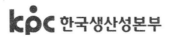

kpc 한국생산성본부

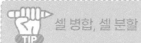

① 셀을 분할하기 위해 그림과 같이 표 안쪽의 셀을 드래그하여 블록으로 지정합니다. 이어서, 지정된 블록 위에서 마우스 오른쪽 단추를 눌러 바로 가기 메뉴가 나오면 [셀 분할]을 클릭합니다.

② [셀 분할] 대화상자가 나오면 열 개수(1)와 행 개수(2)를 입력한 후 〈확인〉 단추를 클릭합니다.

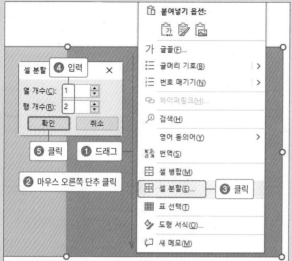

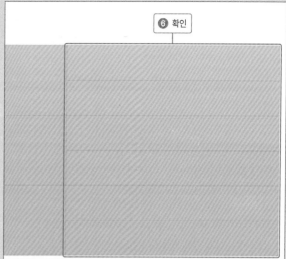

③ 셀을 병합하기 위해 그림과 같이 표 안쪽 셀을 드래그하여 블록으로 지정합니다. 이어서, 지정된 블록 위에서 마우스 오른쪽 단추를 눌러 바로가기 메뉴가 나오면 [셀 병합]을 클릭합니다.

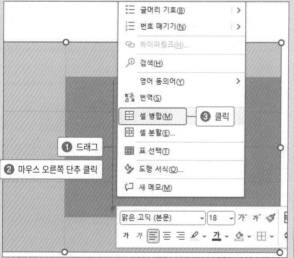

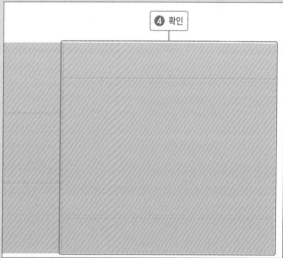

(1) 차트 작성 기능을 이용하여 슬라이드를 작성한다.

(2) 차트 : 종류(묶은 세로 막대형), 글꼴(돋움, 16pt), 외곽선

세부조건

※ 차트설명

- 차트 제목 : 궁서, 24pt, 굵게, 채우기(흰색), 테두리, 그림자(오프셋 오른쪽)
- 차트 영역 : 채우기(노랑) 그림 영역 : 채우기(흰색)
- 데이터 서식 : 주 2회 이상 계열을 표식이 있는 꺾은선형으로 변경 후 보조축으로 지정
- 값 표시 : 2021년의 주 2회 이상 계열만
- ① 도형 삽입
  - 스타일 : 미세 효과 – 파랑, 강조 1
  - 글꼴 : 굴림, 18pt

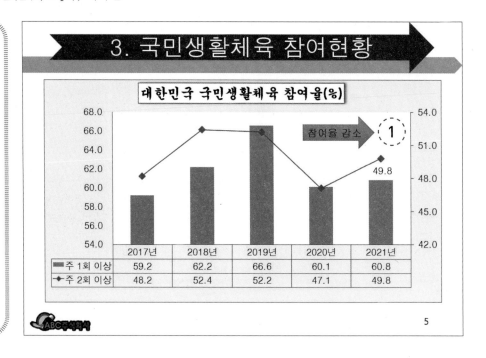

(1) 슬라이드와 같이 도형 및 스마트아트를 배치한다(글꼴 : 굴림, 18pt).

(2) 애니메이션 순서 : ① ⇒ ②

세부조건

① 도형 및 스마트아트 편집
  - 스마트아트 디자인
    : 3차원 경사, 3차원 만화
  - 그룹화 후 애니메이션 효과
    : 닦아내기(위에서)

② 도형 편집
  - 그룹화 후 애니메이션 효과
    : 바운드

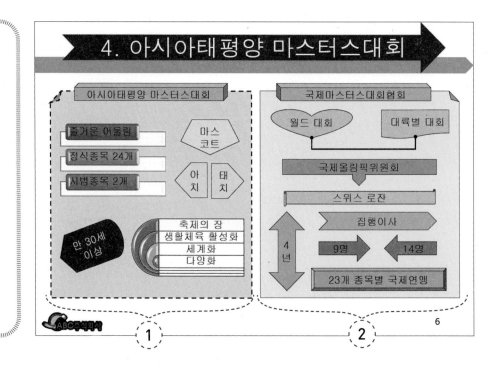

표의 글꼴 서식을 변경한 후 데이터 입력하기

① 표의 테두리를 클릭한 후 [홈] 탭의 [글꼴] 그룹에서 **글꼴(돋움), 글꼴 크기(18pt)**를 지정합니다. 이어서, [단락] 그룹에서 **가운데 맞춤(三)**을 클릭한 후 [텍스트 맞춤(⬚)]-중간을 선택합니다.

※ 정렬에 대한 별도의 지시사항이 없기 때문에 《출력형태》를 참고하여 작업합니다.

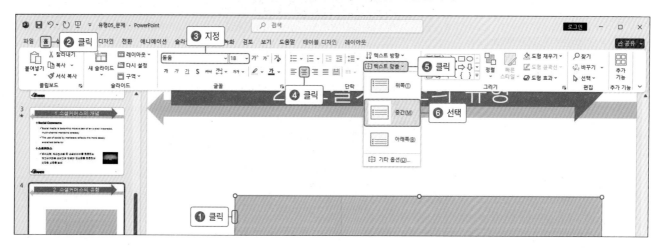

② 글꼴 서식이 변경되면 《출력형태》를 참고하여 표 안쪽의 내용을 입력합니다.

※ 실제 시험지의 《출력형태》에서는 텍스트의 줄 간격이 넓게 보일 수 있으나, [슬라이드 4]에서는 줄 간격에 대한 조건이 없기 때문에 줄 간격을 변경하지 않고 작성해도 감점되지 않습니다.

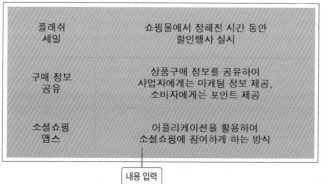

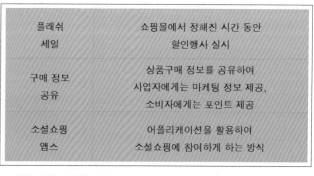

▲ 실제 시험지의 《출력형태》

 표 안에 데이터 입력 시 참고사항

① 필요에 따라 **Enter** 키를 눌러 강제 줄바꿈하여 《출력형태》와 똑같이 입력합니다.
② **Tab** 키 또는 키보드의 방향키(↑, ↓, ←, →)를 눌러 커서를 이동하면 편리합니다.
③ 셀에 내용 입력이 끝난 상태에서 **Enter** 키를 눌렀을 경우 글자가 강제 줄바꿈 되어 위로 올라갑니다. 이런 경우에는 마지막 글자 뒤를 클릭한 후 **Delete** 키를 눌러 빈 줄을 삭제합니다.

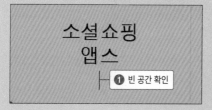

(1) 텍스트 작성 : 글머리 기호 사용(❖, ✓)
  ❖문단(굴림, 24pt, 굵게, 줄간격 : 1.5줄), ✓문단(굴림, 20pt, 줄간격 : 1.5줄)

세부조건

① 동영상 삽입 :
  – 「내 PC₩문서₩ITQ₩Picture₩
    동영상.wmv」
  – 자동실행, 반복재생 설정

1. 마스터스대회란?

❖ International Masters Games
  ✓ It is an international sports competition for athletes of all ages, genders, and national sports status, and anyone from all over the world can participate

❖ 마스터스대회
  ✓ 올림픽, 월드컵, 아시안게임 등에 버금 가는 생활체육인의 국제종합체육대회
  ✓ 연령, 성별, 국가 스포츠 지위에 상관없이 전 세계인 누구나 참여 할 수 있는 대회

ABC주식회사   3

---

(1) 도형과 표 작성 기능을 이용하여 슬라이드를 작성한다(글꼴 : 돋움, 18pt).

세부조건

① 상단 도형 :
  2개 도형의 조합으로 작성
② 좌측 도형 :
  그라데이션 효과(선형 아래쪽)
③ 테이블 디자인【표 스타일】:
  테마 스타일 1 – 강조 6

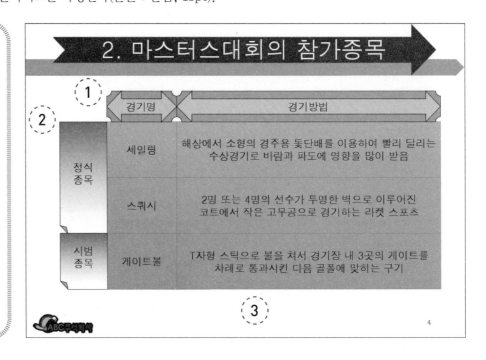

2. 마스터스대회의 참가종목

	경기명	경기방법
정식 종목	세일링	해상에서 소형의 경주용 돛단배를 이용하여 빨리 달리는 수상경기로 바람과 파도에 영향을 많이 받음
	스쿼시	2명 또는 4명의 선수가 투명한 벽으로 이루어진 코트에서 작은 고무공으로 경기하는 라켓 스포츠
시범 종목	게이트볼	T자형 스틱으로 볼을 처서 경기장 내 3곳의 게이트를 차례로 통과시킨 다음 골폴에 맞히는 구기

ABC주식회사   4

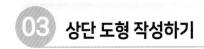
■ **상단 도형 삽입하기(뒤쪽)**

❶ [삽입] 탭의 [일러스트레이션] 그룹에서 [도형(◻)]−사각형−**사각형: 위쪽 모서리의 한쪽은 둥글고 다른 한쪽은 잘림(◻)**을 클릭합니다.

❷ 마우스 포인터가 ✚ 모양으로 변경되면 드래그하여 도형을 삽입합니다. 이어서, 조절점 ◻ 을 드래그하여 《출력형태》와 같이 크기를 조절한 후 위치를 변경합니다.

※ Alt 키를 누른 채 개체의 조절점(◻)을 드래그하면 크기를 세밀하게 조절할 수 있습니다.

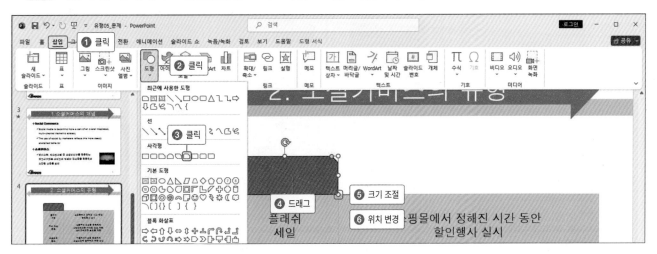

❸ [도형 서식] 탭의 [도형 스타일] 그룹에서 [도형 채우기]−**녹색, 강조 6**을 클릭합니다. 이어서, [도형 윤곽선]−**검정, 텍스트 1**을 클릭합니다.

※도형의 색상은 문제지 조건에 없기 때문에 임의의 색으로 선택할 수 있습니다.

[전체구성] 60점

(1) 슬라이드 크기 및 순서 : 크기를 A4 용지로 설정하고 슬라이드 순서에 맞게 작성한다.

(2) 슬라이드 마스터 : 2~6슬라이드의 제목, 하단 로고, 슬라이드 번호는 슬라이드 마스터를 이용하여 작성한다.
  - 제목 글꼴(돋움, 40pt, 흰색), 가운데 맞춤, 도형(선 없음)
  - 하단 로고(「내 PC₩문서₩ITQ₩Picture₩로고1.jpg」, 배경(회색) 투명색으로 설정)

[슬라이드 1] ≪표지 디자인≫ 40점

(1) 표지 디자인 : 도형, 워드아트 및 그림을 이용하여 작성한다.

세부조건

① 도형 편집
  - 도형에 그림 채우기 :
    「내 PC₩문서₩ITQ₩Picture₩
    그림1.jpg」, 투명도 50%
  - 도형 효과 :
    부드러운 가장자리 5포인트
② 워드아트 삽입
  - 변환 : 삼각형, 아래로【역삼각형】
  - 글꼴 : 돋움, 굵게
  - 텍스트 반사 : 근접 반사, 4pt 오프셋
③ 그림 삽입
  - 「내 PC₩문서₩ITQ₩Picture₩
    로고1.jpg」
  - 배경(회색) 투명색으로 설정

[슬라이드 2] ≪목차 슬라이드≫ 60점

(1) 출력형태와 같이 도형을 이용하여 목차를 작성한다(글꼴 : 굴림, 24pt).

(2) 도형 : 선 없음

세부조건

① 텍스트에 하이퍼링크 적용
  → '슬라이드 6'
② 그림 삽입
  - 「내 PC₩문서₩ITQ₩Picture₩
    그림4.jpg」
  - 자르기 기능 이용

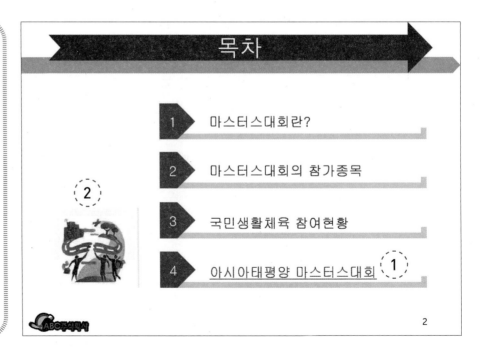

■ 상단 도형 삽입하기(앞쪽)

❶ [삽입] 탭의 [일러스트레이션] 그룹에서 [도형(📷)]-기본 도형-**오각형**(⬠)을 클릭합니다.

❷ 마우스 포인터가 ➕ 모양으로 변경되면 드래그하여 도형을 삽입합니다. 이어서, 조절점(⭕)을 드래그하여 《출력형태》와 같이 크기를 조절한 후 위치를 변경합니다.

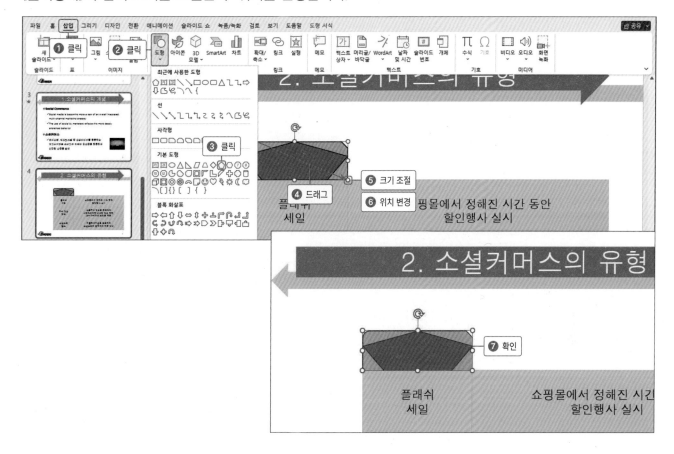

❸ [도형 서식] 탭의 [도형 스타일] 그룹에서 [도형 채우기]-**녹색, 강조 6, 80% 더 밝게**를 클릭합니다. 이어서, [도형 윤곽선]-**검정, 텍스트 1**을 클릭합니다.

※도형의 색상은 문제지 조건에 없기 때문에 임의의 색으로 선택할 수 있습니다.

과목	코드	문제유형	시험시간	수험번호	성명
한글파워포인트	1142	A	60분		

MS오피스

·수험자 유의사항·

● 수험자는 문제지를 받는 즉시 문제지와 **수험표상의 시험과목(프로그램)이 동일한지 반드시 확인**하여야 합니다.

● 파일명은 본인의 "수험번호–성명"으로 입력하여 답안폴더(내 PC\문서\ITQ)에 하나의 파일로 저장해야 하며, 답안 문서 파일명이 "수험번호–성명"과 일치하지 않거나, 답안파일을 전송하지 않아 미제출로 처리될 경우 실격 처리합니다 (예 : 12345678–홍길동.pptx).

● 답안 작성을 마치면 파일을 저장하고, '답안 전송' 버튼을 선택하여 감독위원 PC로 답안을 전송하십시오. 수험생 정보와 저장 한 파일명이 다를 경우 전송되지 않으므로 주의하시기 바랍니다.

● 답안 작성 중에도 **주기적으로 저장하고, '답안 전송'**하여야 문제 발생을 줄일 수 있습니다. 작업한 내용을 저장하지 않고 전송할 경우 이전에 저장된 내용이 전송되오니 이점 유의하시기 바랍니다.

● 답안문서는 지정된 경로 외의 다른 보조기억장치에 저장하는 경우, 지정된 시험 시간 외에 작성된 파일을 활용할 경우, 기타 통신수단(이메일, 메신저, 네트워크 등)을 이용하여 타인에게 전달 또는 외부 반출하는 경우는 부정 처리합니다.

● 시험 중 부주의 또는 고의로 시스템을 파손한 경우는 수험자가 변상해야 하며, 〈수험자 유의사항〉에 기재된 방법대로 이행하 지 않아 생기는 불이익은 수험생 당사자의 책임임을 알려 드립니다.

● 문제의 조건은 MS오피스 2021 버전으로 설정되어 있으며 MS오피스 2016은【 】에 표기되어 있습니다. 이와 관련하여 작성한 답안의 출력형태가 문제지와 다를 수 있습니다.

● 시험을 완료한 수험자는 답안파일이 전송되었는지 확인한 후 감독위원의 지시에 따라 문제지를 제출하고 퇴실합니다.

·답안 작성요령·

● 온라인 답안 작성 절차
　수험자 등록 ⇒ 시험 시작 ⇒ 답안파일 저장 ⇒ 답안 전송 ⇒ 시험 종료

● 슬라이드의 크기는 A4 Paper로 설정하여 작성합니다.

● 슬라이드의 총 개수는 6개로 구성되어 있으며 슬라이드 1부터 순서대로 작업하고 반드시 문제와 세부조건대로 합니다.

● 별도의 지시사항이 없는 경우 출력형태를 참조하여 글꼴색은 검정 또는 흰색으로 작성하고, 기타사항은 전체적인 균형을 고려하여 작성합니다.

● 슬라이드 도형 및 개체에 출력형태와 다른 스타일(그림자, 외곽선 등)을 적용했을 경우 감점처리 됩니다.

● 슬라이드 번호를 작성합니다(슬라이드 1에는 생략).

● 2~6번 슬라이드 제목 도형과 하단 로고는 슬라이드 마스터를 이용하여 출력형태와 동일하게 작성합니다(슬라이드 1에는 생략).

● 문제와 세부조건, 세부조건 번호 ⦂(점선원)는 입력하지 않습니다.

● 각 개체의 위치는 오른쪽의 슬라이드와 동일하게 구성합니다.

● 그림 삽입 문제의 경우 반드시 「내 PC\문서\ITQ\Picture」 폴더에서 정확한 파일을 선택하여 삽입하십시오.

● 각 슬라이드를 각각의 파일로 작업해서 저장할 경우 실격 처리됩니다.

kpc 한국생산성본부

④ 앞쪽 도형이 선택된 상태에서 **유형**을 입력합니다.

※ 도형의 스타일에 따라서 글꼴 색상이 '검정색' 또는 '흰색'이 나타납니다.

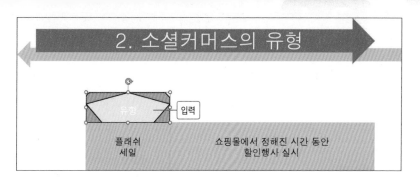

■ 도형의 글꼴 서식 변경, 도형 복사, 내용 변경

글꼴 : 돋움, 18pt

① 그림과 같이 드래그하여 도형을 선택합니다.

※ 드래그하여 두 개의 도형을 같이 선택하는 이유는 글꼴을 변경한 후 복사를 하기 위한 작업 때문입니다.

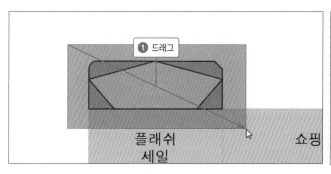
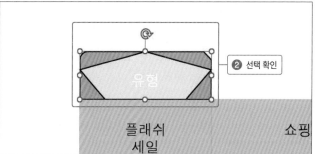

② [홈] 탭의 [글꼴] 그룹에서 **글꼴(돋움), 글꼴 크기(18pt), 글꼴색('검정, 텍스트 1')**을 지정합니다.

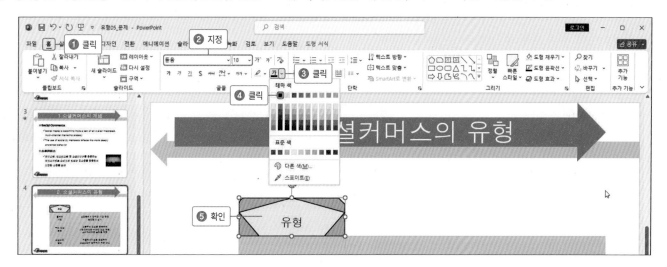

③ 아래 그림을 참고하여 **Ctrl** + **Shift** 키를 누른 채 선택된 도형을 오른쪽으로 드래그하여 복사합니다. 이어서, 복사된 도형을 선택한 후 조절점(○)을 이용하여 너비를 조절합니다.

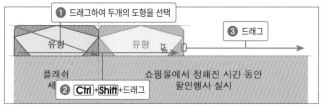
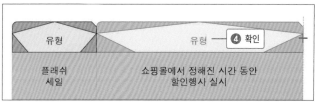

(1) 차트 작성 기능을 이용하여 슬라이드를 작성한다.

(2) 차트 : 종류(묶은 세로 막대형), 글꼴(돋움, 16pt), 외곽선

세부조건

※ 차트설명
- 차트 제목 : 궁서, 24pt, 굵게,
  채우기(흰색), 테두리,
  그림자(오프셋 오른쪽)
- 차트 영역 : 채우기(노랑)
  그림 영역 : 채우기(흰색)
- 데이터 서식 : 총진료비(억 원)
  계열을 표식이 있는 꺾은선형으로
  변경 후 보조축으로 지정
- 값 표시 : 2021년의 총진료비(억 원)
  계열만
① 도형 삽입
  - 스타일 : 미세효과 – 파랑, 강조 1
  - 글꼴 : 굴림, 18pt

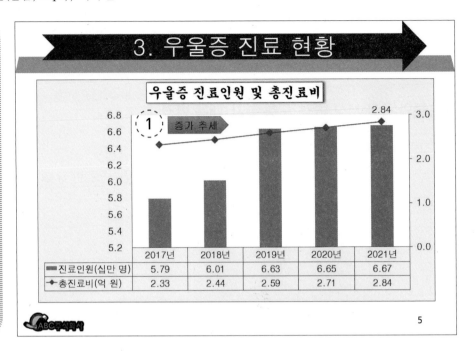

(1) 슬라이드와 같이 도형 및 스마트아트를 배치한다(글꼴 : 굴림, 18pt).

(2) 애니메이션 순서 : ① ⇒ ②

세부조건

① 도형 및 스마트아트 편집
  - 스마트아트 디자인
    : 3차원 경사,
    3차원 만화
  - 그룹화 후 애니메이션 효과
    : 닦아내기(위에서)

② 도형 편집
  - 그룹화 후 애니메이션 효과
    : 바운드

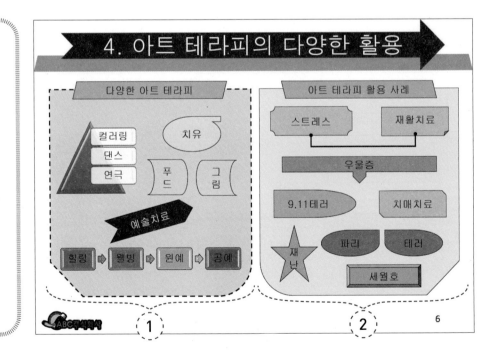

④ 도형 복사가 완료되면 도형 안쪽 텍스트의 내용을 드래그하여 블록으로 지정한 후 내용을 변경합니다.

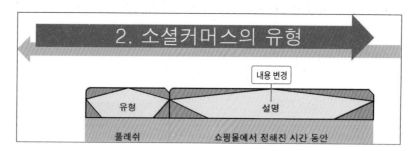

04 좌측 도형 작성하기

좌측 도형 : 그라데이션 효과(선형 아래쪽)

① [삽입] 탭의 [일러스트레이션] 그룹에서 [도형(⬚)]–사각형–**사각형: 잘린 한쪽 모서리(⬚)**을 클릭합니다.

② 마우스 포인터가 ➕ 모양으로 변경되면 드래그하여 도형을 삽입합니다. 이어서, 조절점 ⃝을 드래그하여 《출력형태》와 같이 크기를 조절한 후 위치를 변경합니다.

※ Alt 키를 누른 채 조절점(⃝)을 드래그하여 크기를 세밀하게 조절합니다.

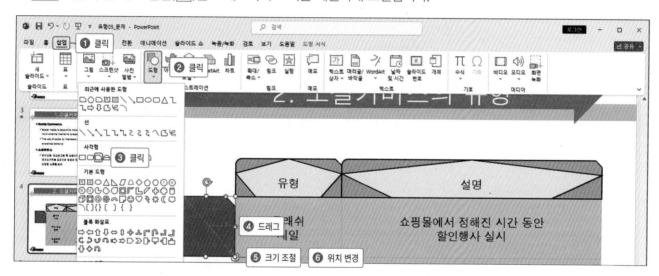

③ 도형을 회전하기 위해 [도형 서식] 탭의 [정렬] 그룹에서 [회전(⟳)]–**좌우 대칭(◭)**을 클릭한 후 위치를 변경합니다.

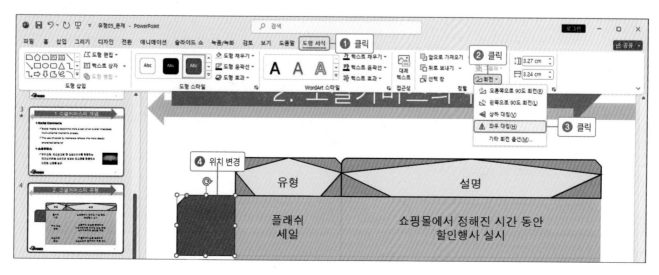

(1) 텍스트 작성 : 글머리 기호 사용(❖, ✓)
　　❖문단(굴림, 24pt, 굵게, 줄간격 : 1.5줄), ✓문단(굴림, 20pt, 줄간격 : 1.5줄)

세부조건

① 동영상 삽입 :
 – 「내 PC₩문서₩ITQ₩Picture₩
　동영상.wmv」
 – 자동실행, 반복재생 설정

---

1. 아트 테라피의 이해

❖ **Art Therapy**
　✓ Art Therapy is a mental health profession that uses the creative
　　process of art making to improve and enhance the physical, mental
　　and emotional well-being of individuals of all ages

❖ **아트 테라피란?**
　✓ 음악이나 미술, 문학, 연극, 무용 등의 예술 장르를
　　사용하여 정서적 안정을 돕는 활동
　✓ 식재료나 생활소품 등 일상의 소재를 이용하여 친근하게
　　접근

ABC주식회사

3

---

(1) 도형과 표 작성 기능을 이용하여 슬라이드를 작성한다(글꼴 : 돋움, 18pt).

세부조건

① 상단 도형 :
　2개 도형의 조합으로 작성
② 좌측 도형 :
　그라데이션 효과(선형 아래쪽)
③ 테이블 디자인【표 스타일】:
　테마 스타일 1 – 강조 6

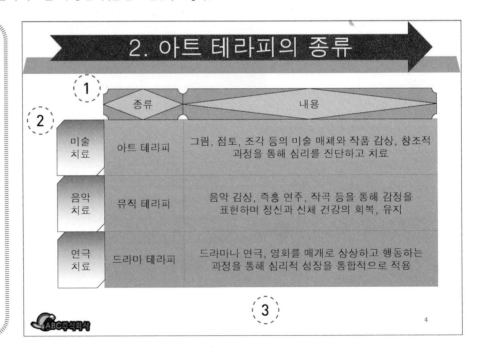

2. 아트 테라피의 종류

종류		내용
미술치료	아트 테라피	그림, 점토, 조각 등의 미술 매체와 작품 감상, 창조적 과정을 통해 심리를 진단하고 치료
음악치료	뮤직 테라피	음악 감상, 즉흥 연주, 작곡 등을 통해 감정을 표현하며 정신과 신체 건강의 회복, 유지
연극치료	드라마 테라피	드라마나 연극, 영화를 매개로 상상하고 행동하는 과정을 통해 심리적 성장을 통합적으로 적용

ABC주식회사

4

④ [도형 서식] 탭의 [도형 스타일] 그룹에서 [도형 채우기]-[그라데이션]-밝은 그라데이션-**선형 아래쪽**을 클릭합니다. 이어서, [도형 윤곽선]-**검정, 텍스트 1**을 클릭합니다.

⑤ 도형이 선택된 상태에서 PC를 입력한 후 Esc 키를 누릅니다. 이어서, [홈] 탭의 [글꼴] 그룹에서 **글꼴(돋움)**, **글꼴 크기(18pt)**, **글꼴 색(검정, 텍스트 1)**을 지정합니다.

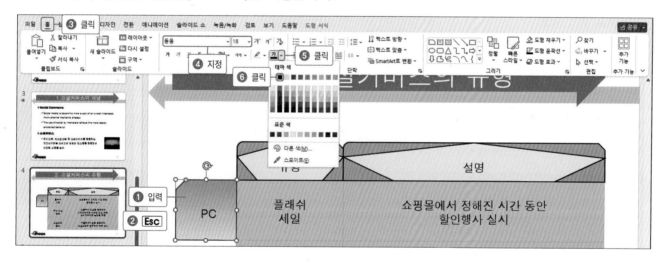

⑥ Ctrl + Shift 키를 누른 채 그림과 같이 선택된 도형을 아래쪽으로 드래그하여 복사한 후 **내용(스마트폰)**을 변경합니다.

⑦ 조절점(O)을 이용하여 높이와 너비를 조절합니다.

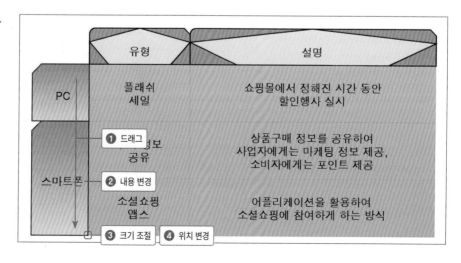

(1) 슬라이드 크기 및 순서 : 크기를 A4 용지로 설정하고 슬라이드 순서에 맞게 작성한다.

(2) 슬라이드 마스터 : 2~6슬라이드의 제목, 하단 로고, 슬라이드 번호는 슬라이드 마스터를 이용하여 작성한다.

  – 제목 글꼴(돋움, 40pt, 흰색), 가운데 맞춤, 도형(선 없음)

  – 하단 로고(「내 PC\문서\ITQ\Picture\로고1.jpg」, 배경(회색) 투명색으로 설정)

[슬라이드 1] ≪표지 디자인≫ 40점

(1) 표지 디자인 : 도형, 워드아트 및 그림을 이용하여 작성한다.

세부조건

① 도형 편집

 – 도형에 그림 채우기 :
  「내 PC\문서\ITQ\Picture\
  그림1.jpg」, 투명도 50%

 – 도형 효과 :
  부드러운 가장자리 5포인트

② 워드아트 삽입

 – 변환 : 삼각형, 아래로【역삼각형】

 – 글꼴 : 돋움, 굵게

 – 텍스트 반사 : 근접 반사, 4pt 오프셋

③ 그림 삽입

 – 「내 PC\문서\ITQ\Picture\
  로고1.jpg」

 – 배경(회색) 투명색으로 설정

[슬라이드 2] ≪목차 슬라이드≫ 60점

(1) 출력형태와 같이 도형을 이용하여 목차를 작성한다(글꼴 : 굴림, 24pt).

(2) 도형 : 선 없음

세부조건

① 텍스트에 하이퍼링크 적용
  → '슬라이드 6'

② 그림 삽입
  – 「내 PC\문서\ITQ\Picture\
   그림4.jpg」
  – 자르기 기능 이용

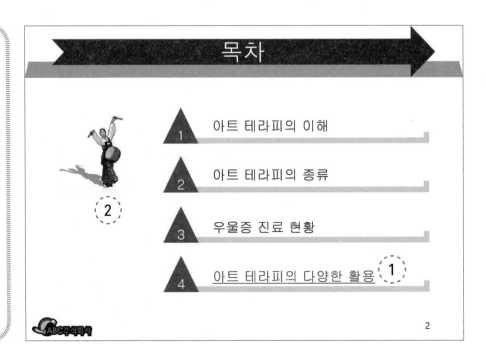

주의할 점

만약 도형 안쪽에 입력하는 텍스트가 긴 경우에는 내용이 아래쪽으로 밀릴 수 있습니다. 이런 경우에는 도형의 왼쪽/오른쪽 조절점(ㅇ)을 이용하여 높이와 너비를 조절합니다.

⑧ [파일]-[저장](Ctrl + S) 또는 [빠른 실행 도구 모음]에서 **저장**( )을 클릭합니다.

※ 실제 시험을 볼 때 작업 도중에 수시로(10분에 한 번 정도) 저장을 하는 것이 좋습니다.

[슬라이드 4]《표 슬라이드》

- **표 스타일 지정** : 표를 삽입하여 스타일을 변경한 후 반드시 [테이블 디자인]-[표 스타일 옵션]에서 '머리글 행'과 '줄무늬 행의 체크 표시(☑)'를 해제합니다.

- **표 내용 입력하기** : 《출력형태》를 참고하여 오타 없이 띄어쓰기 하며 표 안쪽 내용을 정렬 할 때는 반드시 '가운데 맞춤(☰)'과 '텍스트 맞춤(⊞)-중간'을 지정해야 합니다.

- 표 테마 스타일은 '테마 스타일 1 강조 1~ 테마 스타일 1 강조 6'이 번갈아 가며 출제되고 있습니다.

- 표 왼쪽에 삽입되는 도형을 분석한 결과 2년 동안 거의 '선형 아래쪽'에 그라데이션을 적용하는 문제가 출제되었습니다. 하지만 언제든지 조건이 변경될 수 있기 때문에 항상 문제지의 세부 조건을 확인하여 작업합니다.

제 03 회 정보기술자격(ITQ) 출제예상 모의고사

과목	코드	문제유형	시험시간	수험번호	성명
한글파워포인트	1142	A	60분		

MS오피스

·수험자 유의사항·

- 수험자는 문제지를 받는 즉시 문제지와 **수험표상의 시험과목(프로그램)이 동일한지 반드시 확인**하여야 합니다.
- 파일명은 본인의 "수험번호–성명"으로 입력하여 답안폴더(내 PC₩문서₩ITQ)에 하나의 파일로 저장해야 하며, 답안 문서 파일명이 "수험번호–성명"과 일치하지 않거나, 답안파일을 전송하지 않아 미제출로 처리될 경우 실격 처리합니다 (예 : 12345678–홍길동.pptx).
- 답안 작성을 마치면 파일을 저장하고, '답안 전송' 버튼을 선택하여 감독위원 PC로 답안을 전송하십시오. 수험생 정보와 저장한 파일명이 다를 경우 전송되지 않으므로 주의하시기 바랍니다.
- 답안 작성 중에도 **주기적으로 저장하고, '답안 전송'**하여야 문제 발생을 줄일 수 있습니다. 작업한 내용을 저장하지 않고 전송할 경우 이전에 저장된 내용이 전송되오니 이점 유의하시기 바랍니다.
- 답안문서는 지정된 경로 외의 다른 보조기억장치에 저장하는 경우, 지정된 시험 시간 외에 작성된 파일을 활용할 경우, 기타 통신수단(이메일, 메신저, 네트워크 등)을 이용하여 타인에게 전달 또는 외부 반출하는 경우는 부정 처리합니다.
- 시험 중 부주의 또는 고의로 시스템을 파손한 경우는 수험자가 변상해야 하며, 〈수험자 유의사항〉에 기재된 방법대로 이행하지 않아 생기는 불이익은 수험생 당사자의 책임임을 알려 드립니다.
- 문제의 조건은 MS오피스 2021 버전으로 설정되어 있으며 MS오피스 2016은 【 】에 표기되어 있습니다. 이와 관련하여 작성한 답안의 출력형태가 문제지와 다를 수 있습니다.
- 시험을 완료한 수험자는 답안파일이 전송되었는지 확인한 후 감독위원의 지시에 따라 문제지를 제출하고 퇴실합니다.

·답안 작성요령·

- 온라인 답안 작성 절차
  수험자 등록 ⇒ 시험 시작 ⇒ 답안파일 저장 ⇒ 답안 전송 ⇒ 시험 종료
- 슬라이드의 크기는 A4 Paper로 설정하여 작성합니다.
- 슬라이드의 총 개수는 6개로 구성되어 있으며 슬라이드 1부터 순서대로 작업하고 반드시 문제와 세부조건대로 합니다.
- 별도의 지시사항이 없는 경우 출력형태를 참조하여 글꼴색은 검정 또는 흰색으로 작성하고, 기타사항은 전체적인 균형을 고려하여 작성합니다.
- 슬라이드 도형 및 개체에 출력형태와 다른 스타일(그림자, 외곽선 등)을 적용했을 경우 감점처리 됩니다.
- 슬라이드 번호를 작성합니다(슬라이드 1에는 생략).
- 2~6번 슬라이드 제목 도형과 하단 로고는 슬라이드 마스터를 이용하여 출력형태와 동일하게 작성합니다(슬라이드 1에는 생략).
- 문제와 세부조건, 세부조건 번호 ◌(점선원)는 입력하지 않습니다.
- 각 개체의 위치는 오른쪽의 슬라이드와 동일하게 구성합니다.
- 그림 삽입 문제의 경우 반드시 「내 PC₩문서₩ITQ₩Picture」 폴더에서 정확한 파일을 선택하여 삽입하십시오.
- 각 슬라이드를 각각의 파일로 작업해서 저장할 경우 실격 처리됩니다.

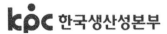

[슬라이드 4] 《표 슬라이드》

01 문제지의 지시사항 및 세부조건을 참고하여 출력형태에 알맞게 작업하시오. (60점)

· 소스 파일 : [출제유형 05]-정복05_문제01.pptx · 정답 파일 : [출제유형 05]-정복05_완성01.pptx

(1) 도형과 표 작성 기능을 이용하여 슬라이드를 작성한다(글꼴 : 돋움, 18pt)

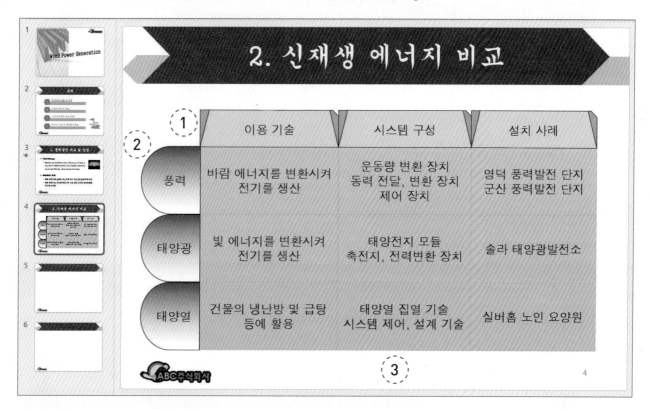

세부조건

① **상단 도형** : 2개 도형의 조합으로 작성

② **좌측 도형** : 그라데이션 효과(선형 아래쪽)

③ **테이블 디자인 【표 스타일】** : 테마 스타일1 - 강조 6

(1) 차트 작성 기능을 이용하여 슬라이드를 작성한다.
(2) 차트 : 종류(묶은 세로 막대형), 글꼴(돋움, 16pt), 외곽선

세부조건

※ 차트설명
- 차트 제목 : 궁서, 24pt, 굵게,
  채우기(흰색), 테두리,
  그림자(오프셋 오른쪽)
- 차트 영역 : 채우기(노랑)
  그림 영역 : 채우기(흰색)
- 데이터 서식 : 전문연수 계열을 표식
  이 있는 꺾은선형으로 변경 후 보조
  축으로 지정
- 값 표시 : 2021년의 전문연수 계열
  만
① 도형 삽입
  – 스타일 : 미세 효과 – 파랑, 강조 1
  – 글꼴 : 굴림, 18pt

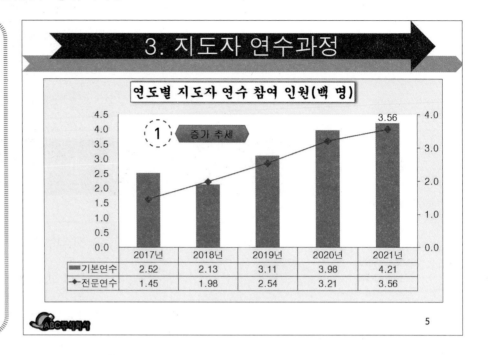

(1) 슬라이드와 같이 도형 및 스마트아트를 배치한다(글꼴 : 굴림, 18pt).
(2) 애니메이션 순서 : ① ⇒ ②

세부조건

① 도형 및 스마트아트 편집
  – 스마트아트 디자인
    : 3차원 경사,
      3차원 만화
  – 그룹화 후 애니메이션 효과
    : 닦아내기(위에서)
② 도형 편집
  – 그룹화 후 애니메이션 효과
    : 바운드

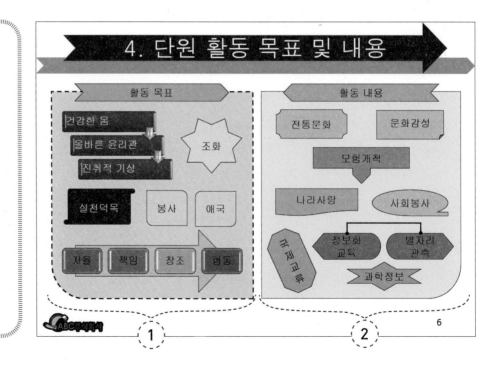

02 문제지의 지시사항 및 세부조건을 참고하여 출력형태에 알맞게 작업하시오.

· 소스 파일 : [출제유형 05]-정복05_문제02.pptx   · 정답 파일 : [출제유형 05]-정복05_완성02.pptx

(1) 도형과 표 작성 기능을 이용하여 슬라이드를 작성한다(글꼴 : 돋움, 18pt)

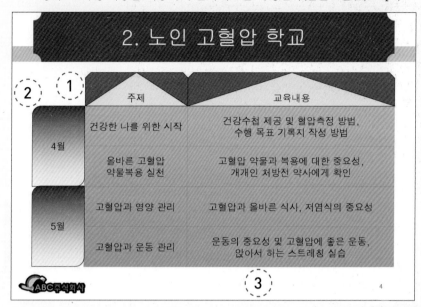

세부조건

① **상단 도형**
　2개 도형의 조합으로 작성
② **좌측 도형**
　그라데이션 효과(선형 아래쪽)
③ **테이블 디자인 [표 스타일]**
　테마 스타일1 - 강조 5

03 문제지의 지시사항 및 세부조건을 참고하여 출력형태에 알맞게 작업하시오.

· 소스 파일 : [출제유형 05]-정복05_문제03.pptx   · 정답 파일 : [출제유형 05]-정복05_완성03.pptx

(1) 도형과 표 작성 기능을 이용하여 슬라이드를 작성한다(글꼴 : 돋움, 18pt)

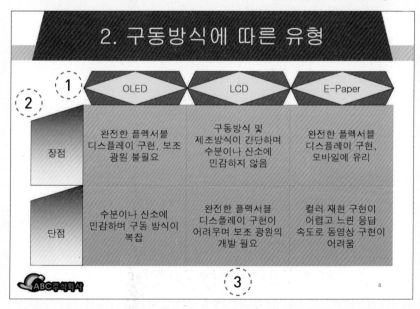

세부조건

① **상단 도형**
　2개 도형의 조합으로 작성
② **좌측 도형**
　그라데이션 효과(선형 아래쪽)
③ **테이블 디자인 [표 스타일]**
　테마 스타일1 - 강조 5

(1) 텍스트 작성 : 글머리 기호 사용(❖, ✓)
  ❖문단(굴림, 24pt, 굵게, 줄간격 : 1.5줄), ✓ 문단(굴림, 20pt, 줄간격 : 1.5줄)

세부조건

① 동영상 삽입 :
  – 「내 PC₩문서₩ITQ₩Picture₩
    동영상.wmv」
  – 자동실행, 반복재생 설정

1. 한국청소년연맹 설립 목적

❖ Purpose of establishment
  ✓ KOYA is a organization created for the youth to train their body and the mind to cultivate our 'spirit' and maintain a proper national viewpoint and ethical belief

❖ 한국청소년연맹
  ✓ 청소년이 몸과 마음을 단련하여 올바른 국가관과 윤리관을 기르도록 지도
  ✓ 전통문화를 계승 발전시키고 세계로 뻗어가는 진취적 기상을 함양하도록 지도

ABC주석회사   3

(1) 도형과 표 작성 기능을 이용하여 슬라이드를 작성한다(글꼴 : 돋움, 18pt).

세부조건

① 상단 도형 :
  2개 도형의 조합으로 작성
② 좌측 도형 :
  그라데이션 효과(선형 아래쪽)
③ 테이블 디자인【표 스타일】:
  테마 스타일 1 – 강조 6

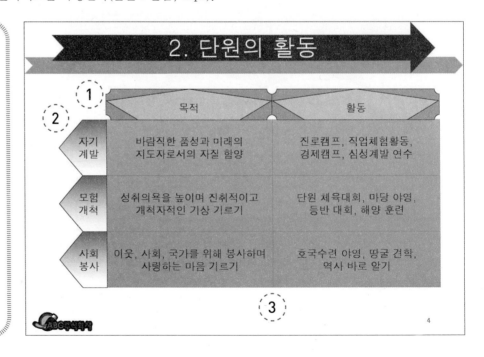

2. 단원의 활동

	목적	활동
자기 계발	바람직한 품성과 미래의 지도자로서의 자질 함양	진로캠프, 직업체험활동, 경제캠프, 심성계발 연수
모험 개척	성취의욕을 높이며 진취적이고 개척자적인 기상 기르기	단원 체육대회, 마당 야영, 등반 대회, 해양 훈련
사회 봉사	이웃, 사회, 국가를 위해 봉사하며 사랑하는 마음 기르기	호국수련 야영, 땅굴 견학, 역사 바로 알기

ABC주석회사   4

04 문제지의 지시사항 및 세부조건을 참고하여 출력형태에 알맞게 작업하시오.

• 소스 파일 : [출제유형 05]−정복05_문제04.pptx   • 정답 파일 : [출제유형 05]−정복05_완성04.pptx

(1) 도형과 표 작성 기능을 이용하여 슬라이드를 작성한다(글꼴 : 돋움, 18pt)

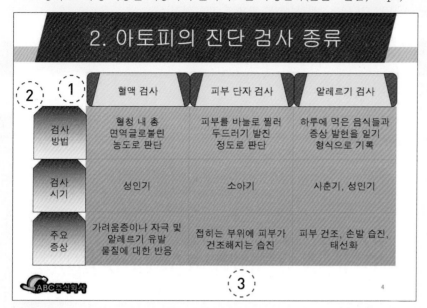

세부조건

① **상단 도형**
2개 도형의 조합으로 작성

② **좌측 도형**
그라데이션 효과(선형 아래쪽)

③ **테이블 디자인 【표 스타일】**
테마 스타일1 − 강조 5

---

05 문제지의 지시사항 및 세부조건을 참고하여 출력형태에 알맞게 작업하시오.

• 소스 파일 : [출제유형 05]−정복05_문제05.pptx   • 정답 파일 : [출제유형 05]−정복05_완성05.pptx

(1) 도형과 표 작성 기능을 이용하여 슬라이드를 작성한다(글꼴 : 돋움, 18pt)

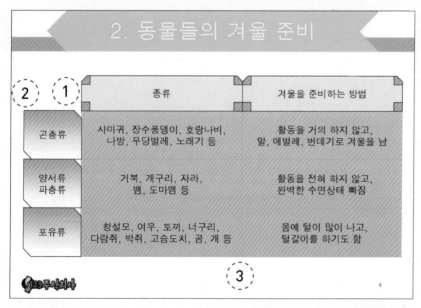

세부조건

① **상단 도형**
2개 도형의 조합으로 작성

② **좌측 도형**
그라데이션 효과(선형 아래쪽)

③ **테이블 디자인 【표 스타일】**
테마 스타일1 − 강조 6

[전체구성] 60점

(1) 슬라이드 크기 및 순서 : 크기를 A4 용지로 설정하고 슬라이드 순서에 맞게 작성한다.

(2) 슬라이드 마스터 : 2~6슬라이드의 제목, 하단 로고, 슬라이드 번호는 슬라이드 마스터를 이용하여 작성한다.
  – 제목 글꼴(돋움, 40pt, 흰색), 가운데 맞춤, 도형(선 없음)
  – 하단 로고(「내 PC₩문서₩ITQ₩Picture₩로고1.jpg」, 배경(회색) 투명색으로 설정)

[슬라이드 1] ≪표지 디자인≫ 40점

(1) 표지 디자인 : 도형, 워드아트 및 그림을 이용하여 작성한다.

세부조건

① 도형 편집
  – 도형에 그림 채우기 :
    「내 PC₩문서₩ITQ₩Picture₩
    그림1.jpg」, 투명도 50%
  – 도형 효과 :
    부드러운 가장자리 5포인트

② 워드아트 삽입
  – 변환 : 삼각형, 아래로【역삼각형】
  – 글꼴 : 돋움, 굵게
  – 텍스트 반사 : 근접 반사, 4pt 오프셋

③ 그림 삽입
  – 「내 PC₩문서₩ITQ₩Picture₩
    로고1.jpg」
  – 배경(회색) 투명색으로 설정

[슬라이드 2] ≪목차 슬라이드≫ 60점

(1) 출력형태와 같이 도형을 이용하여 목차를 작성한다(글꼴 : 굴림, 24pt).

(2) 도형 : 선 없음

세부조건

① 텍스트에 하이퍼링크 적용
  → '슬라이드 6'

② 그림 삽입
  – 「내 PC₩문서₩ITQ₩Picture₩
    그림4.jpg」
  – 자르기 기능 이용

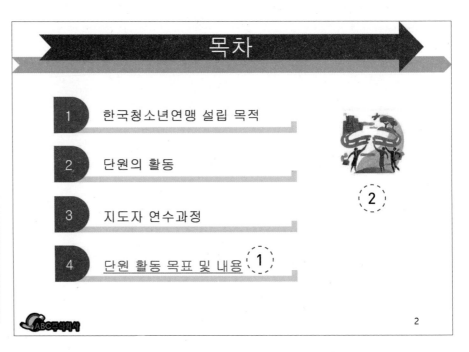

06 문제지의 지시사항 및 세부조건을 참고하여 출력형태에 알맞게 작업하시오.

• 소스 파일 : [출제유형 05]-정복05_문제06.pptx　　• 정답 파일 : [출제유형 05]-정복05_완성06.pptx

(1) 도형과 표 작성 기능을 이용하여 슬라이드를 작성한다(글꼴 : 돋움, 18pt)

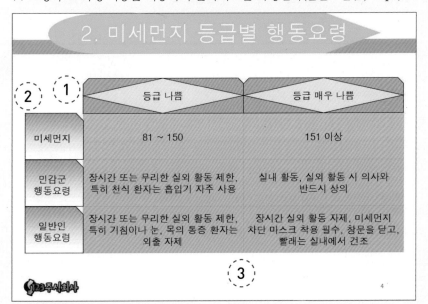

세부조건

① **상단 도형**
　2개 도형의 조합으로 작성
② **좌측 도형**
　그라데이션 효과(선형 아래쪽)
③ **테이블 디자인【표 스타일】**
　테마 스타일1 – 강조 6

07 문제지의 지시사항 및 세부조건을 참고하여 출력형태에 알맞게 작업하시오.

• 소스 파일 : [출제유형 05]-정복05_문제07.pptx　　• 정답 파일 : [출제유형 05]-정복05_완성07.pptx

(1) 도형과 표 작성 기능을 이용하여 슬라이드를 작성한다(글꼴 : 돋움, 18pt)

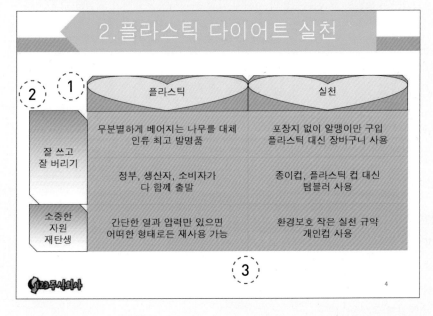

세부조건

① **상단 도형**
　2개 도형의 조합으로 작성
② **좌측 도형**
　그라데이션 효과(선형 아래쪽)
③ **테이블 디자인【표 스타일】**
　테마 스타일1 – 강조 6

과목	코드	문제유형	시험시간	수험번호	성명
한글파워포인트	1142	A	60분		

MS오피스

·수험자 유의사항·

- 수험자는 문제지를 받는 즉시 문제지와 **수험표상의 시험과목(프로그램)이 동일한지 반드시 확인**하여야 합니다.
- 파일명은 본인의 "수험번호-성명"으로 입력하여 답안폴더(내 PC₩문서₩ITQ)에 하나의 파일로 저장해야 하며, 답안 문서 파일명이 "수험번호-성명"과 일치하지 않거나, 답안파일을 전송하지 않아 미제출로 처리될 경우 실격 처리합니다 (예 : 12345678-홍길동.pptx).
- 답안 작성을 마치면 파일을 저장하고, '답안 전송' 버튼을 선택하여 감독위원 PC로 답안을 전송하십시오. 수험생 정보와 저장한 파일명이 다를 경우 전송되지 않으므로 주의하시기 바랍니다.
- 답안 작성 중에도 **주기적으로 저장하고, '답안 전송'**하여야 문제 발생을 줄일 수 있습니다. 작업한 내용을 저장하지 않고 전송할 경우 이전에 저장된 내용이 전송되오니 이점 유의하시기 바랍니다.
- 답안문서는 지정된 경로 외의 다른 보조기억장치에 저장하는 경우, 지정된 시험 시간 외에 작성된 파일을 활용할 경우, 기타 통신수단(이메일, 메신저, 네트워크 등)을 이용하여 타인에게 전달 또는 외부 반출하는 경우는 부정 처리합니다.
- 시험 중 부주의 또는 고의로 시스템을 파손한 경우는 수험자가 변상해야 하며, 〈수험자 유의사항〉에 기재된 방법대로 이행하지 않아 생기는 불이익은 수험생 당사자의 책임임을 알려 드립니다.
- 문제의 조건은 MS오피스 2021 버전으로 설정되어 있으며 MS오피스 2016은 【 】에 표기되어 있습니다. 이와 관련하여 작성한 답안의 출력형태가 문제지와 다를 수 있습니다.
- 시험을 완료한 수험자는 답안파일이 전송되었는지 확인한 후 감독위원의 지시에 따라 문제지를 제출하고 퇴실합니다.

·답안 작성요령·

- 온라인 답안 작성 절차
  수험자 등록 ⇒ 시험 시작 ⇒ 답안파일 저장 ⇒ 답안 전송 ⇒ 시험 종료
- 슬라이드의 크기는 A4 Paper로 설정하여 작성합니다.
- 슬라이드의 총 개수는 6개로 구성되어 있으며 슬라이드 1부터 순서대로 작업하고 반드시 문제와 세부조건대로 합니다.
- 별도의 지시사항이 없는 경우 출력형태를 참조하여 글꼴색은 검정 또는 흰색으로 작성하고, 기타사항은 전체적인 균형을 고려하여 작성합니다.
- 슬라이드 도형 및 개체에 출력형태와 다른 스타일(그림자, 외곽선 등)을 적용했을 경우 감점처리 됩니다.
- 슬라이드 번호를 작성합니다(슬라이드 1에는 생략).
- 2~6번 슬라이드 제목 도형과 하단 로고는 슬라이드 마스터를 이용하여 출력형태와 동일하게 작성합니다(슬라이드 1에는 생략).
- 문제와 세부조건, 세부조건 번호 ○(점선원)는 입력하지 않습니다.
- 각 개체의 위치는 오른쪽의 슬라이드와 동일하게 구성합니다.
- 그림 삽입 문제의 경우 반드시 「내 PC₩문서₩ITQ₩Picture」 폴더에서 정확한 파일을 선택하여 삽입하십시오.
- 각 슬라이드를 각각의 파일로 작업해서 저장할 경우 실격 처리됩니다.

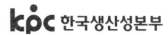

06 [슬라이드 5] 《차트 슬라이드》

☑ 차트 작성 및 편집하기
☑ 도형 삽입 후 스타일 지정하기

문제 미리보기
소스 파일 : [출제유형 06]-유형06_문제.pptx   정답 파일 : [출제유형 06]-유형06_완성.pptx

◆ [슬라이드 5] 《차트 슬라이드》   (100점)

　(1) 차트 작성 기능을 이용하여 슬라이드를 작성한다.

　(2) 차트 : 종류(묶은 세로 막대형), 글꼴(돋움, 16pt), 외곽선

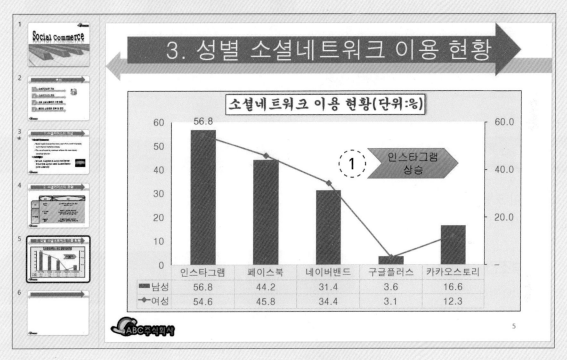

◆ 세부 조건

※ 차트설명

• 차트제목 : 궁서, 24pt, 굵게, 채우기(흰색), 테두리, 그림자(오프셋 오른쪽)

• 차트영역 : 채우기(노랑) / 그림영역 : 채우기(흰색)

• 데이터 서식 : 여성 계열을 표식이 있는 꺾은 선형으로 변경 후 보조축으로 지정

• 값 표시 : 인스타그램의 남성 계열만

① 도형 삽입

　– 스타일 : 미세 효과 – 파랑, 강조 1

　– 글꼴 : 굴림, 18pt

(1) 차트 작성 기능을 이용하여 슬라이드를 작성한다.

(2) 차트 : 종류(묶은 세로 막대형), 글꼴(돋움, 16pt), 외곽선

세부조건

※ 차트설명

• 차트 제목 : 궁서, 24pt, 굵게, 채우기(흰색), 테두리, 그림자(오프셋 아래쪽)

• 차트 영역 : 채우기(노랑) 그림 영역 : 채우기(흰색)

• 데이터 서식 : 조립/폐차 계열을 표식이 있는 꺾은선형으로 변경 후 보조축으로 지정

• 값 표시 : 수소전기차의 연료 생산 계열만

① 도형 삽입
 – 스타일 : 미세 효과 – 파랑, 강조 1
 – 글꼴 : 굴림, 18pt

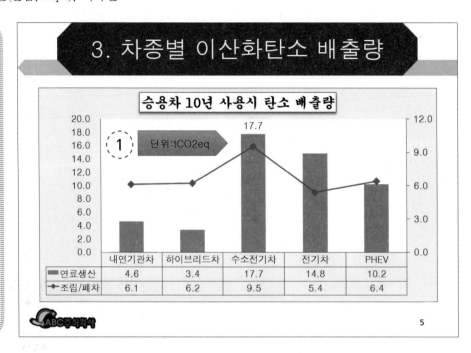

(1) 슬라이드와 같이 도형 및 스마트아트를 배치한다(글꼴 : 굴림, 18pt).

(2) 애니메이션 순서 : ① ⇒ ②

세부조건

① 도형 및 스마트아트 편집
 – 스마트아트 디자인
  : 3차원 경사, 3차원 만화
 – 그룹화 후 애니메이션 효과
  : 날아오기(왼쪽에서)

② 도형 편집
 – 그룹화 후 애니메이션 효과
  : 바운드

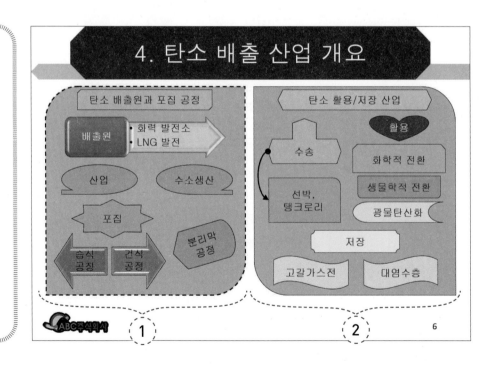

■ 차트 삽입

① **유형06_문제.pptx** 파일을 불러와 [슬라이드 5]를 클릭한 후 작업합니다.

> ※ 파일 불러오기 : [파일]–[열기]–[찾아보기]를 클릭한 후 [열기] 대화상자에서 파일을 선택합니다.

② 슬라이드 상단의 '제목을 추가하려면 클릭하십시오.'를 클릭한 후 **3. 성별 소셜네트워크 이용 현황**을 입력합니다. 이어서, 슬라이드 안 쪽의 차트 삽입(📊)을 클릭합니다.

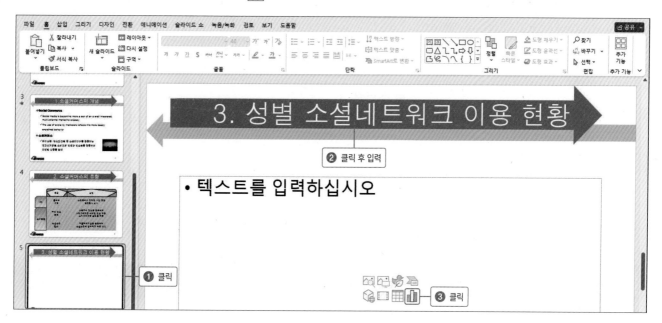

③ [차트 삽입] 대화상자가 나오면 [혼합(📊)]–**사용자 지정 조합(📊)**을 선택합니다. 이어서, 계열1(묶은 세로 막대형)과 계열2(표식이 있는 꺾은선형)의 옵션을 그림과 같이 지정한 후 〈확인〉 단추를 클릭합니다.

> ※ [혼합(📊)]–사용자 지정 조합(📊)을 이용하여 차트를 작성하면 계열별로 차트의 모양과 보조축을 미리 지정할 수 있습니다.

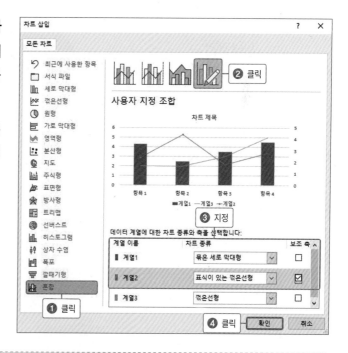

계열 차트 종류 지정
문제지의 《출력형태》를 참고하여 계열에 맞는 차트 종류를 지정합니다.

(1) 텍스트 작성 : 글머리 기호 사용(◆, ➤)
◆문단(굴림, 24pt, 굵게, 줄간격 : 1.5줄), ➤문단(굴림, 20pt, 줄간격 : 1.5줄)

세부조건

① 동영상 삽입 :
– 「내 PC₩문서₩ITQ₩Picture₩동영상.wmv」
– 자동실행, 반복재생 설정

1. 탄소 배출량 측정 기준 범위

◆ Scope 3
➤ Classified into Scope 1, Scope 2, and Scope 3 according to the measurement range of carbon emitted by a company

◆ 스코프 3
➤ 스코프 1 : 탄소 배출 성격과 측정 범위에 따라 생산단계에서 직접 배출
➤ 스코프 2 : 동력을 만드는 과정에서 간접 배출
➤ 스코프 3 : 물류 및 제품 사용과 폐기과정에서 외부 배출

ABC주식회사   3

(1) 도형과 표 작성 기능을 이용하여 슬라이드를 작성한다(글꼴 : 돋움, 18pt).

세부조건

① 상단 도형 :
2개 도형의 조합으로 작성
② 좌측 도형 :
그라데이션 효과(선형 아래쪽)
③ 테이블 디자인【표 스타일】:
테마 스타일 1 – 강조 2

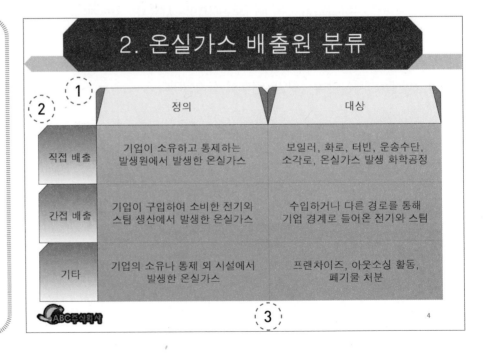

2. 온실가스 배출원 분류

	정의	대상
직접 배출	기업이 소유하고 통제하는 발생원에서 발생한 온실가스	보일러, 화로, 터빈, 운송수단, 소각로, 온실가스 발생 화학공정
간접 배출	기업이 구입하여 소비한 전기와 스팀 생산에서 발생한 온실가스	수입하거나 다른 경로를 통해 기업 경계로 들어온 전기와 스팀
기타	기업의 소유나 통제 외 시설에서 발생한 온실가스	프랜차이즈, 아웃소싱 활동, 폐기물 처분

ABC주식회사   4

■ 차트 데이터 입력 및 범위 지정, 행/열 전환

❶ 차트 삽입과 동시에 엑셀 데이터 입력 창이 활성화되면 그림과 같이 차트에 필요한 데이터를 입력한 후 파란 색 선 바깥쪽의 빈 셀을 클릭합니다.

※ 키보드의 방향키(↑, ↓, ←, →)를 눌러 다른 셀로 이동이 가능합니다.

※ 데이터 입력 시 소수점(.) 또는 천 단위 구분 기호(,)를 잘 구분하여 입력합니다.

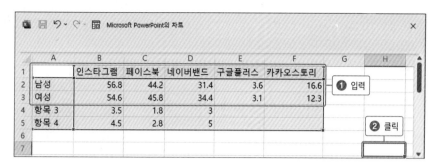

❷ 오른쪽 하단의 파란색 점( ) 위에 마우스 포인터를 위치시킨 후, 모양으로 변경되면 그림과 같이 위쪽으로 드래그합니다.

❸ 차트 범위가 지정되면 불필요한 데이터를 드래그한 후 Delete 키를 눌러 삭제합니다.

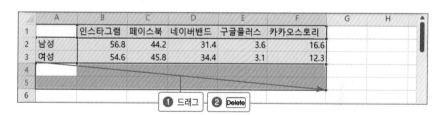

❹ 차트의 모양을 변경하기 위해 [차트 디자인] 탭의 [데이터] 그룹에서 **행/열 전환( )**을 클릭한 후 변경 된 차트 모양을 확인합니다.

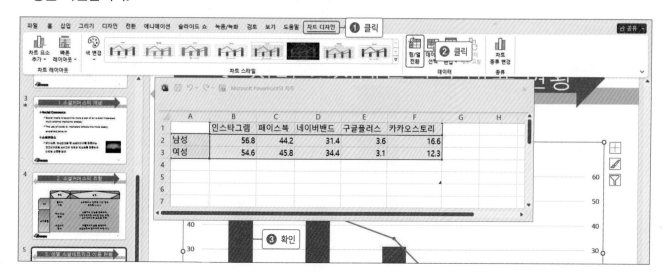

[전체구성] 60점

(1) 슬라이드 크기 및 순서 : 크기를 A4 용지로 설정하고 슬라이드 순서에 맞게 작성한다.

(2) 슬라이드 마스터 : 2~6슬라이드의 제목, 하단 로고, 슬라이드 번호는 슬라이드 마스터를 이용하여 작성한다.
- 제목 글꼴(돋움, 40pt, 흰색), 가운데 맞춤, 도형(선 없음)
- 하단 로고(「내 PC₩문서₩ITQ₩Picture₩로고1.jpg」, 배경(회색) 투명색으로 설정)

[슬라이드 1] 《표지 디자인》 40점

(1) 표지 디자인 : 도형, 워드아트 및 그림을 이용하여 작성한다.

세부조건

① 도형 편집
- 도형에 그림 채우기 : 「내 PC₩문서₩ITQ₩Picture₩ 그림2.jpg」, 투명도 50%
- 도형 효과 : 부드러운 가장자리 5포인트

② 워드아트 삽입
- 변환 : 삼각형, 위로 【삼각형】
- 글꼴 : 돋움, 굵게
- 텍스트 반사 : 근접 반사, 터치

③ 그림 삽입
- 「내 PC₩문서₩ITQ₩Picture₩ 로고1.jpg」
- 배경(회색) 투명색으로 설정

[슬라이드 2] 《목차 슬라이드》 60점

(1) 출력형태와 같이 도형을 이용하여 목차를 작성한다(글꼴 : 굴림, 24pt).

(2) 도형 : 선 없음

세부조건

① 텍스트에 하이퍼링크 적용
→ '슬라이드 6'

② 그림 삽입
- 「내 PC₩문서₩ITQ₩Picture₩ 그림4.jpg」
- 자르기 기능 이용

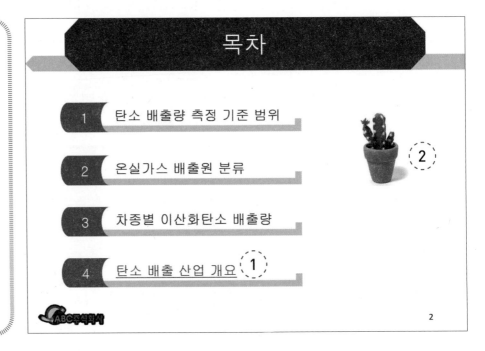

■ 차트 축 서식의 형식 지정하기

1 차트의 《출력형태》를 참고하여 축의 최소값 모양(–)을 확인합니다.

※ ITQ 파워포인트 시험에서는 차트 축의 최소값이 '–' 또는 숫자로 출제됩니다.

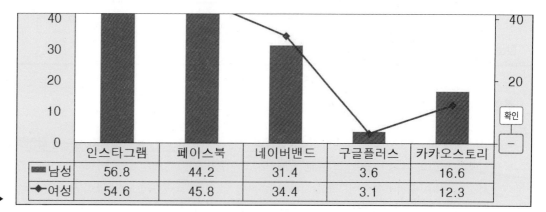

	인스타그램	페이스북	네이버밴드	구글플러스	카카오스토리
남성	56.8	44.2	31.4	3.6	16.6
여성	54.6	45.8	34.4	3.1	12.3

차트의 《출력형태》 ▶

2 보조 세로축의 형식을 《출력형태》와 똑같이 맞추기 위해 엑셀 데이터 입력 창에서 보조 세로 축의 **데이터(여성)** 를 드래그하여 블록으로 지정합니다.

3 블록으로 지정된 셀 위에서 마우스 오른쪽 단추를 눌러 바로 가기 메뉴가 나오면 [셀 서식]을 클릭합니다.

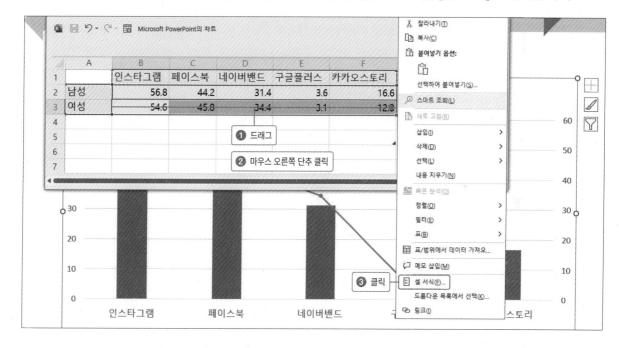

과목	코드	문제유형	시험시간	수험번호	성명
한글파워포인트	1142	A	60분		

MS오피스

·수험자 유의사항·

- 수험자는 문제지를 받는 즉시 문제지와 **수험표상의 시험과목(프로그램)이 동일한지 반드시 확인**하여야 합니다.
- 파일명은 본인의 "수험번호-성명"으로 입력하여 답안폴더(내 PC\문서\ITQ)에 하나의 파일로 저장해야 하며, 답안 문서 파일명이 "수험번호-성명"과 일치하지 않거나, 답안파일을 전송하지 않아 미제출로 처리될 경우 실격 처리합니다 (예 : 12345678-홍길동.pptx).
- 답안 작성을 마치면 파일을 저장하고, '답안 전송' 버튼을 선택하여 감독위원 PC로 답안을 전송하십시오. 수험생 정보와 저장한 파일명이 다를 경우 전송되지 않으므로 주의하시기 바랍니다.
- 답안 작성 중에도 **주기적으로 저장하고, '답안 전송'**하여야 문제 발생을 줄일 수 있습니다. 작업한 내용을 저장하지 않고 전송할 경우 이전에 저장된 내용이 전송되오니 이점 유의하시기 바랍니다.
- 답안문서는 지정된 경로 외의 다른 보조기억장치에 저장하는 경우, 지정된 시험 시간 외에 작성된 파일을 활용할 경우, 기타 통신수단(이메일, 메신저, 네트워크 등)을 이용하여 타인에게 전달 또는 외부 반출하는 경우는 부정 처리합니다.
- 시험 중 부주의 또는 고의로 시스템을 파손한 경우는 수험자가 변상해야 하며, 〈수험자 유의사항〉에 기재된 방법대로 이행하지 않아 생기는 불이익은 수험생 당사자의 책임임을 알려 드립니다.
- 문제의 조건은 MS오피스 2021 버전으로 설정되어 있으며 MS오피스 2016은 【 】에 표기되어 있습니다. 이와 관련하여 작성한 답안의 출력형태가 문제지와 다를 수 있습니다.
- 시험을 완료한 수험자는 답안파일이 전송되었는지 확인한 후 감독위원의 지시에 따라 문제지를 제출하고 퇴실합니다.

·답안 작성요령·

- 온라인 답안 작성 절차
  수험자 등록 ⇒ 시험 시작 ⇒ 답안파일 저장 ⇒ 답안 전송 ⇒ 시험 종료
- 슬라이드의 크기는 A4 Paper로 설정하여 작성합니다.
- 슬라이드의 총 개수는 6개로 구성되어 있으며 슬라이드 1부터 순서대로 작업하고 반드시 문제와 세부조건대로 합니다.
- 별도의 지시사항이 없는 경우 출력형태를 참조하여 글꼴색은 검정 또는 흰색으로 작성하고, 기타사항은 전체적인 균형을 고려하여 작성합니다.
- 슬라이드 도형 및 개체에 출력형태와 다른 스타일(그림자, 외곽선 등)을 적용했을 경우 감점처리 됩니다.
- 슬라이드 번호를 작성합니다(슬라이드 1에는 생략).
- 2~6번 슬라이드 제목 도형과 하단 로고는 슬라이드 마스터를 이용하여 출력형태와 동일하게 작성합니다(슬라이드 1에는 생략).
- 문제와 세부조건, 세부조건 번호 ○(점선원)는 입력하지 않습니다.
- 각 개체의 위치는 오른쪽의 슬라이드와 동일하게 구성합니다.
- 그림 삽입 문제의 경우 반드시 「내 PC\문서\ITQ\Picture」 폴더에서 정확한 파일을 선택하여 삽입하십시오.
- 각 슬라이드를 각각의 파일로 작업해서 저장할 경우 실격 처리됩니다.

kpc 한국생산성본부

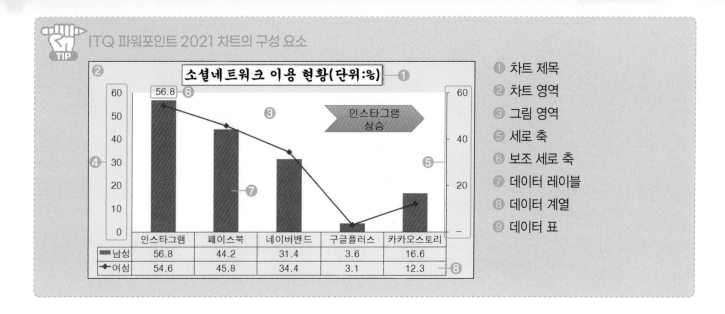

ITQ 파워포인트 2021 차트의 구성 요소

소셜네트워크 이용 현황(단위:%)

	인스타그램	페이스북	네이버밴드	구글플러스	카카오스토리
■남성	56.8	44.2	31.4	3.6	16.6
◆여성	54.6	45.8	34.4	3.1	12.3

① 차트 제목
② 차트 영역
③ 그림 영역
⑤ 세로 축
⑥ 보조 세로 축
⑦ 데이터 레이블
⑧ 데이터 계열
⑨ 데이터 표

④ [셀 서식] 대화상자가 나오면 [표시 형식] 탭에서 **범주-회계**를 클릭한 후 소수 자릿수(1), 기호(없음)를 입력합니다. 이어서, 〈확인〉 단추를 클릭합니다.

⑤ 변경된 보조 축의 값을 확인한 후 엑셀 데이터 입력 창의 닫기(☒)를 클릭합니다.

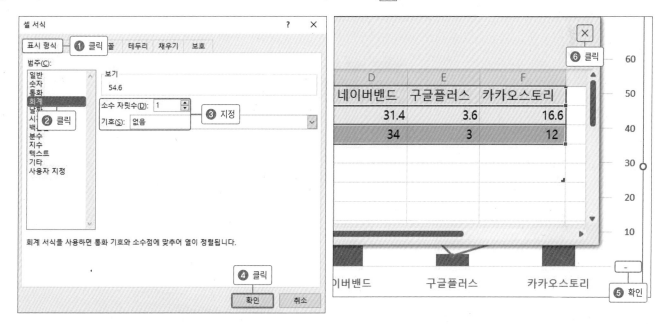

엑셀 데이터 입력 창에서 표시 형식 지정하기

① 차트의 《출력형태》를 참고하여 축의 최소값이 '0'이면 숫자 서식, '-'이면 회계 서식이 적용된 것입니다.
② 만약 소수점 자릿수를 지정하는 문제가 출제되면 데이터를 입력한 후 [셀 서식] 대화상자에서 범주를 숫자 또는 회계 등으로 지정하여 소수 자릿수를 적용할 수 있습니다.

PART 03

출제예상
모의고사

02 차트 레이아웃 설정 및 기본 서식 변경

■ 차트 레이아웃 변경하기

❶ 차트가 선택된 상태에서 [차트 디자인] 탭의 [차트 레이아웃] 그룹에서 빠른 레이아웃(▦)을 클릭한 후 레이아웃 5(▦)를 선택합니다.

※ 《출력형태》와 가장 비슷한 '레이아웃 5'를 선택하여 작업하면 편리합니다.

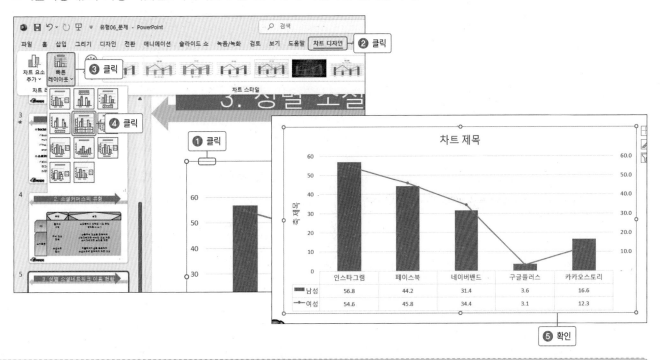

> 세부조건에 '데이터 테이블 표시' 지시사항은 없으나 《출력형태》에는 데이터 테이블이 출제되기 때문에 전체 구성이 가장 비슷한 '레이아웃5'를 선택하여 작업하는 것이 좋습니다.

❷ 레이아웃이 변경되면 차트 왼쪽의 **축 제목**을 클릭한 후 Delete 키를 눌러 삭제합니다.

※ 반드시 《출력형태》를 참고하여 작업합니다.

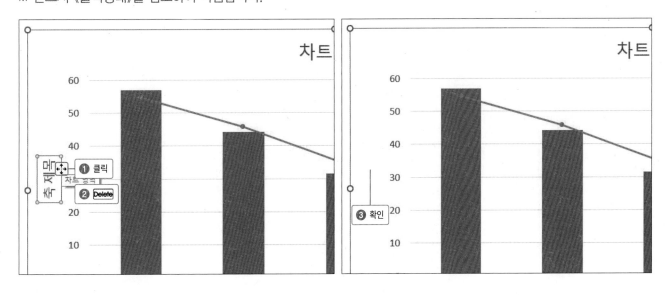

06 문제지의 지시사항 및 세부조건을 참고하여 출력형태에 알맞게 작업하시오. (60점)

• 소스 파일 : [출제유형 07]–정복07_문제06.pptx   • 정답 파일 : [출제유형 07]–정복07_완성06.pptx

(1) 슬라이드와 같이 도형 및 스마트아트를 배치한다(글꼴 : 굴림, 18pt)

(2) 애니메이션 순서 : ① ⇒ ②

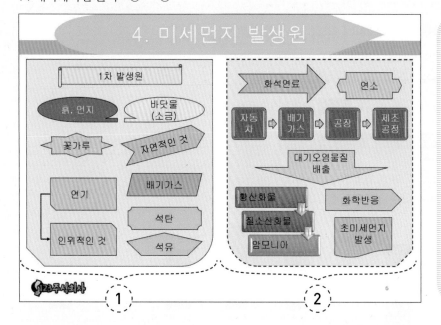

세부조건

① **도형 편집**
  – 그룹화 후 애니메이션 효과 :
    닦아내기(위에서)

② **도형 및 스마트아트 편집**
  – 스마트아트 디자인 :
    3차원 만화, 3차원 경사
  – 그룹화 후 애니메이션 효과 :
    바운드

07 문제지의 지시사항 및 세부조건을 참고하여 출력형태에 알맞게 작업하시오.

• 소스 파일 : [출제유형 07]–정복07_문제07.pptx   • 정답 파일 : [출제유형 07]–정복07_완성07.pptx

(1) 슬라이드와 같이 도형 및 스마트아트를 배치한다(글꼴 : 굴림, 18pt)

(2) 애니메이션 순서 : ① ⇒ ②

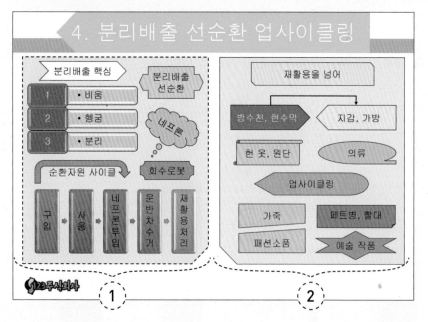

세부조건

① **도형 및 스마트아트 편집**
  – 스마트아트 디자인 :
    3차원 만화, 3차원 경사
  – 그룹화 후 애니메이션 효과 :
    닦아내기(위에서)

② **도형 편집**
  – 그룹화 후 애니메이션 효과 :
    바운드

■ 차트 전체 글꼴 변경 및 외곽선 지정하기

1 차트의 테두리를 클릭한 후 [홈] 탭의 [글꼴] 그룹에서 **글꼴(돋움), 글꼴 크기(16pt)**를 지정합니다.

※ 차트의 전체 글꼴을 미리 한 번에 변경한 후 제목 글꼴은 나중에 변경합니다.

2 글꼴 서식이 변경되면 [서식] 탭의 [도형 스타일] 그룹에서 [도형 윤곽선]–**검정, 텍스트 1**을 클릭합니다.

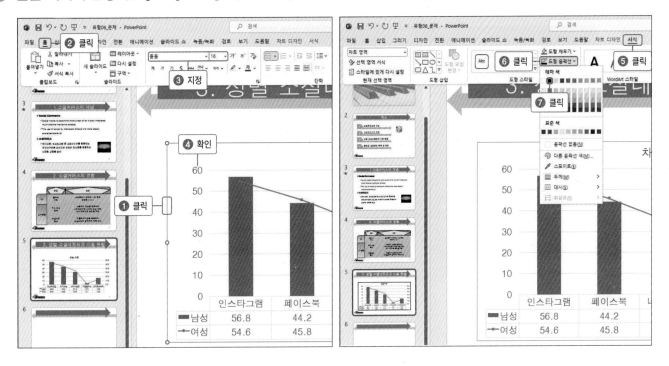

차트 제목 : 궁서, 24pt, 굵게, 채우기(흰색), 테두리, 그림자(오프셋 오른쪽)

03 차트 세부 조건 작성하기

■ 차트 제목 작성하기

1 '차트 제목'을 클릭한 후 [홈] 탭의 [글꼴] 그룹에서 **글꼴(궁서), 글꼴 크기(24pt), 굵게(가)**를 지정합니다.

※ ITQ 파워포인트에서는 문제지 조건에 따라 차트 제목에 굵게(가)를 지정해야 합니다.

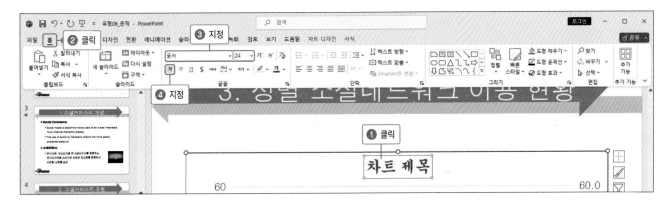

04 문제지의 지시사항 및 세부조건을 참고하여 출력형태에 알맞게 작업하시오. (60점)

· 소스 파일 : [출제유형 07]-정복07_문제04.pptx   · 정답 파일 : [출제유형 07]-정복07_완성04.pptx

(1) 슬라이드와 같이 도형 및 스마트아트를 배치한다(글꼴 : 돋움, 18pt).
(2) 애니메이션 순서 : ① ⇒ ②

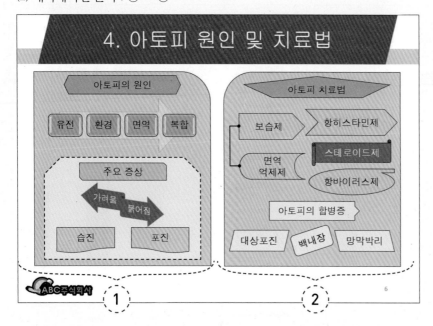

세부조건

① **도형 및 스마트아트 편집**
- 스마트아트 디자인 :
  3차원 만화, 3차원 벽돌
- 그룹화 후 애니메이션 효과 :
  밝기 변화

② **도형 편집**
- 그룹화 후 애니메이션 효과 :
  닦아내기(오른쪽에서)

---

05 문제지의 지시사항 및 세부조건을 참고하여 출력형태에 알맞게 작업하시오.

· 소스 파일 : [출제유형 07]-정복07_문제05.pptx   · 정답 파일 : [출제유형 07]-정복07_완성05.pptx

(1) 슬라이드와 같이 도형 및 스마트아트를 배치한다(글꼴 : 굴림, 18pt).
(2) 애니메이션 순서 : ① ⇒ ②

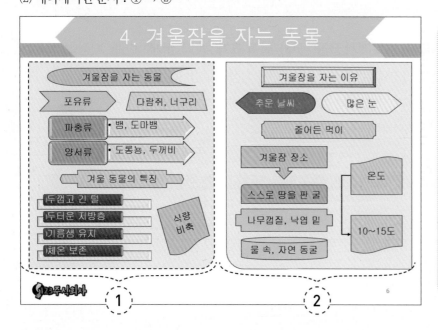

세부조건

① **도형 및 스마트아트 편집**
- 스마트아트 디자인 :
  3차원 만화, 3차원 경사
- 그룹화 후 애니메이션 효과 :
  닦아내기(위에서)

② **도형 편집**
- 그룹화 후 애니메이션 효과 :
  바운스

② [서식] 탭의 [도형 스타일] 그룹에서 [도형 채우기]−**흰색, 배경 1**을 클릭합니다. 이어서, [도형 윤곽선]−**검정, 텍스트 1**을 클릭합니다.

※ 실제 문제지의 세부 조건에는 '테두리'만 표시되기 때문에 임의의 색인 검정색을 선택합니다.

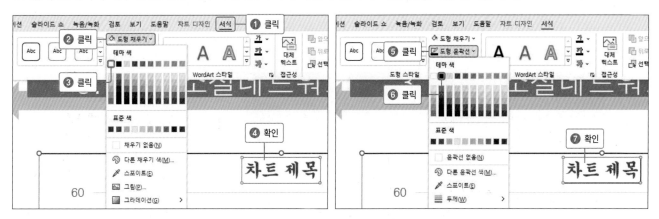

③ [서식] 탭의 [도형 스타일] 그룹에서 [도형 효과]−[그림자]−바깥쪽−**오프셋: 오른쪽**을 클릭합니다.

④ '차트 제목' 텍스트 상자 위에서 마우스 포인터가 I 모양으로 변경되면 내용을 드래그하여 블록으로 지정합니다. 이어서, **소셜네트워크 이용 현황(단위:%)**를 입력한 후 Esc 키를 두 번 눌러 모든 선택을 해제 합니다.

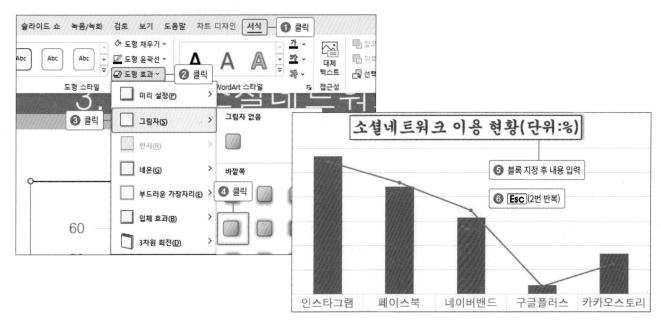

02 문제지의 지시사항 및 세부조건을 참고하여 출력형태에 알맞게 작업하시오. (60점)

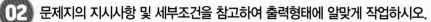

• 소스 파일 : [출제유형 07]-정복07_문제02.pptx • 정답 파일 : [출제유형 07]-정복07_완성02.pptx

(1) 슬라이드와 같이 도형 및 스마트아트를 배치한다(글꼴 : 돋움, 18pt).

(2) 애니메이션 순서 : ① ⇒ ②

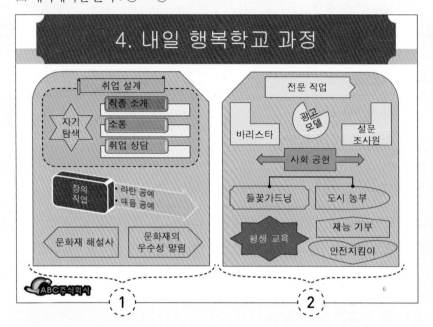

세부조건

① **도형 및 스마트아트 편집**
 – 스마트아트 디자인 :
  3차원 만화, 3차원 벽돌
 – 그룹화 후 애니메이션 효과 :
  밝기 변화

② **도형 편집**
 – 그룹화 후 애니메이션 효과 :
  닦아내기(오른쪽에서)

---

03 문제지의 지시사항 및 세부조건을 참고하여 출력형태에 알맞게 작업하시오.

• 소스 파일 : [출제유형 07]-정복07_문제03.pptx • 정답 파일 : [출제유형 07]-정복07_완성03.pptx

(1) 슬라이드와 같이 도형 및 스마트아트를 배치한다(글꼴 : 돋움, 18pt).

(2) 애니메이션 순서 : ① ⇒ ②

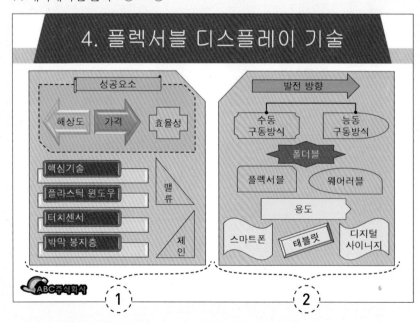

세부조건

① **도형 및 스마트아트 편집**
 – 스마트아트 디자인 :
  3차원 경사, 3차원 만화
 – 그룹화 후 애니메이션 효과 :
  밝기 변화

② **도형 편집**
 – 그룹화 후 애니메이션 효과 :
  닦아내기(오른쪽에서)

■ 차트 영역 및 그림 영역 색상 채우기

차트 영역 : 채우기(노랑) / 그림 영역 : 채우기(흰색)

① 차트 영역에 색상을 채우기 위해 차트의 테두리를 클릭한 후 [서식] 탭의 [도형 스타일] 그룹에서 [도형 채우기]-**노랑**을 선택합니다.

> ※ 만약 작업 후 제목 텍스트 상자(소셜네트워크 이용 현황(단위:%)가 '노랑'으로 채워졌을 때는 다시 '차트 제목(소셜네트워크 이용 현황 (단위:%))'을 선택한 후 [도형 채우기]-'흰색, 배경 1'을 클릭합니다.

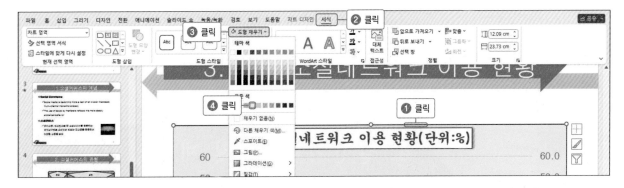

② 그림 영역에 색상을 채우기 위해 그림 영역을 클릭한 후 [도형 채우기]-**흰색, 배경 1**을 선택합니다.

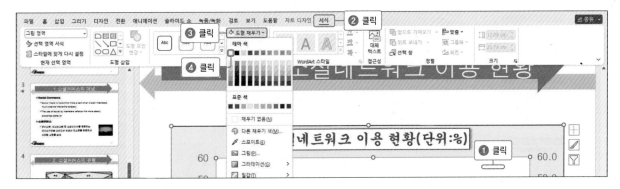

■ 값 표시-데이터 레이블('인스타그램의 남성' 계열에만 값을 표시하기)

값 표시 : 인스타그램의 남성 계열만

① 남성 계열을 클릭한 후 **인스타그램** 요소만 선택합니다.

② [차트 디자인] 탭의 [차트 레이아웃] 그룹에서 차트 요소 추가(▥)를 클릭한 후 [데이터 레이블]-'**바깥쪽 끝에**'를 클릭합니다.

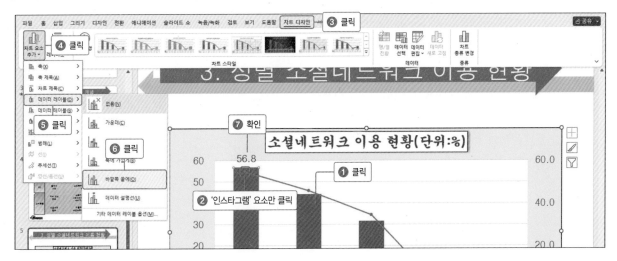

[슬라이드 6] 《도형 슬라이드》

01 문제지의 지시사항 및 세부조건을 참고하여 출력형태에 알맞게 작업하시오. (60점)

• 소스 파일 : [출제유형 07]-정복07_문제01.pptx • 정답 파일 : [출제유형 07]-정복07_완성01.pptx

(1) 슬라이드와 같이 도형 및 스마트아트를 배치한다(글꼴 : 굴림, 18pt).

(2) 애니메이션 순서 : ① ⇒ ②

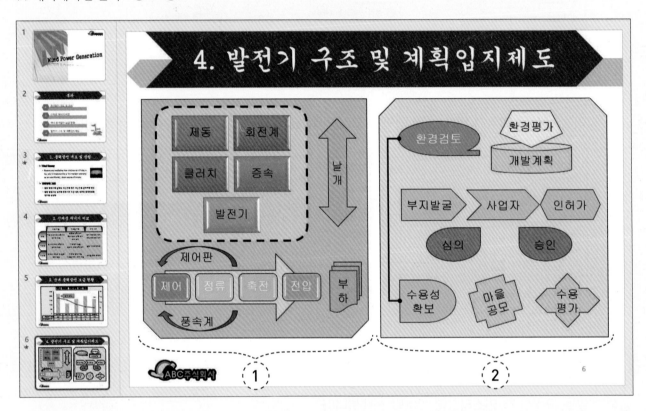

세부조건

① 도형 및 스마트아트 편집

– 스마트아트 디자인 : 3차원 경사, 3차원 만화

– 그룹화 후 애니메이션 효과 : 회전

② 도형 편집

– 그룹화 후 애니메이션 효과 : 닦아내기(왼쪽에서)

❸ 데이터 계열 표식 옵션을 《출력형태》와 동일하게 만들기 위해 **여성** 계열을 클릭한 후 마우스 오른쪽 단추를 눌러 바로 가기 메뉴가 나오면 [데이터 계열 서식]을 클릭합니다.

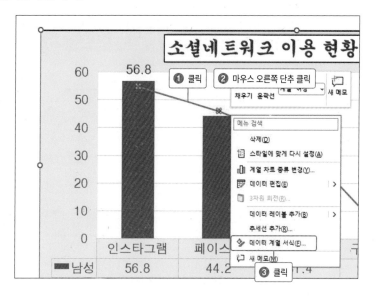

❹ 오른쪽 작업 창이 활성화되면 채우기 및 선(🖌)을 클릭한 후 [표식]-표식 옵션-'**기본제공**', 형식-'**마름모 모양**'을 클릭합니다. 이어서, 크기를 '**10**'으로 입력한 후 작업 창을 종료(☒)합니다.

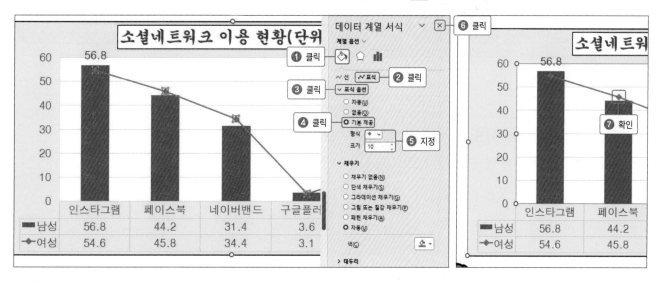

✊
TIP
데이터 레이블

❶ 시험 유형에 따라 차트에 데이터 레이블 값이 표시되는 위치(가운데, 위쪽, 아래쪽 등)가 다양하게 출제되기 때문에 《출력형태》를 참고하여 작업합니다.

❷ 데이터 레이블이 특정 요소가 아닌 전체(예 : 여성) 계열에 값을 표시하는 문제도 출제되고 있습니다. 이 경우에는 해당 계열을 한 번만 클릭한 후 계열 표식이 전체로 선택되었을 때 데이터 레이블을 추가합니다.

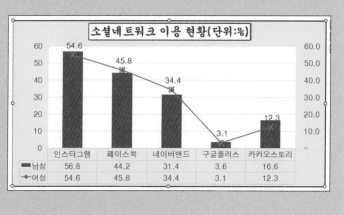

⑤ 그룹으로 지정된 도형의 위치를 《출력형태》와 비슷하게 변경합니다.

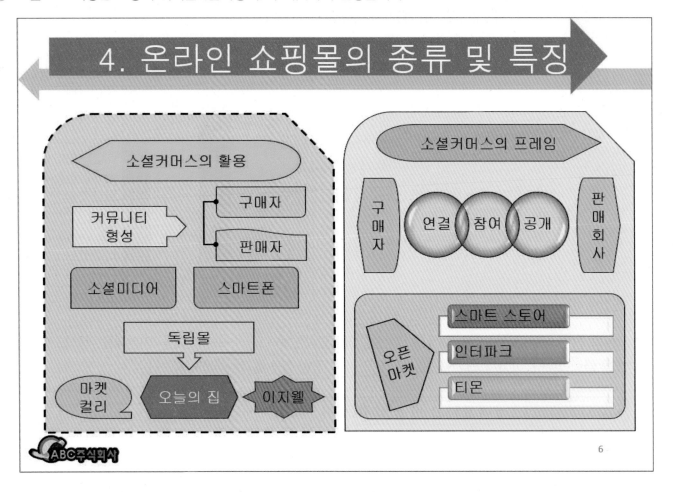

⑥ [파일]-[저장](**Ctrl** + **S**) 또는 [빠른 실행 도구 모음]에서 **저장** (**💾**)을 클릭합니다.

※ 실제 시험을 볼 때 작업 도중에 수시로(10분에 한 번 정도) 저장을 하는 것이 좋습니다.

시험 분석

[슬라이드 6]《도형 슬라이드》

• **도형 삽입** : [슬라이드 6]에서 처음 도형을 삽입하여 도형의 윤곽선 및 글꼴을 변경한 후 [기본 도형으로 설정]을 지정합니다. (단, 굵은 테두리 또는 대시의 모양이 지정된 도형 제외)

최근 시험에서는 조절점이나 회전 등을 이용한 변형 도형이 출제되고 있기 때문에 도형의 모양을 잘 알고 있어야 하며, 회전된 도형에 텍스트를 입력할 때는 텍스트 상자를 이용합니다. 또한 ITQ 파워포인트의 모든 개체(도형, 스마트아트, 텍스트 상자 등)는 《출력형태》를 참고하여 글꼴색상을 지정해야 합니다.

• **스마트아트** : 다양한 모양의 스마트아트가 출제되며, 스마트아트를 작성하는 방법이 조금씩 다르기 때문에 많은 연습이 필요합니다.

• **애니메이션** : 날아오기, 닦아내기, 블라인드, 시계 방향 회전, 바운드 등이 자주 출제되며, [효과옵션]을 이용하여 애니메이션의 방향 등을 변경하는 문제도 출제되고 있습니다

■ 차트 눈금선 지우기

① 차트가 선택된 상태에서 [차트 디자인] 탭의 [차트 레이아웃] 그룹에서 **차트 요소 추가(📊)**를 클릭한 후 [눈금선]–**기본 주 가로(📊)**의 선택을 해제합니다.

※ 차트를 작성하면 눈금선은 기본 주 가로(📊)가 기본값으로 설정되어 있으며 《출력형태》와 동일하게 작업하기 위해서는 반드시 선택을 해제합니다.

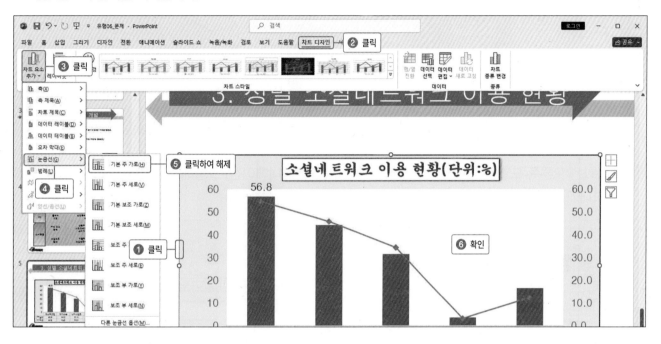

■ 세로 (값) 축 지정하기

① 세로 (값) 축 임의의 숫자(60) 위에서 마우스 오른쪽 단추를 눌러 바로 가기 메뉴가 나오면 [축 서식]을 클릭합니다.

② 오른쪽 작업 창이 활성화되면 채우기 및 선(🖌)을 클릭한 후 **선–'실선'**, **'색–검정, 텍스트 1'**을 선택합니다. 이어서, 작업 창을 종료(❌)합니다.

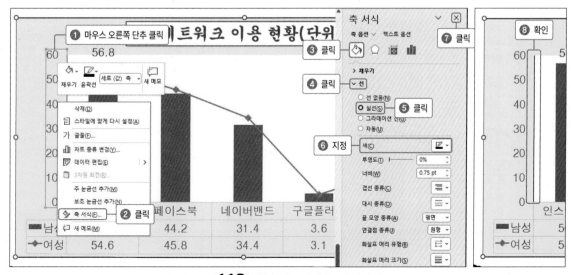

❸ 그룹화된 왼쪽 도형을 클릭합니다. [애니메이션] 탭의 [애니메이션] 그룹에서 자세히 (🔽) 단추를 클릭한 후 [나타내기]–**닦아내기**를 선택합니다. 이어서, [효과 옵션]–**위에서(⬇)**를 클릭합니다.

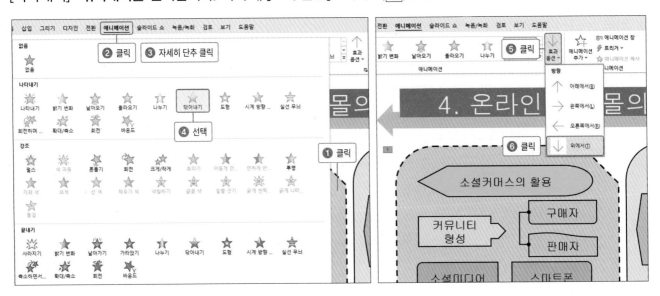

❹ 그룹화된 오른쪽 도형을 클릭합니다. [애니메이션] 탭의 [애니메이션] 그룹에서 자세히 (🔽) 단추를 클릭한 후 [나타내기]–**나타내기**를 선택합니다.

TIP 애니메이션 지정하기

[애니메이션] 탭의 [애니메이션] 그룹에서 자세히 (🔽) 단추를 클릭한 후 **추가 나타내기 효과**를 클릭하면 더 많은 애니메이션을 찾을 수 있습니다.

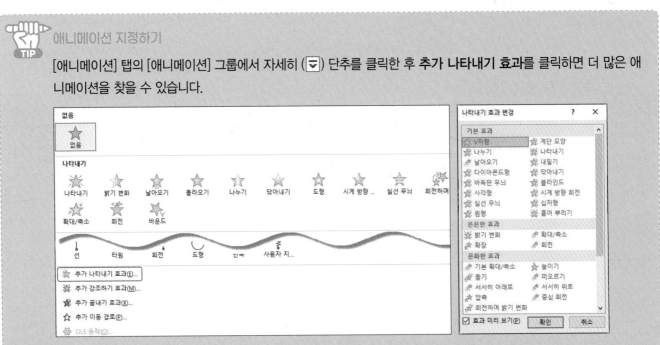

■ 보조 세로 (값) 축 지정하기

① 보조 세로 (값) 축 임의의 숫자(60.0) 위에서 마우스 오른쪽 단추를 눌러 바로 가기 메뉴가 나오면 [축 서식]을 클릭합니다.

② 오른쪽 작업 창이 활성화되면 위와 같이 **선-'실선'**, **색-'검정, 텍스트 1'**을 선택한 후 단위**-기본(20)** 값을 입력합니다. 이어서, (> 눈금)을 클릭하고 **주 눈금을 바깥쪽**으로 지정한 후 작업 창을 종료(✕)합니다.

※ 주 눈금 '바깥쪽'이 한 번에 지정되지 않을 경우에는 다른 항목(예:안쪽)을 한 번 선택한 후 '바깥쪽'을 다시 클릭합니다.

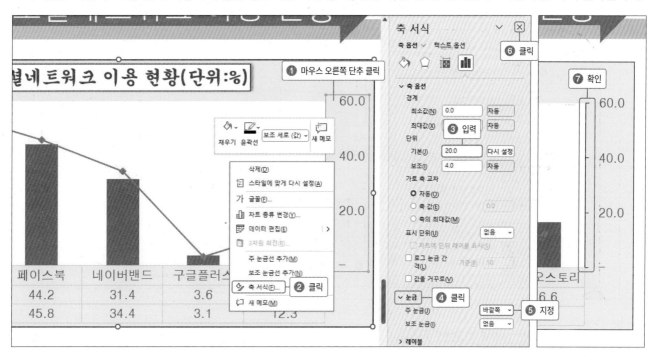

스타일 : 미세 효과, 파랑, 강조 1
글꼴 : 굴림, 18pt

05 도형 삽입하기

① 차트 바깥쪽을 클릭한 후 [삽입] 탭의 [일러스트레이션] 그룹에서 [도형(⬭)]-블록 화살표-**화살표: 갈매기형 수장(∑)**을 클릭합니다.

※ 차트를 선택한 후 도형을 삽입하면 글자 크기가 11pt이며, 정렬이 지정되어 있지 않습니다.

06 그룹화한 후 애니메이션 지정하기

① 그림과 같이 드래그하여 왼쪽 개체들을 모두 선택한 후 도형 위에서 마우스 오른쪽 단추를 눌러 바로 가기 메뉴가 나오면 [그룹화]-[그룹]을 클릭합니다.

※ 스마트아트의 테두리가 슬라이드 바깥쪽에 위치하여 선택하기 힘들 때는 Shift 키를 누른 채 스마트아트를 클릭하여 추가적으로 선택합니다. (선택이 어려운 도형도 똑같은 방법으로 선택이 가능)

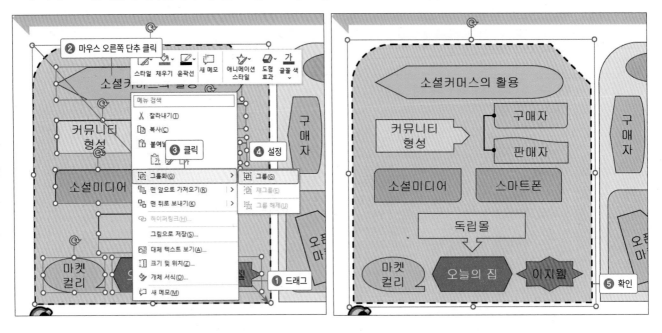

② 그림과 같이 드래그하여 오른쪽 개체들을 모두 선택한 후 도형 위에서 마우스 오른쪽 단추를 눌러 바로 가기 메뉴가 나오면 [그룹화]-[그룹]을 클릭합니다.

※ 오른쪽 도형들을 선택할 때는 오른쪽 하단의 '페이지 번호 텍스트 상자(6)'가 선택되지 않도록 주의합니다.

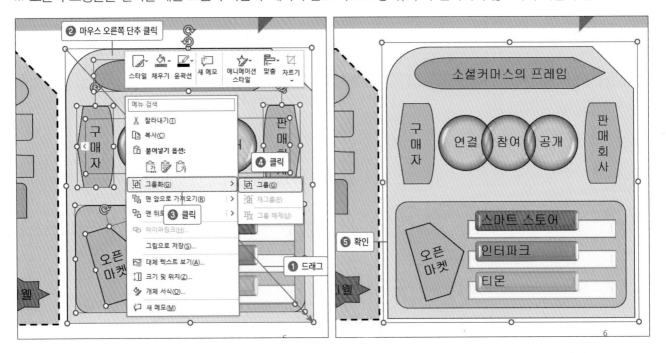

② 마우스 포인터가 ➕ 모양으로 변경되면 드래그하여 도형을 삽입합니다. 이어서, 조절점(○)을 드래그하여 《출력형태》와 같이 크기를 조절한 후 위치를 변경합니다.

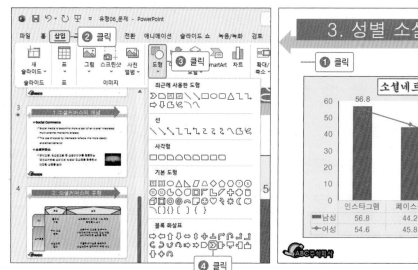
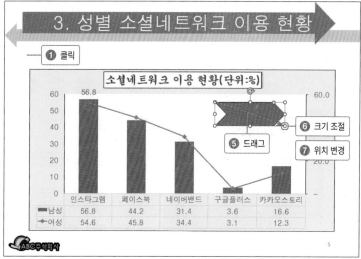

③ 인스타그램 상승을 입력하고 Esc 키를 누른 후 [도형 서식] 탭의 [도형 스타일] 그룹에서 자세히 (▾) 단추를 눌러 미세효과 – 파랑, 강조 1을 클릭합니다.

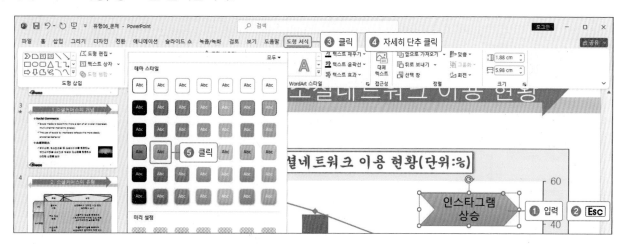

④ 이어서, [홈] 탭의 [글꼴] 그룹에서 글꼴(굴림), 글꼴 크기(18pt)를 지정합니다.

※ 만약, 도형 스타일(예: 미세 효과 – 파랑, 강조 1)을 변경한 후 《출력형태》의 글꼴 색(검정 또는 흰색)과 일치하지 않을 경우 《출력형태》에 맞추어 글꼴 색을 변경합니다.

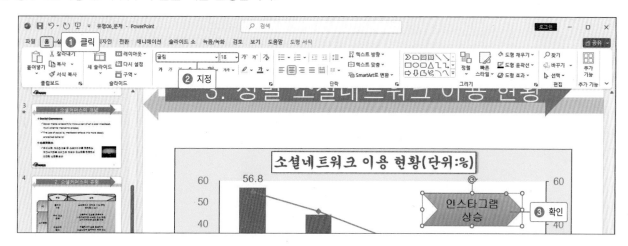

⑤ [SmartArt 디자인] 탭의 [SmartArt 스타일] 그룹에서 [색 변경(🎨)]–**색상형–강조색**을 클릭합니다. 이어서, [SmartArt 스타일] 그룹에서 자세히(⤓) 단추를 클릭한 후 **3차원–경사**를 선택합니다.

※ 스마트아트의 색 변경은 임의의 색으로 지정합니다.

※ 스마트아트의 스타일과 색상을 변경한 후 《출력형태》를 참고하여 스마트아트의 글꼴 색상을 지정합니다.

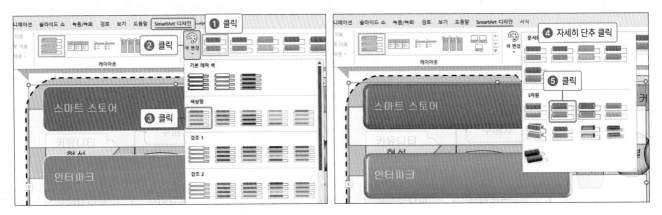

⑥ [홈] 탭의 [글꼴] 그룹에서 **글자 색(검정, 텍스트 1)**을 지정합니다. 이어서, 스마트아트의 색상과 스타일이 변경되면 스마트아트의 대각선 조절점(○)을 드래그하여 《출력형태》와 같이 크기를 조절한 후 위치를 변경합니다.

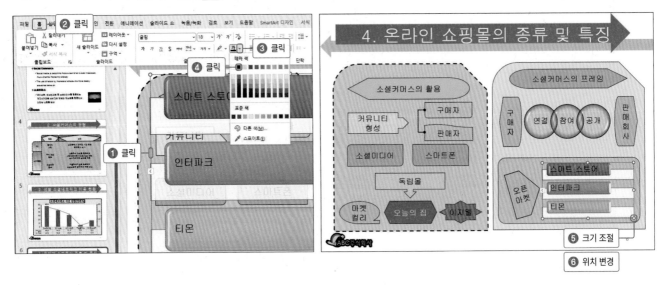

⑤ 차트 작업이 끝나면 차트의 크기 및 위치를 조절한 후 [파일]–[저장](**Ctrl**+**S**) 또는 [빠른 실행 도구 모음]
에서 저장(**圖**)을 클릭합니다.

※ 실제 시험을 볼 때 작업 도중에 수시로 (10분에 한 번 정도) 저장을 하는 것이 좋습니다.

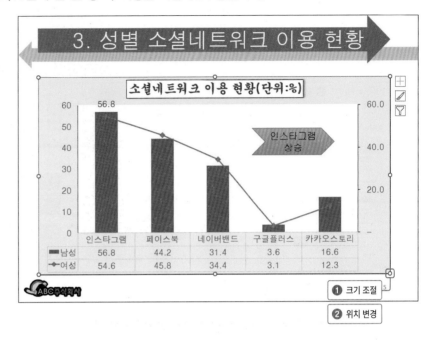

[슬라이드 5]《차트 슬라이드》

**시험
분석**

[슬라이드 5]《차트 슬라이드》

- **차트모양** : 과년도 기출 문제를 분석한 결과 대부분 '묶은 세로 막대형+표식이 있는 꺾은선 형'으로 출제되고 있
  습니다.

- **차트 도형** : ITQ 파워포인트 시험은 도형에 스타일(예 : 미세 효과 – 파랑, 강조 1)을 적용시키고 차트에 삽입되는
  도형도 다양한 도형으로 출제되고 있습니다. 특히 노란색 조절점(◎)을 이용하여 도형의 모양을 변형하는 문제가
  자주 출제됩니다.

- **축 서식** : 기본축 서식 및 보조 축 서식에서 표시 형식 변경과 눈금의 간격을 지정하는 문제가 지속적으로 출제되
  고 있으니 《출력형태》를 잘 확인하여 작업합니다.

05 스마트아트 작성하기-2

스마트아트 디자인 : 3차원 만화, 3차원 경사
글꼴 : 굴림, 18pt

❶ [삽입] 탭의 [일러스트레이션] 그룹에서 SmartArt(◲)를 클릭합니다.

❷ [SmartArt 그래픽 선택] 대화상자가 나오면 [목록형]–'세로 상자 목록형'을 선택한 후 〈확인〉 단추를 클릭합니다.

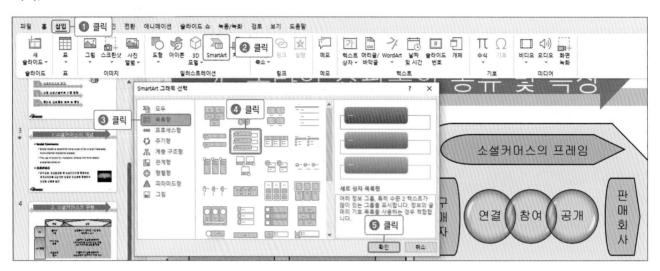

❸ 세로 상자 목록형 스마트아트가 삽입되면 《출력형태》를 참고하여 내용을 입력합니다.

❹ 스마트아트의 테두리를 클릭한 후 [홈] 탭의 [글꼴] 그룹에서 글꼴(굴림), 글꼴 크기(18pt)을 지정 합니다.

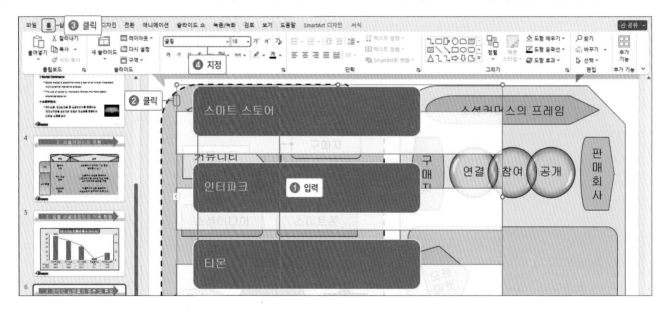

차트 편집시 참고할 사항

※ 소스 파일을 불러와 삽입되어 있는 차트를 조건에 맞게 편집해 봅시다.

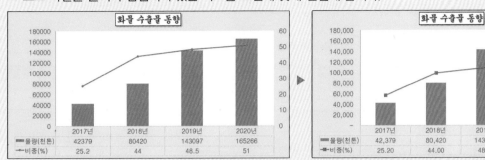

[조건 1] 기본축 데이터 '물량(천톤)' 부분에 '천 단위 구분 기호'를 표시(예 : 42379→ 42,379)

❶ [슬라이드 1]에 삽입된 차트를 클릭 → [차트 디자인] 탭의 [데이터] 그룹에서 [데이터 편집(📝)] 클릭

❷ 엑셀 데이터 입력 창이 열리면 '물량(천톤)' 부분의 데이터([B2:E2])를 드래그하여 블록으로 지정 → 블록으로 지정된 셀 위에서 마우스 오른쪽 단추 클릭 → [셀 서식] → [셀 서식] 대화상자에서 [표시 형식]–[회계] 클릭 → 기호를 '없음'으로 지정 → 〈확인〉 → 엑셀 데이터 입력 창 닫기(☒)

※ 표시 형식을 '회계'로 선택하는 이유는 축의 최소값을 숫자가 아닌 '–'로 표시하기 위함입니다.

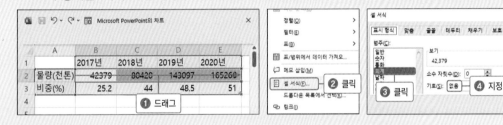

[조건2] 보조 축 데이터 '비중(%)' 부분에 '소수점'을 표시(예: 25.2→25.20)

❶ [슬라이드 1]에 삽입된 차트를 클릭 → [차트 디자인] 탭의 [데이터] 그룹에서 [데이터 편집(📝)] 클릭

❷ 엑셀 데이터 입력 창이 열리면 '비중(%)' 부분의 데이터([B3:E3])를 드래그하여 블록으로 지정 → 블록으로 지정된 셀 위에서 마우스 오른쪽 단추 클릭 → [셀 서식] → [셀 서식] 대화상자에서 [표시 형식]–[회계] 클릭 → 소수 자릿수(2) 지정 → 기호를 없음으로 지정 → 〈확인〉→ 엑셀 데이터 입력 창 닫기(☒)

※ 표시 형식을 '회계'로 선택하는 이유는 축의 최소값을 숫자(0)가 아닌 '–'로 표시하기 위함입니다.

④ 《출력형태》를 참고하여 스마트아트 도형 안쪽에 내용을 입력합니다.

⑤ 이어서, 스마트아트의 테두리를 클릭한 후 [홈] 탭의 [글꼴] 그룹에서 **글꼴(굴림), 글꼴 크기(18pt)**를 지정합니다.

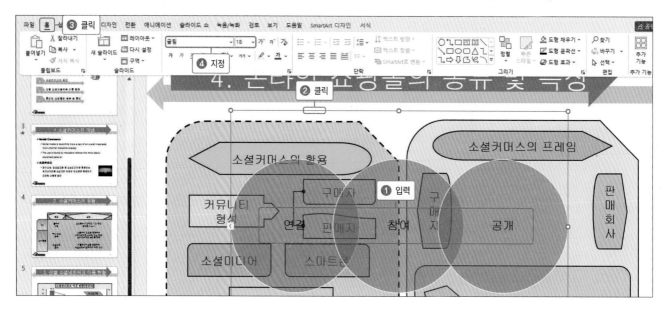

⑥ [SmartArt 디자인] 탭의 [SmartArt 스타일] 그룹에서 자세히 (▽) 단추를 클릭한 후 '**3차원－만화**'를 선택합니다.

※ 《출력형태》를 참고하여 스마트아트의 색 변경이 필요없는 경우에는 스타일만 지정합니다.

⑦ 이어서, 스마트아트의 스타일이 변경되면 스마트아트의 대각선 조절점(○)을 드래그하여 《출력형태》와 같이 크기를 조절한 후 위치를 변경합니다.

※ 스마트아트의 테두리는 슬라이드 밖에 위치해도 감점되지 않습니다.

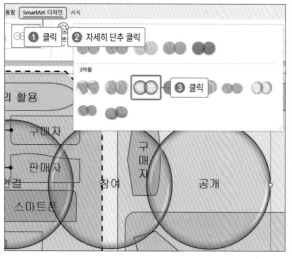

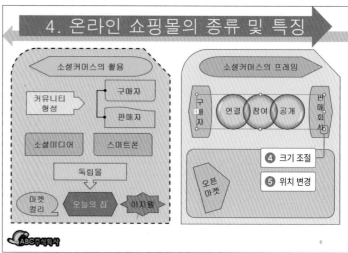

[조건3] 보조축 데이터 '비중(%)'의 '축 단위를 변경한 후 눈금선을 지정'

① 보조축 임의의 숫자(60.00) 위에서 마우스 오른쪽 단추 클릭 → [축 서식] → 축 옵션에서 '경계–최대값(80)', '단위–기본(20)' 값을 입력

② ⟩눈금을 클릭 → 주 눈금을 '안쪽'으로 지정 작업 창을 종료(☒)

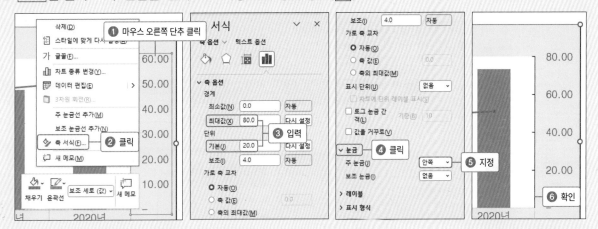

[조건 4] 꺾은선형 계열의 '표식 모양'을 변경

① 꺾은선형 계열의 표식 위에서 마우스 오른쪽 단추 클릭 → [데이터 계열 서식] → 채우기 및 선(◇) 클릭 → 표식 클릭 → 표식 옵션 → 기본 제공 선택 → 형식(■) 및 크기(7)를 변경 → 작업 창을 종료(☒)

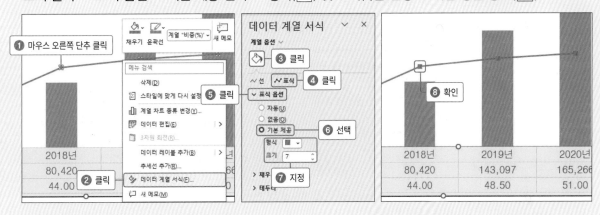

참고해주세요! TIP

① 축 주변의 선(데이터 테이블, 축 서식의 눈금선 등)은 작업 환경에 따라 파랑, 회색, 검정 등으로 나타납니다. 색상은 채점대상이 아니며 선의 유무로만 채점하기 때문에 《출력형태》를 참고하여 선을 지정하도록 합니다. 단, 임의대로 흰색 선을 지정했을 경우에는 감점 대상이니 유의하시기 바랍니다.

② 표식이 있는 꺾은선형의 표식의 모양은 세부 조건에 없더라도 반드시 《출력형태》와 동일하게 맞춰야 합니다. 표식의 모양은 여러 가지 형태로 출제될 가능성이 있으니 참고하시기 바랍니다.

04 스마트아트 작성하기 - 1

스마트아트 디자인 : 3차원 만화, 3차원 경사
글꼴 : 굴림, 18pt

① [삽입] 탭의 [일러스트레이션] 그룹에서 SmartArt(📶)를 클릭합니다.

② [SmartArt 그래픽 선택] 대화상자가 나오면 [관계형]-**선형 벤형**을 선택한 후 〈확인〉 단추를 클릭합니다.

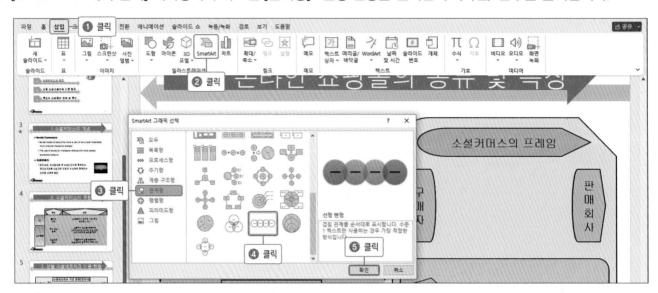

③ 삽입된 스마트 아트의 원 4개 중 하나를 클릭하고 Delete 키를 눌러 삭제합니다

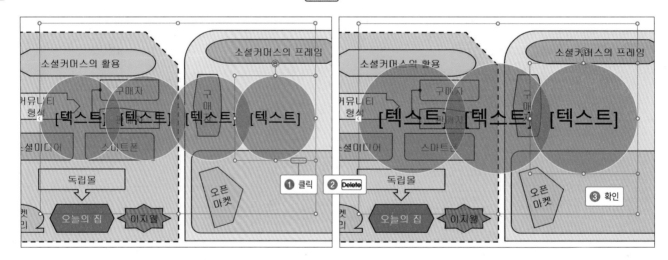

 스마트아트

    ① [슬라이드 6]에서는 스마트아트를 두 개 작성하는 문제가 출제되며, 반드시 스마트아트 기능으로만 작성해야 합니다.

    ② 스마트아트는 입체 효과 등이 적용되어 있는지 확인하여 도형과 구분할 수 있습니다.

    ③ 스마트아트의 글꼴은 따로 지정해야 하며, 《출력형태》를 참고하여 글꼴 색을 선택합니다.(흰색 또는 검정)

    ④ 《출력형태》를 참고하여 스마트아트의 색상을 임의로 지정하고, 문제지의 세부 조건에 따라 스마트아트 디자인을 변경해야 합니다.

    ⑤ 최근 다양한 모양의 스마트아트가 출제되고 있기 때문에 많은 연습이 필요한 부분입니다.

01 문제의 지시사항 및 세부조건을 참고하여 출력형태에 알맞게 작업하시오. (60점)

• 소스 파일 : [출제유형 06]-정복06_문제01.pptx   • 정답 파일 : [출제유형 06]-정복06_완성01.pptx

(1) 차트 작성 기능을 이용하여 슬라이드를 작성한다.

(2) 차트 : 종류(묶은 세로 막대형), 글꼴(돋움, 16pt), 외곽선

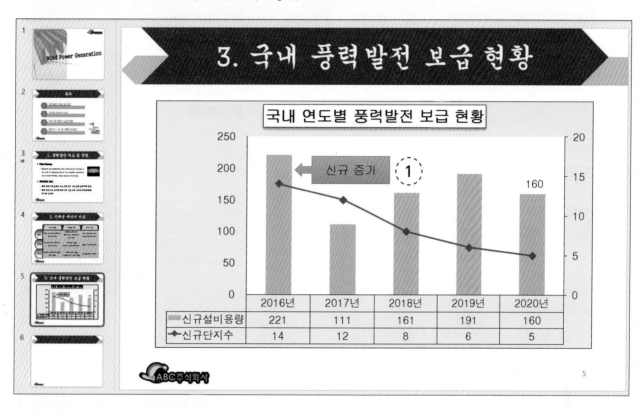

세부조건

※ 차트설명

• 차트제목 : 굴림, 24pt, 굵게, 채우기(흰색), 테두리, 그림자(오프셋 아래쪽)

• 차트영역 : 채우기(노랑)/그림영역 : 채우기(흰색)

• 데이터 서식 : 신규단지수 계열을 표식이 있는 꺾은선형으로 변경 후 보조축으로 지정

• 값 표시 : 2020년의 신규설비용량 계열만

① 도형 삽입

 – 스타일 : 미세 효과 – 파랑, 강조 1

 – 글꼴 : 굴림, 18pt

④ 도형 윤곽선의 색상과 두께가 변경되면 화살표 모양을 변경하기 위해 [도형 윤곽선]-[화살표()]-'**화살표 스타일 11(▬▬)**'을 클릭합니다.

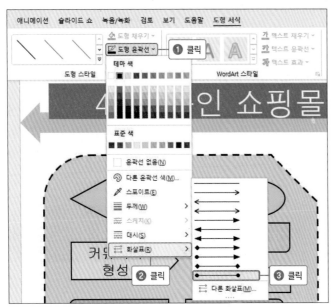

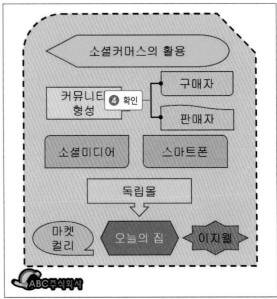

■ 오른쪽 도형 작성하기

① 《출력형태》를 참고하여 나머지 도형을 삽입한 후 임의의 색상으로 변경합니다. 이어서, 텍스트를 입력합니다.

- 도형 삽입 : [삽입]-[일러스트레이션]-[도형]
- 회전 : [도형 서식]-[정렬]-[회전]
- 채우기 : [도형 서식]-[도형 스타일]-[도형 채우기]
- 글꼴 변경 : [홈]-[글꼴]

※ 도형을 삽입할 때 Shift 키를 누른 채 드래그하면 비율이 일정한 도형을 그릴 수 있습니다.

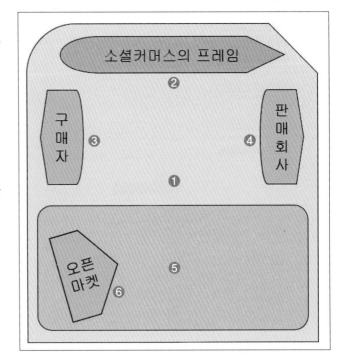

① [사각형]-'사각형: 위쪽 모서리의 한쪽은 둥글고 다른 한쪽은 잘림(▢)' → 크기 및 위치 조절
② [순서도]-'순서도: 화면 표시(▢)' → 크기 및 위치 조절 → [도형 서식]-[정렬]-[회전]-[좌우 대칭▲] → [도형 스타일]-[도형 채우기]에서 임의의 색 지정 → '소셜커머스의 프레임' 입력 → 글꼴 변경(굴림, 18pt)
③ [순서도]-'순서도: 화면 표시(▢)' → 크기 및 위치 조절 → '구매자', '판매회사' 입력 → 글꼴 변경(굴림, 18pt)
   ※ 오른쪽 도형은 '좌우 대칭▲' 기능 사용
④ [사각형]-'사각형: 둥근 모서리(▢)' → 크기 및 위치 조절
⑤ [블록 화살표]-'화살표: 오각형(▷)' → 크기 및 위치 조절 → '오픈마켓' 입력 → 글꼴 변경(굴림, 18pt)

02 문제의 지시사항 및 세부조건을 참고하여 출력형태에 알맞게 작업하시오.

· 소스 파일 : [출제유형 05]-정복05_문제02.pptx   · 정답 파일 : [출제유형 05]-정복05_완성02.pptx

(1) 차트 작성 기능을 이용하여 슬라이드를 작성한다.

(2) 차트 : 종류(묶은 세로 막대형), 글꼴(돋움, 16pt), 외곽선

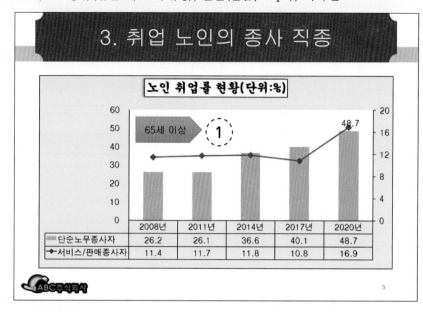

세부조건

※ **차트설명**

· 차트제목 : 궁서, 24pt, 굵게, 채우기 (흰색), 테두리, 그림자(오프셋 왼쪽)

· 차트영역 : 채우기(노랑)

　그림영역 : 채우기(흰색)

· 데이터 서식 : 서비스/판매종사자 계열을 표식이 있는 꺾은선형으로 변경 후 보조축으로 지정

· 값표시 : 2020년의 단순노무종사자 계열만

① **도형 삽입**

　- 스타일 : 미세 효과 -
　　파랑, 강조 1

　- 글꼴 : 굴림, 18pt

---

03 문제의 지시사항 및 세부조건을 참고하여 출력형태에 알맞게 작업하시오.

· 소스 파일 : [출제유형 05]-정복05_문제03.pptx   · 정답 파일 : [출제유형 05]-정복05_완성03.pptx

(1) 차트 작성 기능을 이용하여 슬라이드를 작성한다.

(2) 차트 : 종류(묶은 세로 막대형), 글꼴(돋움, 16pt), 외곽선

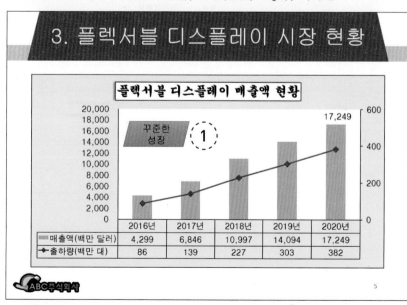

세부조건

※ **차트설명**

· 차트제목 : 궁서, 24pt, 굵게, 채우기 (흰색), 테두리, 그림자(오프셋 왼쪽)

· 차트영역 : 채우기(노랑)

　그림영역 : 채우기(흰색)

· 데이터 서식 : 출하량(백만 대) 계 열을 표식이 있는 꺾은선형으로 변 경 후 보조축으로 지정

· 값표시 : 2020년의 매출액(백만 달러) 계열만

① **도형 삽입**

　- 스타일 : 미세 효과 -
　　파랑, 강조 1

　- 글꼴 : 굴림, 18pt

■ **연결선 작성하기**

① [삽입] 탭의 [일러스트레이션] 그룹에서 [도형(⬭)]–선–'**연결선: 꺾인 양쪽 화살표(Ꞁ)**'를 클릭합니다.

② 마우스 포인터가 ✛ 모양으로 변경되면 '**구매자**' 도형 왼쪽 연결선의 **시작 점**을 클릭합니다. 이어서, 끝 점을 그림과 같이 드래그하여 '**판매자**' 도형에 연결합니다.

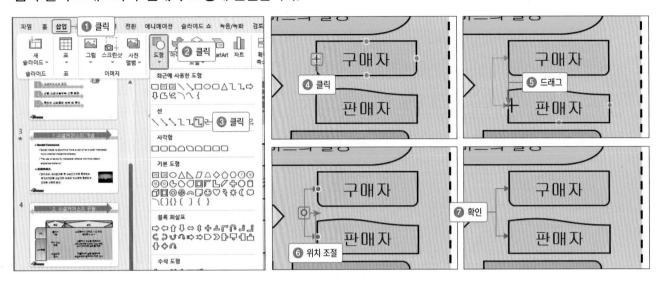

③ 도형 윤곽선의 서식을 변경하기 위해 [도형 서식] 탭의 [도형 스타일] 그룹에서 [도형 윤곽선]–'**검정, 텍스트 1**'을 클릭합니다. 이어서, [도형 윤곽선]–[두께]–1½pt를 선택합니다.

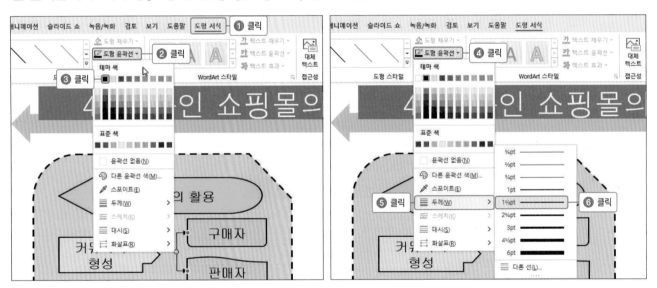

• 소스 파일 : [출제유형 06]-정복06_문제04.pptx   • 정답 파일 : [출제유형 06]-정복06_완성04.pptx

(1) 차트 작성 기능을 이용하여 슬라이드를 작성한다.

(2) 차트 : 종류(묶은 세로 막대형), 글꼴(돋움, 16pt), 외곽선

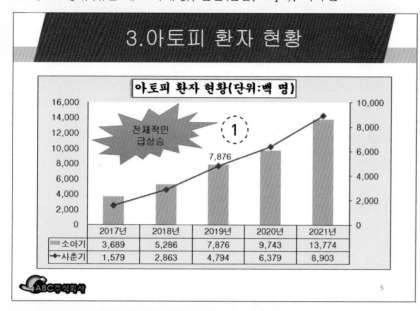

세부조건

※ **차트설명**

• 차트제목 : 궁서, 24pt, 굵게, 채우기 (흰색), 테두리, 그림자(오프셋 왼쪽)

• 차트영역 : 채우기(노랑)

　그림영역 : 채우기(흰색)

• 데이터 서식 : 사춘기 계열을 표식 이 있는 꺾은선형으로 변경 후 보 조축으로 지정

• 값표시 : 2019년의 소아기 계열만

① **도형 삽입**

　– 스타일 : 미세 효과 – 파랑, 강조 1

　– 글꼴 : 굴림, 18pt

• 소스 파일 : [출제유형 06]-정복06_문제05.pptx   • 정답 파일 :[출제유형 06]-정복06_완성05.pptx

(1) 차트 작성 기능을 이용하여 슬라이드를 작성한다.

(2) 차트 : 종류(묶은 세로 막대형), 글꼴(돋움, 16pt), 외곽선

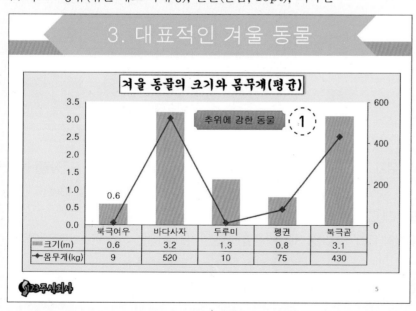

세부조건

※ **차트설명**

• 차트제목 : 궁서, 24pt, 굵게, 채우기 (흰색), 테두리, 그림자(오프셋 오른쪽)

• 차트영역 : 채우기(노랑)

　그림영역 : 채우기(흰색)

• 데이터 서식 : 몸무게(kg) 계열을 표식이 있는 꺾은선형으로 변경 후 보조축으로 지정

• 값표시 : 북극여우의 크기(m) 계열만

① **도형 삽입**

　– 스타일 : 미세 효과 – 파랑, 강조 1

　– 글꼴 : 굴림, 18pt

❷ 텍스트 상자의 테두리를 클릭한 후 [홈] 탭의 [글꼴] 그룹에서 **글꼴(굴림), 글꼴 크기(18pt)**를 지정합니다. 이어서, 텍스트 상자의 테두리를 드래그하여 위치를 변경합니다.

※ 텍스트 상자는 [기본 도형으로 설정]된 도형의 서식이 적용되지 않기 때문에 글꼴을 매번 변경해야 합니다.

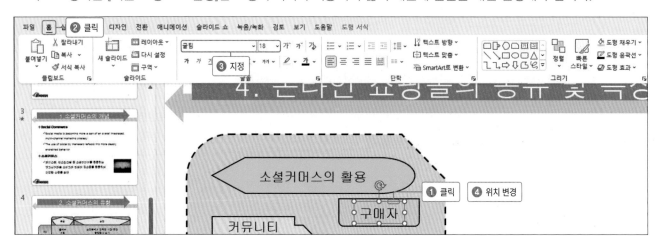

■ 왼쪽 나머지 도형 삽입하기

❶ 《출력형태》를 참고하여 나머지 도형을 삽입한 후 임의의 색상으로 변경합니다. 이어서, 텍스트를 입력합니다.

※ 도형을 삽입할 때 Shift 키를 누른 채 드래그하면 비율이 일정한 도형을 그릴 수 있습니다.

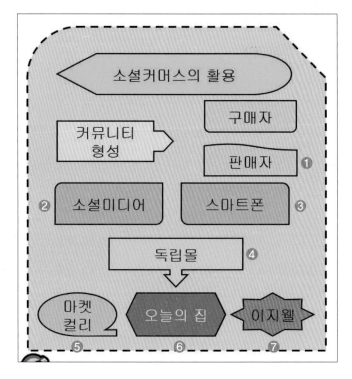

❶ [순서도]–‘순서도: 문서(▢)’ → 크기 및 위치 조절 → [도형 서식]–[도형 채우기]에서 임의의 색 지정 → [정렬]–[회전]– [상하 대칭(◀)] → [삽입]–[텍스트]–‘가로 텍스트 상자 그리기(⟦가⟧)’ → ‘판매자’ 입력 → 글꼴 변경(굴림, 18pt)

❷ [사각형]–‘사각형: 둥근 대각선 방향 모서리(▢)’ → ‘소셜미디어’ 입력 → 글꼴 변경(굴림, 18pt)

❸ [사각형]–‘사각형: 둥근 대각선 방향 모서리(▢)’ → [도형 서식]–[정렬]–[회전]–[좌우 대칭▲] → ‘스마트폰’ 입력 → 글꼴 변경(굴림, 18pt)

❹ [블록 화살표]–‘설명선: 아래쪽 화살표(⬇)’ → ‘독립몰’ 입력 → 글꼴 변경(굴림, 18pt)

❺ [순서도]–‘순차적 액세스 저장소(◯)’ → ‘마켓컬리’ 입력 → 글꼴 변경(굴림, 18pt)

❻ [기본 도형]–‘육각형(⬡)’ → ‘오늘의 집’ 입력 → 글꼴 변경(굴림, 18pt)

❼ [별 및 현수막]–‘별: 꼭짓점 8개(✦)’ → ‘이지웰’ 입력 → 글꼴 변경(굴림, 18pt)

06 문제의 지시사항 및 세부조건을 참고하여 출력형태에 알맞게 작업하시오.

• 소스 파일 : [출제유형 06]-정복06_문제06.pptx   • 정답 파일 : [출제유형 06]-정복06_완성06.pptx

(1) 차트 작성 기능을 이용하여 슬라이드를 작성한다.

(2) 차트 : 종류(묶은 세로 막대형), 글꼴(돋움, 16pt), 외곽선

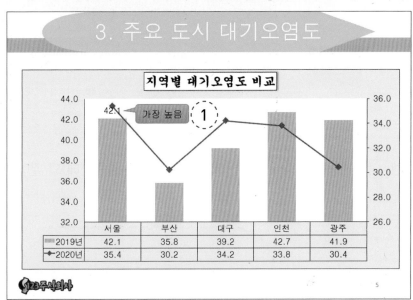

세부조건

※ **차트설명**

• 차트제목 : 궁서, 24pt, 굵게, 채우기
(흰색), 테두리, 그림자(오프셋 오른쪽)

• 차트영역 : 채우기(노랑)

  그림영역 : 채우기(흰색)

• 데이터 서식 : 2020년 계열을 표식
이 있는 꺾은선형으로 변경 후 보
조축으로 지정

• 값표시 : 서울의 2019년 계열만

① **도형 삽입**

  스타일 : 미세 효과 –
      파랑, 강조 1

– 글꼴 : 굴림, 18pt

---

07 문제의 지시사항 및 세부조건을 참고하여 출력형태에 알맞게 작업하시오.

• 소스 파일 : [출제유형 06]-정복06_문제07.pptx   • 정답 파일 : [출제유형 06]-정복06_완성07.pptx

(1) 차트 작성 기능을 이용하여 슬라이드를 작성한다.

(2) 차트 : 종류(묶은 세로 막대형), 글꼴(돋움, 16pt), 외곽선

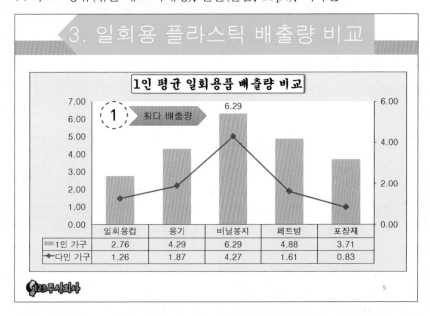

세부조건

※ **차트설명**

• 차트제목 : 궁서, 24pt, 굵게, 채우기
(흰색), 테두리, 그림자(오프셋 오른쪽)

• 차트영역 : 채우기(노랑)

  그림영역 : 채우기(흰색)

• 데이터 서식 : 다인 가구 계열을 표
식이 있는 꺾은선형으로 변경 후
보조축으로 지정

• 값표시 : 비닐봉지의 1인 가구 계열만

① **도형 삽입**

  – 스타일 : 미세 효과 –
      파랑, 강조 1

– 글꼴 : 굴림, 18pt

⑤ [삽입] 탭의 [일러스트레이션] 그룹에서 [도형(🔲)]-사각형-**사각형: 둥근 위쪽 모서리**(🔲)을 클릭합니다.

⑥ 마우스 포인터가 ⊞ 모양으로 변경되면 드래그하여 도형을 삽입합니다. 이어서, 조절점(🔘)을 드래그하여 《출력형태》와 같이 크기를 조절한 후 위치를 변경합니다.

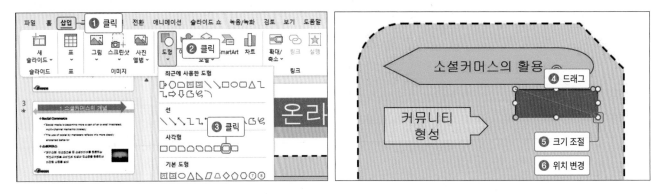

⑦ [도형 서식] 탭의 [정렬] 그룹에서 [회전(🔁)]-**상하 대칭**(◀)을 클릭합니다. 이어서, 《출력형태》와 같이 임의의 색상으로 변경합니다.

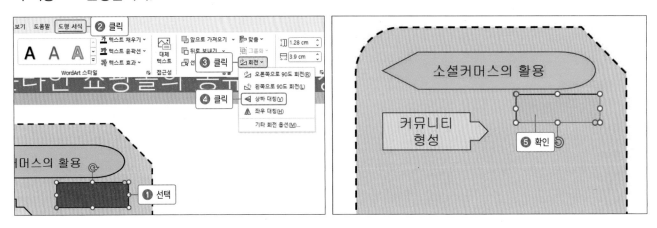

■ 텍스트 상자 삽입하기

글꼴 : 굴림, 18pt

① [삽입] 탭의 [텍스트] 그룹에서 **가로 텍스트 상자 그리기**(🔲)를 클릭합니다. 이어서, 마우스 포인터가 ↓ 모양으로 변경되면 **슬라이드의 빈 곳을 클릭**한 후 **구매자**를 입력합니다.

※ 회전한 도형에 글자를 입력하면 도형과 함께 글자가 회전됩니다. 이런 경우에는 텍스트 상자를 이용하여 글자를 입력한 후 《출력형태》와 같이 위치를 변경합니다.

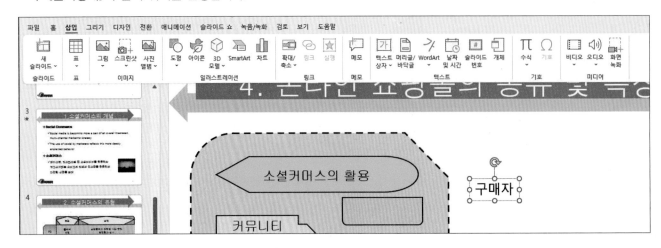

[슬라이드 6] 《도형 슬라이드》

☑ 다양한 도형 작성하기   ☑ 스마트아트 작성하기
☑ 그룹 지정하기   ☑ 애니메이션 설정하기

◆ [슬라이드 6] 《도형 슬라이드》   (100점)

(1) 슬라이드와 같이 도형 및 스마트아트를 배치한다(글꼴 : 굴림, 18pt).

(2) 애니메이션 순서 : ① ⇒ ②

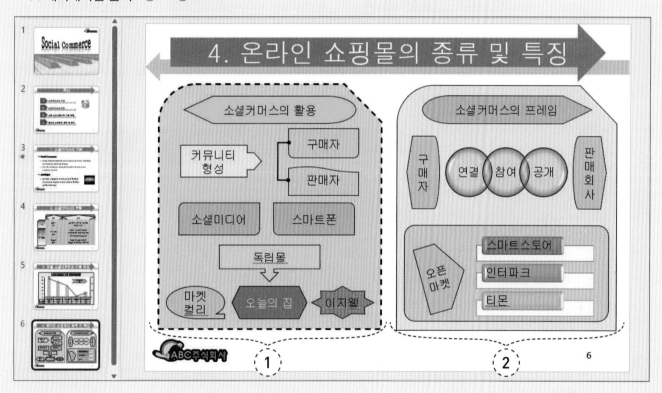

◆ 세부 조건

① **도형 편집**

– 그룹화 후 애니메이션 효과 : 닦아내기(위에서)

② **도형 및 스마트아트 편집**

– 스마트아트 디자인 : 3차원 만화, 3차원 경사

– 그룹화 후 애니메이션 효과 : 나타내기

③ 도형 **안쪽의 노란색 조절점(◎)**을 위로 드래그한 후 **아래쪽 노란색 조절점(◎)** 오른쪽으로 드래그하여 그림과 같이 모양을 변경시킵니다.

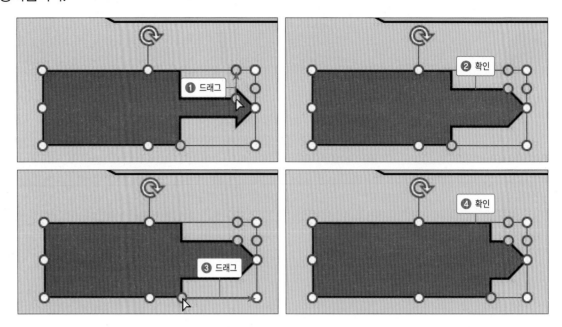

④ 이어서, 《출력형태》와 같이 도형의 크기 및 위치를 조절한 후 텍스트를 입력하고 도형을 임의의 색상으로 변경합니다.

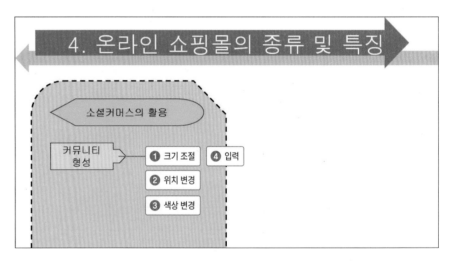

🤛 도형 색상 변경하기
TIP
[슬라이드 6]에서는 다양한 도형이 출제되며 도형의 색상은 각각 다른 임의의 색(흰색, 검정은 제외)으로 변경합니다.(단, 문제지 세부 조건 등에 색상이 명시되면 조건에 따라 지정된 색으로 변경해야 함). 도형의 색상을 변경하기 위해서는 도형이 선택된 상태에서 [도형 서식] 탭의 [도형 스타일] 그룹에서 [도형 채우기]를 클릭하여 변경할 수 있습니다.

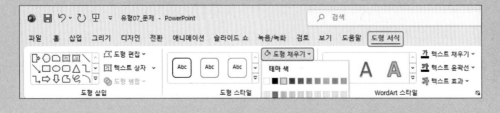

01 왼쪽 배경 도형 작성하기

① 유형07_문제.pptx 파일을 불러와 [슬라이드 6]을 클릭한 후 작업합니다.

※ 파일 불러오기 : [파일]–[열기]–[찾아보기]를 클릭한 후 [열기] 대화상자에서 파일을 선택합니다.

② 슬라이드 상단의 '제목을 추가하려면 클릭하십시오.'를 클릭한 후 '4. 온라인 쇼핑몰의 종류 및 특징'을 입력합니다. 이어서, '텍스트를 입력하십시오' 텍스트 상자의 테두리를 클릭한 후 Delete 키를 눌러 삭제합니다.

※ 로마숫자를 입력할 경우에는 한글 자음 'ㅈ'를 입력한 후 한자 키를 눌러 로마 숫자 (I, II, III, IV)를 선택하여 사용합니다.

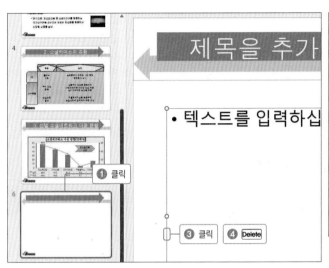 

③ [삽입] 탭의 [일러스트레이션] 그룹에서 [도형(⬜)]–사각형–사각형: 위쪽 모서리의 한쪽은 둥글고 다른 한쪽은 잘림(⬜)을 클릭합니다.

④ 마우스 포인터가 ➕ 모양으로 변경되면 드래그하여 도형을 삽입합니다. 이어서, 조절점(○)을 드래그하여 《출력형태》와 같이 크기를 조절한 후 위치를 변경합니다.

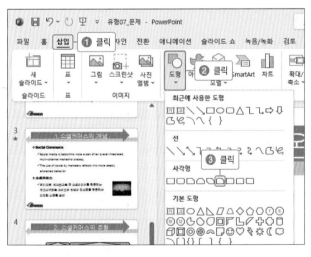 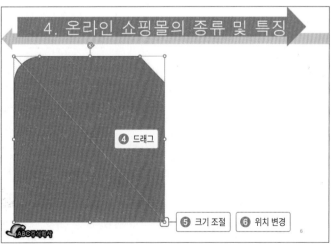

> **[슬라이드 6] 도형 작성 요령**
> [슬라이드 6]에서는 배경 도형을 먼저 작성하는 것이 편리합니다. 배경 도형은 《출력형태》를 참고하여 슬라이드의 절반 정도로 크기 및 위치를 조절합니다.

❹ [도형 서식] 탭의 [도형 스타일] 그룹에서 [도형 채우기]–**연한 녹색**을 클릭합니다. 이어서, **소셜커머스의 활용**을
입력합니다.

※ 텍스트가 두 줄로 나오는 경우에는 도형의 너비를 넓힌 후 작업합니다.

※ 도형에 텍스트를 입력한 후 [홈] 탭의 [글꼴] 그룹에서 기본 도형으로 설정했던 글꼴 서식(굴림, 18pt)이 적용되었는
지 확인할 수 있습니다.

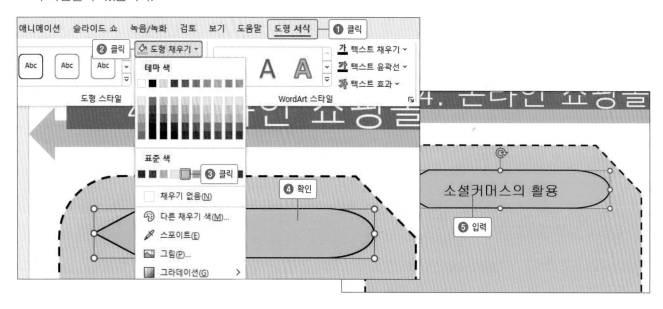

03 왼쪽 하단 도형 작성하기

■ 도형 삽입 및 조절점을 이용한 도형 모양 변형

❶ [삽입] 탭의 [일러스트레이션] 그룹에서 [도형(🔘)]–블록화살표–**설명선: 오른쪽 화살표**(🕂)을 클릭합니다.

❷ 마우스 포인터가 ✛ 모양으로 변경되면 드래그하여 도형을 삽입합니다. 이어서, 조절점(◯)을 드래그하여
《출력형태》와 같이 크기를 조절한 후 위치를 변경합니다.

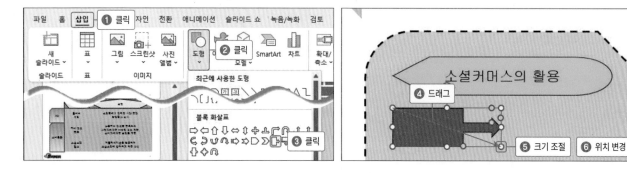

❺ [도형 서식] 탭의 [도형 스타일] 그룹에서 [도형 채우기]-**흰색, 배경 1, 15% 더 어둡게**를 클릭합니다. 이어서, [도형 윤곽선]-**검정, 텍스트 1**을 클릭합니다.

※ 도형의 색상은 문제지 조건에 없기 때문에 임의의 색으로 선택할 수 있습니다.

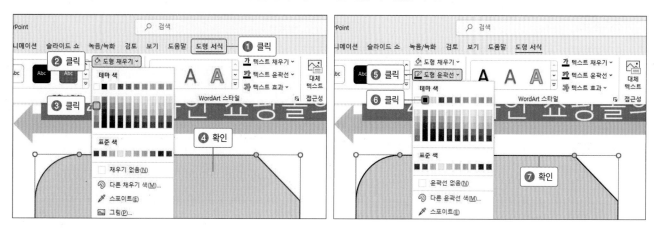

❻ 선의 두께와 모양을 변경하기 위해 [도형 윤곽선]-[두께]-**2¼pt**를 클릭합니다. 이어서, [도형 윤곽선]-[대시]-**파선**을 클릭합니다.

※ 도형 윤곽선의 두께는 문제지 조건에 없기 때문에 《출력형태》를 참고하여 임의의 두께(얇은 선: '1pt', 두꺼운 선: '2¼pt')로 지정합니다.

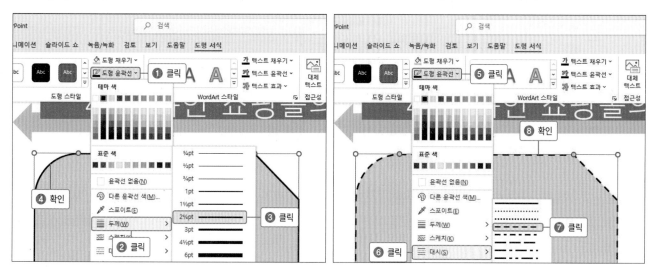

02 왼쪽 제목 도형 작성하기

❶ [삽입] 탭의 [일러스트레이션] 그룹에서 [도형(🔲)]−순서도−순서도: 화면 표시(○)를 클릭하여 도형을 삽입합니다.

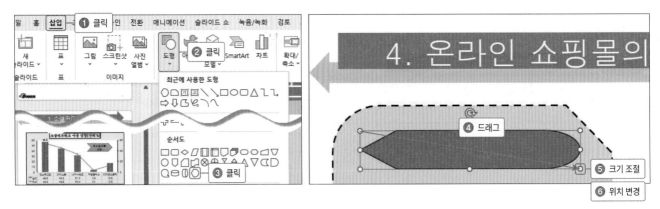

❷ [도형 서식] 탭의 [도형 스타일] 그룹에서 [도형 윤곽선]−**검정, 텍스트 1**을 클릭합니다.

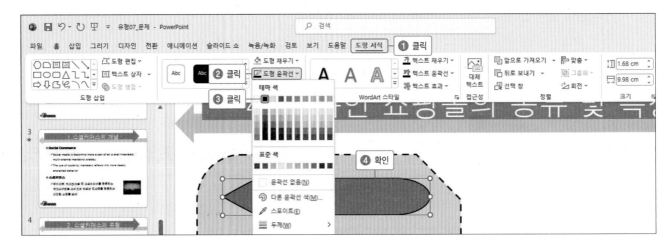

❸ 도형이 선택된 상태에서 [홈] 탭의 [글꼴] 그룹에서 **글꼴**(굴림), **글꼴 크기**(18pt), **글꼴 색**(검정, 텍스트 1)을 지정합니다. 이어서, 도형 위에서 마우스 오른쪽 단추를 눌러 바로 가기 메뉴가 나오면 [**기본 도형으로 설정**]을 클릭합니다.

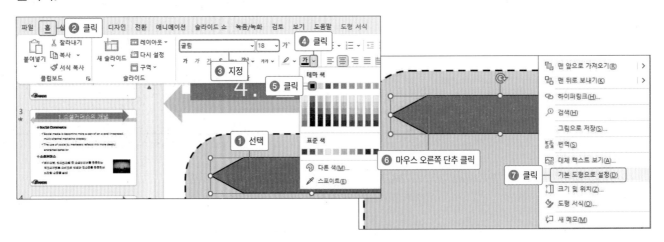

정보기술자격(ITQ) 시험　　MS오피스

과 목	코 드	문제유형	시험시간	수험번호	성 명
한글파워포인트	1142	A	60분		

수험자 유의사항

● 수험자는 문제지를 받는 즉시 문제지와 **수험표상의 시험과목(프로그램)이 동일한지 반드시 확인**하여야 합니다.

● 파일명은 본인의 "수험번호-성명"으로 입력하여 답안폴더(내 PC\문서\ITQ)에 하나의 파일로 저장해야 하며, 답안 문서 파일명이 "수험번호-성명"과 일치하지 않거나, 답안파일을 전송하지 않아 미제출로 처리될 경우 실격 처리합니다 (예:12345678-홍길동.pptx).

● 답안 작성을 마치면 파일을 저장하고, '답안 전송' 버튼을 선택하여 감독위원 PC로 답안을 전송하십시오. 수험생 정보와 저장한 파일명이 다를 경우 전송되지 않으므로 주의하시기 바랍니다.

● 답안 작성 중에도 **주기적으로 저장하고, '답안 전송'**하여야 문제 발생을 줄일 수 있습니다. 작업한 내용을 저장하지 않고 전송할 경우 이전에 저장된 내용이 전송되오니 이점 유의하시기 바랍니다.

● 답안문서는 지정된 경로 외의 다른 보조기억장치에 저장하는 경우, 지정된 시험 시간 외에 작성된 파일을 활용할 경우, 기타 통신수단(이메일, 메신저, 네트워크 등)을 이용하여 타인에게 전달 또는 외부 반출하는 경우는 부정 처리합니다.

● 시험 중 부주의 또는 고의로 시스템을 파손한 경우는 수험자가 변상해야 하며, <수험자 유의사항>에 기재된 방법대로 이행하지 않아 생기는 불이익은 수험생 당사자의 책임임을 알려 드립니다.

● 문제의 조건은 MS오피스 2021 버전으로 설정되어 있으며 MS오피스 2016은 【 】에 표기되어 있습니다. 이와 관련하여 작성한 답안의 출력형태가 문제지와 다를 수 있습니다.

● 시험을 완료한 수험자는 답안파일이 전송되었는지 확인한 후 감독위원의 지시에 따라 문제지를 제출하고 퇴실합니다.

답안 작성요령

● **온라인 답안 작성 절차** : 수험자 등록 ⇒ 시험 시작 ⇒ 답안파일 저장 ⇒ 답안 전송 ⇒ 시험 종료

● 슬라이드의 크기는 A4 Paper로 설정하여 작성합니다.

● 슬라이드의 총 개수는 6개로 구성되어 있으며 슬라이드 1부터 순서대로 작업하고 반드시 문제와 세부 조건대로 합니다.

● 별도의 지시사항이 없는 경우 출력형태를 참조하여 글꼴색은 검정 또는 흰색으로 작성하고, 기타사항은 전체적인 균형을 고려하여 작성합니다.

● 슬라이드 도형 및 개체에 출력형태와 다른 스타일(그림자, 외곽선 등)을 적용했을 경우 감점처리 됩니다.

● 슬라이드 번호를 작성합니다(슬라이드 1에는 생략).

● 2~6번 슬라이드 제목 도형과 하단 로고는 슬라이드 마스터를 이용하여 출력형태와 동일하게 작성합니다 (슬라이드 1에는 생략).

● 문제와 세부조건, 세부조건 번호 ⚬(점선원)는 입력하지 않습니다.

● 각 개체의 위치는 오른쪽의 슬라이드와 동일하게 구성합니다.

● 그림 삽입 문제의 경우 반드시 「내 PC\문서\ITQ\Picture」 폴더에서 정확한 파일을 선택하여 삽입 하십시오.

● 각 슬라이드를 각각의 파일로 작업해서 저장할 경우 실격 처리됩니다.

[전체구성] ───────────────── (60점)

(1) 슬라이드 크기 및 순서 : 크기를 A4 용지로 설정하고 슬라이드 순서에 맞게 작성한다.

(2) 슬라이드 마스터 : 2~6슬라이드의 제목, 하단 로고, 슬라이드 번호는 슬라이드 마스터를 이용하여 작성한다.
- 제목 글꼴(돋움, 40pt, 흰색), 가운데 맞춤, 도형(선 없음)
- 하단 로고(「내 PC₩문서₩ITQ₩Picture₩로고2.jpg」, 배경(회색) 투명색으로 설정)

[슬라이드 1] ≪표지 디자인≫ ───────────────── (40점)

(1) 표지 디자인 : 도형, 워드아트 및 그림을 이용하여 작성한다.

세부조건

① 도형 편집
- 도형에 그림 채우기 :
「내 PC₩문서₩ITQ₩Picture₩
그림3.jpg」, 투명도 50%
- 도형 효과 :
부드러운 가장자리 5포인트

② 워드아트 삽입
- 변환 : 삼각형, 위로【삼각형】
- 글꼴 : 돋움, 굵게
- 텍스트 반사 :
근접 반사, 4 pt 오프셋

③ 그림 삽입
- 「내 PC₩문서₩ITQ₩Picture₩
로고2.jpg」
- 배경(회색) 투명색으로 설정

[슬라이드 2] ≪목차 슬라이드≫ ───────────────── (60점)

(1) 출력형태와 같이 도형을 이용하여 목차를 작성한다(글꼴 : 굴림, 24pt).

(2) 도형 : 선 없음

세부조건

① 텍스트에 하이퍼링크 적용
→ '슬라이드 5'

② 그림 삽입
- 「내 PC₩문서₩ITQ₩Picture₩
그림5.jpg」
- 자르기 기능 이용

[슬라이드 3] ≪텍스트/동영상 슬라이드≫ ————————————— (60점)

(1) 텍스트 작성 : 글머리 기호 사용(❖, ▪)
  ❖문단(굴림, 24pt, 굵게, 줄간격 : 1.5줄), ▪문단(굴림, 20pt, 줄간격 : 1.5줄)

세부조건

① 동영상 삽입
- 「내 PC₩문서₩ITQ₩Picture₩동영상.wmv」
- 자동실행, 반복재생 설정

---

1. 마이데이터란?

❖ **MyData**
  ▪ MyData is one of the government's flagship financial business initiatives, which aims to enable customers to browse their own personal financial information gathered from various financial firms and made available all in one place

❖ **마이데이터 사업자**
  ▪ 마이데이터 사업자는 개인신용정보 전송 요구권 행사에 기반
  ▪ 고객에게 더욱 편리한 금융서비스 제공

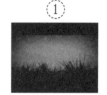

3

[슬라이드 4] ≪표 슬라이드≫ ————————————— (80점)

(1) 도형과 표 작성 기능을 이용하여 슬라이드를 작성한다(글꼴 : 돋움, 18pt).

세부조건

① 상단 도형 :
  2개 도형의 조합으로 작성
② 좌측 도형 :
  그라데이션 효과(선형 아래쪽)
③ 테이블 디자인【표 스타일】:
  테마 스타일 1 – 강조 5

---

2. 마이데이터 사업자 허가조건

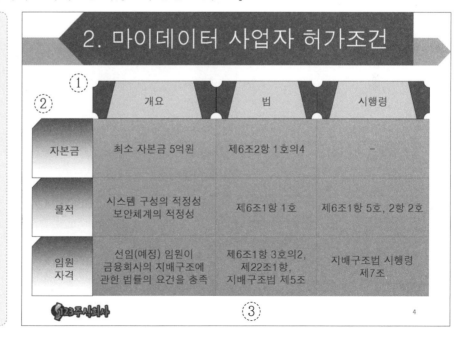

	개요	법	시행령
자본금	최소 자본금 5억원	제6조2항 1호의4	–
물적	시스템 구성의 적정성 보안체계의 적정성	제6조1항 1호	제6조1항 5호, 2항 2호
임원 자격	선임(예정) 임원이 금융회사의 지배구조에 관한 법률의 요건을 충족	제6조1항 3호의2, 제22조1항, 지배구조법 제5조	지배구조법 시행령 제7조

4

[슬라이드 5] ≪차트 슬라이드≫ ──────────────── (100점)

(1) 차트 작성 기능을 이용하여 슬라이드를 작성한다.

(2) 차트 : 종류(묶은 세로 막대형), 글꼴(돋움, 16pt), 외곽선

세부조건

※ **차트설명**

- 차트제목 : 궁서, 24pt, 굵게, 채우기(흰색), 테두리, 그림자(오프셋 오른쪽)
- 차트영역 : 채우기(노랑) 그림영역 : 채우기(흰색)
- 데이터 서식 : 핀테크-IT 계열을 표식이 있는 꺾은선형으로 변경 후 보조축으로 지정
- 값 표시 : 9월의 금융기관 계열만

① **도형 삽입**

- 스타일 : 미세효과 – 파랑, 강조1
- 글꼴 : 굴림, 18pt

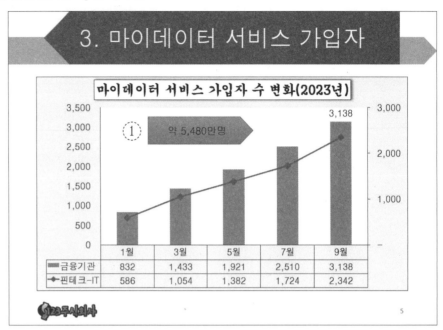

[슬라이드 6] ≪도형 슬라이드≫ ──────────────── (100점)

(1) 슬라이드와 같이 도형 및 스마트아트를 배치한다(글꼴 : 굴림, 18pt).

(2) 애니메이션 순서 : ① ⇒ ②

세부조건

① **도형 및 스마트아트 편집**

- 스마트아트 디자인
  : 3차원 광택처리,
  3차원 만화
- 그룹화 후 애니메이션 효과
  : 닦아내기(위에서)

② **도형 편집**

- 그룹화 후 애니메이션 효과
  : 바운드

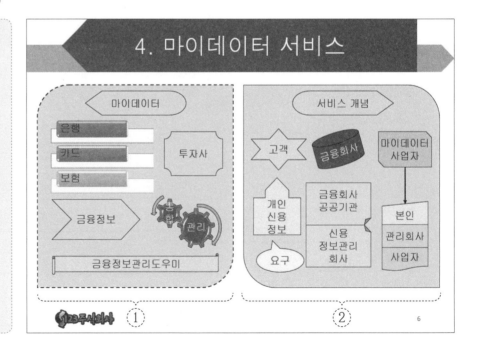

정보기술자격(ITQ) 시험 　MS오피스

과 목	코 드	문제유형	시험시간	수험번호	성 명
한글파워포인트	1142	B	60분		

수험자 유의사항

- 수험자는 문제지를 받는 즉시 문제지와 **수험표상의 시험과목(프로그램)이 동일한지 반드시 확인**하여야 합니다.

- 파일명은 본인의 "수험번호-성명"으로 입력하여 답안폴더(내 PC₩문서₩ITQ)에 하나의 파일로 저장해야 하며, 답안 문서 파일명이 "수험번호-성명"과 일치하지 않거나, 답안파일을 전송하지 않아 미제출로 처리될 경우 실격 처리합니다 (예:12345678-홍길동.pptx).

- 답안 작성을 마치면 파일을 저장하고, '답안 전송' 버튼을 선택하여 감독위원 PC로 답안을 전송하십시오. 수험생 정보와 저장한 파일명이 다를 경우 전송되지 않으므로 주의하시기 바랍니다.

- 답안 작성 중에도 **주기적으로 저장하고, '답안 전송'**하여야 문제 발생을 줄일 수 있습니다. 작업한 내용을 저장하지 않고 전송할 경우 이전에 저장된 내용이 전송되오니 이점 유의하시기 바랍니다.

- 답안문서는 지정된 경로 외의 다른 보조기억장치에 저장하는 경우, 지정된 시험 시간 외에 작성된 파일을 활용할 경우, 기타 통신수단(이메일, 메신저, 네트워크 등)을 이용하여 타인에게 전달 또는 외부 반출하는 경우는 부정 처리합니다.

- 시험 중 부주의 또는 고의로 시스템을 파손한 경우는 수험자가 변상해야 하며, <수험자 유의사항>에 기재된 방법대로 이행하지 않아 생기는 불이익은 수험생 당사자의 책임임을 알려 드립니다.

- 문제의 조건은 MS오피스 2021 버전으로 설정되어 있으며 MS오피스 2016은 【 】에 표기되어 있습니다. 이와 관련하여 작성한 답안의 출력형태가 문제지와 다를 수 있습니다.

- 시험을 완료한 수험자는 답안파일이 전송되었는지 확인한 후 감독위원의 지시에 따라 문제지를 제출하고 퇴실합니다.

답안 작성요령

- **온라인 답안 작성 절차** : 수험자 등록 ⇒ 시험 시작 ⇒ 답안파일 저장 ⇒ 답안 전송 ⇒ 시험 종료

- 슬라이드의 크기는 A4 Paper로 설정하여 작성합니다.

- 슬라이드의 총 개수는 6개로 구성되어 있으며 슬라이드 1부터 순서대로 작업하고 반드시 문제와 세부 조건대로 합니다.

- 별도의 지시사항이 없는 경우 출력형태를 참조하여 글꼴색은 검정 또는 흰색으로 작성하고, 기타사항은 전체적인 균형을 고려하여 작성합니다.

- 슬라이드 도형 및 개체에 출력형태와 다른 스타일(그림자, 외곽선 등)을 적용했을 경우 감점처리 됩니다.

- 슬라이드 번호를 작성합니다(슬라이드 1에는 생략).

- 2~6번 슬라이드 제목 도형과 하단 로고는 슬라이드 마스터를 이용하여 출력형태와 동일하게 작성합니다 (슬라이드 1에는 생략).

- 문제와 세부조건, 세부조건 번호 ⦂(점선원)는 입력하지 않습니다.

- 각 개체의 위치는 오른쪽의 슬라이드와 동일하게 구성합니다.

- 그림 삽입 문제의 경우 반드시 「내 PC₩문서₩ITQ₩Picture」 폴더에서 정확한 파일을 선택하여 삽입 하십시오.

- 각 슬라이드를 각각의 파일로 작업해서 저장할 경우 실격 처리됩니다.

[전체구성] ──────────── (60점)

(1) 슬라이드 크기 및 순서 : 크기를 A4 용지로 설정하고 슬라이드 순서에 맞게 작성한다.

(2) 슬라이드 마스터 : 2~6슬라이드의 제목, 하단 로고, 슬라이드 번호는 슬라이드 마스터를 이용하여 작성한다.
- 제목 글꼴(돋움, 36pt, 흰색), 가운데 맞춤, 도형(선 없음)
- 하단 로고(「내 PC₩문서₩ITQ₩Picture₩로고2.jpg」, 배경(보라색) 투명색으로 설정)

[슬라이드 1] ≪표지 디자인≫ ──────────── (40점)

(1) 표지 디자인 : 도형, 워드아트 및 그림을 이용하여 작성한다.

세부조건

① 도형 편집
- 도형에 그림 채우기 :
「내 PC₩문서₩ITQ₩Picture₩
그림1.jpg」, 투명도 50%
- 도형 효과 :
부드러운 가장자리 5포인트

② 워드아트 삽입
- 변환 : 갈매기형 수장: 위로【갈매
기형 수장】
- 글꼴 : 돋움, 굵게
- 텍스트 반사 : 근접 반사, 4pt 오프셋

③ 그림 삽입
- 「내 PC₩문서₩ITQ₩Picture₩
로고2.jpg」
- 배경(보라색) 투명색으로 설정

[슬라이드 2] ≪목차 슬라이드≫ ──────────── (60점)

(1) 출력형태와 같이 도형을 이용하여 목차를 작성한다(글꼴 : 굴림, 24pt).

(2) 도형 : 선 없음

세부조건

① 텍스트에 하이퍼링크 적용
→ '슬라이드 4'

② 그림 삽입
- 「내 PC₩문서₩ITQ₩Picture₩
로고5.jpg」
- 자르기 기능 이용

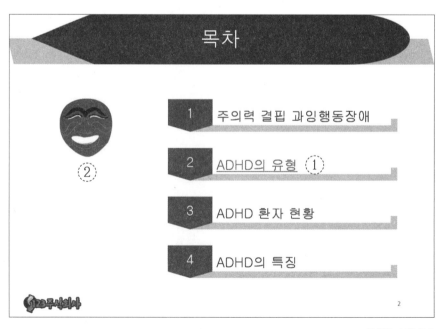

(1) 텍스트 작성 : 글머리 기호 사용(❖, ✓)
　　❖문단(굴림, 24pt, 굵게, 줄간격 : 1.5줄), ✓문단(굴림, 20pt, 줄간격 : 1.5줄)

세부조건

① 동영상 삽입
- 「내 PC₩문서₩ITQ₩Picture₩
  동영상.wmv」
- 자동실행, 반복재생 설정

---

1. 주의력 결핍 과잉행동장애

❖ **Signs and Symptoms**

- Some people with ADHD only have problems with
  one of the behaviors, while others have both
  inattention and hyperactivity-impulsivity

❖ **주의력 결핍 과잉행동장애**

- 짧은 주의집중의 폭, 과잉활동증, 충동성을 핵심으로 하는 장애로서
  집중하는 능력에 결함이 있고 산만함
- 학령기 아동에게 흔히 보이는 질병 중 하나로 대개 7세 이전에 발병

123주식회사

3

---

(1) 도형과 표 작성 기능을 이용하여 슬라이드를 작성한다(글꼴 : 돋움, 18pt).

세부조건

① 상단 도형 :
　2개 도형의 조합으로 작성
② 좌측 도형 :
　그라데이션 효과(선형 아래쪽)
③ 테이블 디자인【표 스타일】:
　테마 스타일 1 - 강조 5

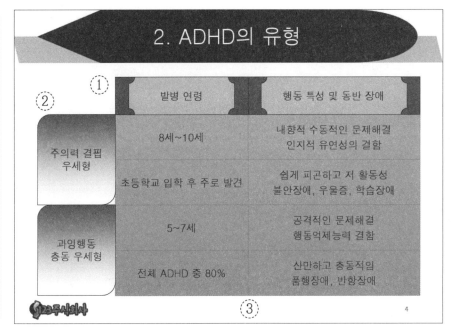

2. ADHD의 유형

	발병 연령	행동 특성 및 동반 장애
주의력 결핍 우세형	8세~10세	내향적 수동적인 문제해결 인지적 유연성의 결함
	초등학교 입학 후 주로 발견	쉽게 피곤하고 저 활동성 불안장애, 우울증, 학습장애
과잉행동 충동 우세형	5~7세	공격적인 문제해결 행동억제능력 결함
	전체 ADHD 중 80%	산만하고 충동적임 품행장애, 반항장애

123주식회사

4

[슬라이드 5] ≪차트 슬라이드≫ ────────── (100점)

(1) 차트 작성 기능을 이용하여 슬라이드를 작성한다.

(2) 차트 : 종류(묶은 세로 막대형), 글꼴(돋움, 16pt), 외곽선

세부조건

※ **차트설명**

- 차트제목 : 굴림, 24pt, 굵게,
  채우기(흰색), 테두리,
  그림자(오프셋 오른쪽)
- 차트영역 : 채우기(노랑)
  그림영역 : 채우기(흰색)
- 데이터 서식 : 남성 계열을 표식이
  있는 꺾은선형으로 변경 후 보조축
  으로 지정
- 값 표시 : 2021년의 남성 계열만

① 도형 삽입

- 스타일 : 미세효과 – 파랑, 강조1
- 글꼴 : 굴림, 18pt

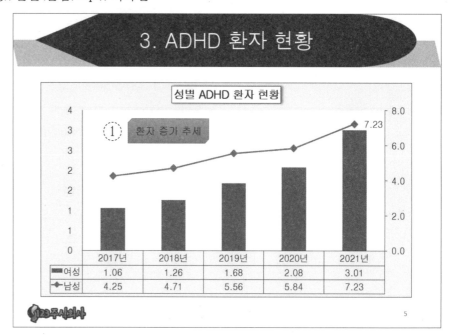

[슬라이드 6] ≪도형 슬라이드≫ ────────── (100점)

(1) 슬라이드와 같이 도형 및 스마트아트를 배치한다(글꼴 : 돋움, 18pt).

(2) 애니메이션 순서 : ① ⇒ ②

세부조건

① 도형 및 스마트아트 편집

- 스마트아트 디자인
  : 3차원 경사,
   3차원 광택처리
- 그룹화 후 애니메이션 효과
  : 닦아내기(위에서)

② 도형 편집

- 그룹화 후 애니메이션 효과
  : 회전

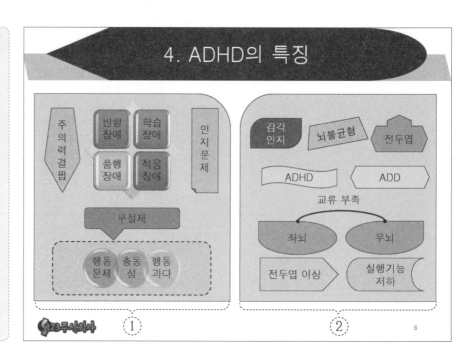

정보기술자격(ITQ) 시험 | MS오피스

과 목	코 드	문제유형	시험시간	수험번호	성 명
한글파워포인트	1142	C	60분		

수험자 유의사항

● 수험자는 문제지를 받는 즉시 문제지와 **수험표상의 시험과목(프로그램)이 동일한지 반드시 확인**하여야 합니다.

● 파일명은 본인의 "수험번호-성명"으로 입력하여 답안폴더(내 PC₩문서₩ITQ)에 하나의 파일로 저장해야 하며, 답안 문서 파일명이 "수험번호-성명"과 일치하지 않거나, 답안파일을 전송하지 않아 미제출로 처리될 경우 실격 처리합니다 (예:12345678-홍길동.pptx).

● 답안 작성을 마치면 파일을 저장하고, '답안 전송' 버튼을 선택하여 감독위원 PC로 답안을 전송하십시오. 수험생 정보와 저장한 파일명이 다를 경우 전송되지 않으므로 주의하시기 바랍니다.

● 답안 작성 중에도 **주기적으로 저장하고, '답안 전송'**하여야 문제 발생을 줄일 수 있습니다. 작업한 내용을 저장하지 않고 전송할 경우 이전에 저장된 내용이 전송되오니 이점 유의하시기 바랍니다.

● 답안문서는 지정된 경로 외의 다른 보조기억장치에 저장하는 경우, 지정된 시험 시간 외에 작성된 파일을 활용할 경우, 기타 통신수단(이메일, 메신저, 네트워크 등)을 이용하여 타인에게 전달 또는 외부 반출하는 경우는 부정 처리합니다.

● 시험 중 부주의 또는 고의로 시스템을 파손한 경우는 수험자가 변상해야 하며, <수험자 유의사항>에 기재된 방법대로 이행하지 않아 생기는 불이익은 수험생 당사자의 책임임을 알려 드립니다.

● 문제의 조건은 MS오피스 2021 버전으로 설정되어 있으며 MS오피스 2016은 【 】에 표기되어 있습니다. 이와 관련하여 작성한 답안의 출력형태가 문제지와 다를 수 있습니다.

● 시험을 완료한 수험자는 답안파일이 전송되었는지 확인한 후 감독위원의 지시에 따라 문제지를 제출하고 퇴실합니다.

답안 작성요령

● **온라인 답안 작성 절차** : 수험자 등록 ⇒ 시험 시작 ⇒ 답안파일 저장 ⇒ 답안 전송 ⇒ 시험 종료

● 슬라이드의 크기는 A4 Paper로 설정하여 작성합니다.

● 슬라이드의 총 개수는 6개로 구성되어 있으며 슬라이드 1부터 순서대로 작업하고 반드시 문제와 세부 조건대로 합니다.

● 별도의 지시사항이 없는 경우 출력형태를 참조하여 글꼴색은 검정 또는 흰색으로 작성하고, 기타사항은 전체적인 균형을 고려하여 작성합니다.

● 슬라이드 도형 및 개체에 출력형태와 다른 스타일(그림자, 외곽선 등)을 적용했을 경우 감점처리 됩니다.

● 슬라이드 번호를 작성합니다(슬라이드 1에는 생략).

● 2~6번 슬라이드 제목 도형과 하단 로고는 슬라이드 마스터를 이용하여 출력형태와 동일하게 작성합니다 (슬라이드 1에는 생략).

● 문제와 세부조건, 세부조건 번호 ⚬(점선원)는 입력하지 않습니다.

● 각 개체의 위치는 오른쪽의 슬라이드와 동일하게 구성합니다.

● 그림 삽입 문제의 경우 반드시 「내 PC₩문서₩ITQ₩Picture」 폴더에서 정확한 파일을 선택하여 삽입 하십시오.

● 각 슬라이드를 각각의 파일로 작업해서 저장할 경우 실격 처리됩니다.

[전체구성] ———————————————————————————————————— (60점)

(1) 슬라이드 크기 및 순서 : 크기를 A4 용지로 설정하고 슬라이드 순서에 맞게 작성한다.

(2) 슬라이드 마스터 : 2~6슬라이드의 제목, 하단 로고, 슬라이드 번호는 슬라이드 마스터를 이용하여 작성한다.
- 제목 글꼴(돋움, 40pt, 흰색), 가운데 맞춤, 도형(선 없음)
- 하단 로고(「내 PC₩문서₩ITQ₩Picture₩로고2.jpg」, 배경(회색) 투명색으로 설정)

[슬라이드 1] ≪표지 디자인≫ ———————————————————————— (40점)

(1) 표지 디자인 : 도형, 워드아트 및 그림을 이용하여 작성한다.

세부조건

① 도형 편집
- 도형에 그림 채우기 :
「내 PC₩문서₩ITQ₩Picture₩
그림1.jpg」, 투명도 50%
- 도형 효과 :
부드러운 가장자리 5포인트

② 워드아트 삽입
- 변환 : 페이드: 왼쪽【왼쪽 줄이기】
- 글꼴 : 돋움, 굵게
- 텍스트 반사 : 전체 반사, 터치

③ 그림 삽입
- 「내 PC₩문서₩ITQ₩Picture₩
로고2.jpg」
- 배경(회색) 투명색으로 설정

[슬라이드 2] ≪목차 슬라이드≫ ———————————————————————— (60점)

(1) 출력형태와 같이 도형을 이용하여 목차를 작성한다(글꼴 : 굴림, 24pt).

(2) 도형 : 선 없음

세부조건

① 텍스트에 하이퍼링크 적용
→ '슬라이드 5'

② 그림 삽입
- 「내 PC₩문서₩ITQ₩Picture₩
그림4.jpg」
- 자르기 기능 이용

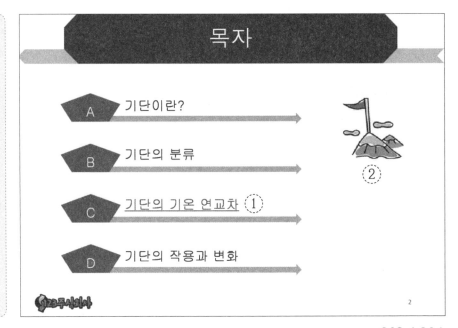

[슬라이드 3] ≪텍스트/동영상 슬라이드≫ ─────────────── (60점)

(1) 텍스트 작성 : 글머리 기호 사용(➤, ✓)

　　➤문단(돋움, 24pt, 굵게, 줄간격 : 1.5줄), ✓문단(돋움, 20pt, 줄간격 : 1.5줄)

세부조건

① 동영상 삽입
- 「내 PC₩문서₩ITQ₩Picture₩
  동영상.wmv」
- 자동실행, 반복재생 설정

A. 기단이란?

➤ **Air mass**

　✓ Air masses cover many hundreds or thousands of square miles, and adopt the characteristics of the surface below them

➤ **기단이란?**

　✓ 기온과 습도 등의 물리적 성질이 수평방향으로 같은 커다란 공기 덩어리

　✓ 발원지의 온도 및 습도에 따라 열대기단, 한대기단, 극기단, 대륙성 기단과 해양성 기단으로 분류

③23주식회사

3

[슬라이드 4] ≪표 슬라이드≫ ─────────────── (80점)

(1) 도형과 표 작성 기능을 이용하여 슬라이드를 작성한다(글꼴 : 돋움, 18pt).

세부조건

① 상단 도형 :
　2개 도형의 조합으로 작성

② 좌측 도형 :
　그라데이션 효과(선형 아래쪽)

③ 테이블 디자인 【표 스타일】 :
　테마 스타일 1 – 강조 6

B. 기단의 분류

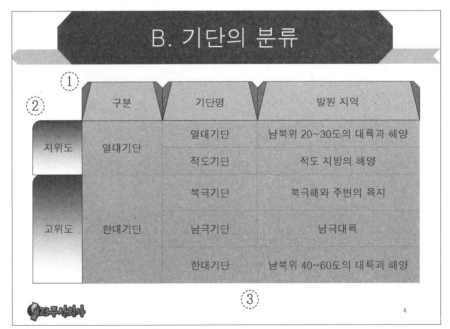

구분		기단명	발원 지역
저위도	열대기단	열대기단	남북위 20~30도의 대륙과 해양
		적도기단	적도 지방의 해양
고위도	한대기단	북극기단	북극해와 주변의 육지
		남극기단	남극대륙
		한대기단	남북위 40~60도의 대륙과 해양

③23주식회사

4

[슬라이드 5] ≪차트 슬라이드≫ ──────────── (100점)

(1) 차트 작성 기능을 이용하여 슬라이드를 작성한다.

(2) 차트 : 종류(묶은 세로 막대형), 글꼴(돋움, 16pt), 외곽선

세부조건

※ 차트설명

- 차트제목 : 궁서, 24pt, 굵게,
  채우기(흰색), 테두리,
  그림자(오프셋 아래쪽)
- 차트영역 : 채우기(노랑)
  그림영역 : 채우기(흰색)
- 데이터 서식 : 남쪽 기단
  계열을 표식이 있는 꺾은선형으로
  변경 후 보조축으로 지정
- 값 표시 :
  봄의 북쪽 기단 계열만

① 도형 삽입
- 스타일 : 미세효과 - 파랑, 강조1
- 글꼴 : 굴림, 18pt

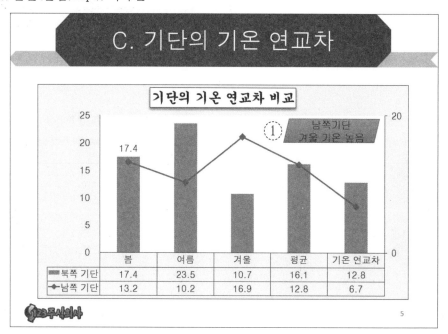

[슬라이드 6] ≪도형 슬라이드≫ ──────────── (100점)

(1) 슬라이드와 같이 도형 및 스마트아트를 배치한다(글꼴 : 굴림, 18pt).

(2) 애니메이션 순서 : ① ⇒ ②

세부조건

① 도형 및 스마트아트 편집
- 스마트아트 디자인
  : 3차원 만화,
  3차원 경사
- 그룹화 후 애니메이션 효과
  : 바운드

② 도형 편집
- 그룹화 후 애니메이션 효과
  : 나누기(세로 바깥쪽으로)

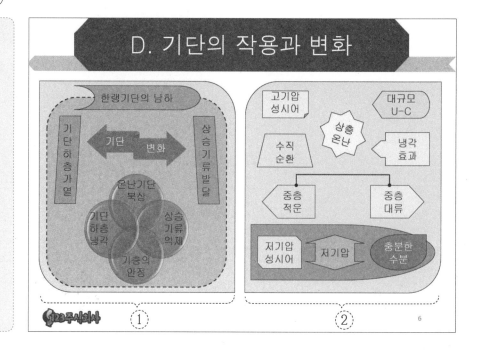